Klaus Wolfsperger
Annette Miehle-Wolfsperger

Wanderungen auf
La Palma

63 ausgewählte Wanderungen an den Küsten
und in den Bergen der »Isla Bonita«

Mit 186 Farbfotos,
63 Wanderkärtchen im Maßstab 1:50.000,
63 Höhenprofilen und einer Übersichtskarte im Maßstab 1:250.000

BERGVERLAG ROTHER GMBH · MÜNCHEN

Umschlagbild:
Großartige Lavalandschaft am Weg zum Volcán Martín (Tour 47).
Schmutztitel (Seite 1):
Abstieg zur Playa de Garome (Tour 31).

Sämtliche Fotos von den Autoren, ausgenommen die Abbildungen
der Seite 93 (Eberhard Wolfsperger).

Kartografie:
Wanderkärtchen im Maßstab 1:50.000 / 1:100.000 © Freytag-Berndt,
Wien; Übersichtskarten © Klaus Wolfsperger.

Die Ausarbeitung aller in diesem Führer beschriebenen Wanderungen
erfolgte nach bestem Wissen und Gewissen der Autoren.
Die Benützung dieses Führers geschieht auf eigenes Risiko.
Soweit gesetzlich zulässig, wird eine Haftung für etwaige Unfälle
und Schäden jeder Art aus keinem Rechtsgrund übernommen.

9. Auflage 2008
© Bergverlag Rother GmbH, München
ISBN 978-3-7633-4246-4

ROTHER WANDERFÜHRER

Achensee · Algarve · Allgäu 1, 2, 3, 4 · Altmühltal · Andalusien Süd · Aostatal · Appenzell · Arlberg · Außerfern · Auvergne · Azoren · Bayerischer Wald · Berchtesgaden · Bergisches Land · Berlin · Berner Oberland Ost, West · Bodensee · Böhmerwald · Bozen · Brandnertal · Bregenzerwald · Bretagne · Cevennen · Chalkidiki · Chiemgau · Chur · Cinque Terre · Comer See · Cornwall-Devon · Costa Blanca · Costa Brava · Costa Daurada · Costa del Azahar · Côte d'Azur · Dachstein-Tauern · Dauphiné Ost, West · Davos · Dolomiten 1, 2, 3, 4, 5, 6 · Eifel · Elba · Elbsandstein · Elsass · Erzgebirge · Ober-, Unterengadin · Erzgebirge · Fichtelgebirge · Fränkische Schweiz · Fuerteventura · Gardaseeberge · Gasteinertal · Genfer See · Gesäuse · Glarnerland · Glockner-Region · La Gomera · Gran Canaria · Grazer Hausberge · Gruyère-Diablerets · Hamburg · Harz · Hawaii · El Hierro · Hochkönig · Hochschwab · Hunsrück · Ibiza · Innsbruck · Irland · Isarwinkel · Island · Istrien · Französischer Jakobsweg · Spanischer Jakobsweg · Julische Alpen · Jura · Kaiser · Kapverden · Kärnten · Karwendel · Kaunertal · Kitzbüheler Alpen · Korsika · Kraichgau · Kreta Ost, West · Kurhessen · Lago Maggiore · Languedoc-Roussillon · Lanzarote · Lappland · Lungau · Madeira · Mallorca · Marken-Adriaküste · Meran · Montafon · Mont Blanc · München · Golf von Neapel · Neuseeland · Neusiedler See · Nockberge · Norische Region · Normandie · Norwegen Süd · Odenwald · Ossola-Täler · Ost-Steiermark · Osttirol Nord, Süd · Ötscher · Ötztal · La Palma · Pfälzerwald · Pinzgau · Pitztal · Pongau · Provence · Pyrenäen 1, 2, 3, 4 · La Réunion · Rheinhessen · Rhodos · Rhön · Riesengebirge · Rom-Latium · Rügen · Salzburg · Salzkammergut · Samos · Sardinien · Sauerland · Savoyen · Schottland · Schwäbische Alb Ost, West · Schwarzwald Nord, Süd · Schweden Süd und Mitte · Seealpen · Seefeld · Sizilien · Spessart · Steigerwald · Steirisches Weinland · Sterzing · Stubai · Surselva · Tannheimer Tal · Hohe Tatra · Hohe Tauern Nord · Tauferer Ahrntal · Taunus · Tegernsee · Teneriffa · Tessin · Teutoburger Wald · Thüringer Wald · Toskana Nord · Toskana Süd · Überetsch · Umbrien · Vanoise · Via de la Plata · Vierwaldstätter See · Vinschgau · Vogesen · Vorarlberg · Wachau · Ober-, Unterwallis · Weinviertel · Weserbergland · Wien · Wiener Hausberge · Zillertal · Zirbitzkogel-Grebenzen · Zugspitze · Zürichsee · Zypern

Wir freuen uns über jeden Korrekturhinweis zu diesem Wanderführer!

BERGVERLAG ROTHER · München
D-85521 Ottobrunn · Haidgraben 3 · Tel. (089) 608669-0
Internet www.rother.de · E-Mail leserzuschrift@rother.de

Vorwort

Die grünste der Kanarischen Inseln erwartet den Wanderer mit einer landschaftlichen Vielfalt, wie sie kaum eine andere vergleichbar kleinräumige Region dieser Welt bieten dürfte. Weite Täler, Kiefern- und Lorbeerwälder, Bananenplantagen, wilde Schluchten und Kraterlandschaften, Kaskaden und Wasserfälle kontrastieren miteinander. Wandern ist hier Trumpf, und alle noch so schönen, tiefschwarz eingekleideten Strände verblassen gegen die Lockungen der Natur, die an allen Ecken mit immer neuen Szenerien überrascht – ein Genussbummel ohnegleichen, zwischen gleißenden Lavasträndern, üppigen Lorbeerurwäldern und wolkenumwallten Graten. Und allgegenwärtig der tiefblaue Atlantik.

La Palma ist wie geschaffen für den wandernden Naturliebhaber, der seine Erlebnisse abseits lärmender Badeorte und billiger Sehenswürdigkeiten sucht. Dies zeigt sich auch an der breiten Palette unterhaltsamer Tourenvorschläge, die wir dem Wanderer präsentieren. Sie wird allen Ansprüchen gerecht und bezieht alle Regionen der »Isla Bonita« ein: Von abenteuerlichen Ausflügen in die wildesten Barrancos des Nordens über die Sonnenuntergangsromantik auf den Zweitausendern bis hin zur alles überragenden Vulkanroute – von gemütlichen Touren inmitten leuchtend grüner Kiefernwälder und dunkler Lavaströme bis hin zum wohl spektakulärsten Wanderziel der Insel: der riesigen, von tausend Meter hohen Felswänden abgeschirmten Urlandschaft der Caldera de Taburiente, einem der größten Erosionskrater der Welt.

Wir haben den Wanderführer wieder einmal um vier neue, wunderschöne Touren erweitert – insbesondere im Nationalpark. Außerdem haben wir die vorgestellten Wanderungen im vergangenen Sommer gründlich überprüft und aktualisiert. Durch das stete Werk der Natur, natürlich aber auch durch die Eingriffe des Menschen (Straßenbau, Markierungsarbeiten usw.), können sich immer wieder Veränderungen bei den Wanderwegen ergeben. Wir bitten Sie daher, dem Verlag weiterhin alle Korrektur- und Ergänzungshinweise zukommen zu lassen. An dieser Stelle möchten wir uns auch herzlichst für die vielen freundlichen Zuschriften zu diesem Führer bedanken.

Bleibt zu hoffen, dass die Pläne der Gemeinde San Andrés y Sauces nicht Wirklichkeit werden und künftig für einige Wanderungen in Los Tilos ein deftiges Eintrittsgeld und womöglich gar eine Führerpflicht eingeführt wird – dies könnte der Anfang vom Ende des Wanderparadieses La Palma sein! Vorerst hat die Gemeinde die Entscheidung aufgrund massiver Proteste zurückgestellt, aber noch ist die Gefahr nicht gebannt.

Wir wünschen Ihnen schöne und erlebnisreiche Urlaubstage auf der »Insel des ewigen Frühlings«.

Deisenhofen bei München, Dezember 2007 Klaus und Annette Wolfsperger

Inhaltsverzeichnis

    Vorwort 3
    Touristische Hinweise 6
        Die Top-Touren La Palmas 7
    Wandern auf La Palma 10
        Freizeitaktivitäten 13
    Informationen und Adressen 14
        Fahrpläne der wichtigsten Buslinien 17
        Übersichtskarte La Palma 18

Santa Cruz und der Osten 19
1 Von Santa Cruz zum Mirador de la Concepción, 398 m 22
2 Pico Ovejas, 1854 m 26
3 Barranco de la Madera 30
4 Von Breña Alta nach El Paso 34
5 Fuentes de Las Breñas 38
6 Von Los Cancajos nach Mazo 42
7 Von Mazo auf den Roque Niquiomo, 1277 m 46
8 Von Mazo zur Playa del Azufre und nach La Salemera 50
9 Von Puntallana nach Los Sauces 52
10 Cubo de La Galga 56
11 Marcos y Cordero 58
12 Von Los Tilos zur Cordero-Quelle 60
13 Monte El Canal y Los Tilos 64
14 Barranco del Agua 66
15 Von Los Tilos zum Mirador de las Barandas und nach Los Sauces 68
16 Vom Pico de la Cruz nach Los Sauces 70
17 Von Los Sauces nach Barlovento 72

Der Norden 76
18 Von Barlovento nach La Fajana 78
19 Von Barlovento nach Gallegos 80
20 Von Roque Faro auf den Pico de la Cruz, 2351 m 84
21 Von Roque Faro nach El Tablado 88
22 Von El Tablado nach Don Pedro 92
23 Von La Zarza nach Don Pedro 94
24 Von La Zarza zur Ermita San Antonio 98
25 Von Santo Domingo nach El Tablado 100
26 Von Santo Domingo zum Puerto und nach Cueva del Agua 104

Der Westen 108
27 Von Las Tricias nach Buracas 110
28 Von Las Tricias zur Lomada Grande 112

29	Von Puntagorda auf den Tricias, 1209 m, und nach Briestas	116
30	Von Tinizara auf den Roque Palmero, 2306 m	120
31	Playa de Garome	123
32	Von Tinizara nach Tijarafe	124
33	Playa de la Veta	126
34	Von Tijarafe zur »Piratenbucht«	128
35	Hoya Grande und Torre del Time, 1160 m	132
36	Von Los Llanos nach Puerto de Tazacorte	136

Der Süden und die Cumbres ... 140

37	Von El Paso nach Breña Alta	142
38	Von El Paso über die Cumbre Nueva	146
39	Von Tacande zum Llano del Jable	148
40	Pico Birigoyo, 1807 m, und Pico Nambroque, 1924 m	150
41	Von San Nicolás zum Volcán San Juan	156
42	Von Jedey nach El Remo	160
43	Von Jedey zum Volcán Tajuya, 1078 m	162
44	Von Jedey auf die Deseada, 1945 m	164
45	Ruta de los Volcanes	168
46	Von Los Canarios zum Volcán Teneguía und zum Faro	174
47	Volcán Martín, 1597 m	178

Die Caldera de Taburiente ... 182

48	Von Los Brecitos zur Cascada de La Fondada	184
49	Von Los Brecitos durch die Caldera de Taburiente	188
50	Durch die Angustias-Schlucht in die Caldera de Taburiente	192
51	Pico Bejenado, 1854 m	196
52	Von der Cumbrecita auf den Pico Bejenado, 1854 m	198
53	Von der Ermita Virgen del Pino zur Cumbrecita	200
54	Von der Cumbrecita nach Los Llanos	202
55	Von der Cumbrecita zum Mirador de las Chozas	205
56	Von der Cumbrecita zum Escuchadero	206
57	Vom Reventón zum Refugio de la Punta de los Roques, 2040 m	210
58	Pico de la Nieve, 2239 m	212
59	Vom Pico de la Nieve zur Ermita Virgen del Pino	216
60	Roque de los Muchachos, 2426 m	218
61	Vom Roque de los Muchachos zur Somada Alta, 1926 m	220
62	Vom Roque de los Muchachos nach Tijarafe	222
63	Ruta de la Crestería: Ermita Virgen del Pino – Puerto de Tazacorte	224

Stichwortverzeichnis ... 228

Touristische Hinweise

Anforderungen

Die meisten Wanderungen verlaufen auf deutlichen Pfaden und Wegen. Dies sollte jedoch nicht darüber hinwegtäuschen, dass einige Touren eine gute Kondition, Trittsicherheit, Schwindelfreiheit und Orientierungssinn erfordern. Man sollte beachten, dass sich die Schwierigkeiten bei ungünstiger Witterung erheblich erhöhen können. – Um die jeweiligen Anforderungen besser einschätzen zu können, wurden die Tourenvorschläge (Tourennummern) mit verschiedenen Farben markiert. Diese erklären sich wie folgt:

Leicht Diese Wege sind überwiegend ausreichend breit und nur mäßig steil, daher auch bei Schlechtwetter relativ gefahrlos zu begehen.

Mittel Diese Pfade und Steige sind überwiegend schmal und können über kurze Abschnitte bereits etwas ausgesetzt sein. Deshalb sollten sie nur von trittsicheren Bergwanderern begangen werden.

Schwierig Diese Steige sind häufig schmal und steil angelegt. Stellenweise können sie sehr ausgesetzt bzw. bei Hangquerungen abrutschgefährdet sein, nur selten aber ist die Zuhilfenahme der Hände notwendig. Dies bedeutet, dass diese Wege nur von trittsicheren, schwindelfreien, konditionsstarken und alpin erfahrenen Bergwanderern angegangen werden sollten, die zudem ein gutes Orientierungsvermögen mitbringen.

Gefahren

Die meisten Touren folgen guten, deutlichen Wegen. Bei besonderer Ausgesetztheit oder anspruchsvoller Wegführung wird im Text darauf hingewiesen. An den Berghängen und auf den Kammhöhen (vor allem auf

Symbole

Symbol	Bedeutung
🚌	mit Bus/Bahn erreichbar
⊠	Einkehrmöglichkeit unterwegs
👫	für Kinder geeignet
⌂	Ort mit Einkehrmöglichkeit
⌂	bewirtschaftete Hütte, Gasthaus
⌂	Schutzhaus, Unterstand
🚏	Bushaltestelle
† †	Gipfel / Oratorium, Wegkreuz
)(∩	Pass, Sattel / Tunnel
⌂ ▲	Kirche, Kapelle, Kloster / Turm
▲ ∴	Schloss / archäologische Stätte
⚘ ✿	Picknickplatz / Aussichtspunkt
☼ ✕	Wasser- / Windmühle
✕ ○	Windrad / Dreschplatz
)(π	Brücke / Gatter
⌐ ⌐	Abzweig
∩ ∩	Höhle / Felstor
⊚	Petroglyphen
♣ ♣	markanter Baum
∩ ≋	Wasserstollen / Wasserfall
● ○	Quelle / Wasserreservoir
🏞	Bademöglichkeit

Die Top-Touren La Palmas

Ruta de los Volcanes
Die faszinierendste Tour La Palmas: großartige Vulkanlandschaften und Ausblicke (Tour 45; 5¾ Std.).

Durch die Caldera de Taburiente
Die zweite Paradetour der Insel: Los Brecitos – Playa de Taburiente – Barranco de las Angustias (Tour 49; 4¾ Std.).

Marcos y Cordero
Eindrucksvoller Lorbeerurwald und Tunnel-Kanal-Abenteuer (Tour 12; 7 Std.).

Von La Zarza nach El Tablado
Zwei fantastische, völlig unterschiedliche Barrancos (Touren 23 und 25; 4 Std.).

Pico Bejenado
Der schönste Panorama-Gipfel La Palmas (Tour 51; 4 Std.).

Roque de los Muchachos
Caldera-Kammwanderung mit spektakulären Tiefblicken (Tour 60, evtl. in Kombination mit Tour 58; 3 bzw. 5 Std.).

Volcán Teneguía
Durch einzigartige Lavalandschaften und Weinberge zum jüngsten Vulkan der Kanaren (Tour 46; 3 bzw. 5 Std.).

Las Tricias
Genusstour durch ein Bilderbuch-Dorf, evtl. mit Abstieg zum Puerto (Touren 27 und 28; 2 bzw. 5½ Std.).

Von der Ermita Virgen del Pino zum Refugio de la Punta de los Roques
Aussichtsreicher Aufstieg zur Hütte hoch über der Cumbrecita (Tour 57; 5¾ Std.).

Von Barlovento nach Gallegos
Wildromantische Barrancos und verträumte Dörfer (Tour 19; 4¾ Std.).

Barranco de la Madera
Großzügige Rundtour mit spektakulärem Kanalweg (Tour 3; 4½ Std.).

Von Puntagorda auf den Tricias
Traumrunde durch Mandelhaine und Kiefernwälder (Tour 29; 5¼ Std.).

der Ostseite der Insel) muss wegen der Passatwolken, insbesondere ab der Mittagszeit, mit dichtem Nebel und Sichtweiten bis unter 10 Meter gerechnet werden. Die Wolken lösen sich häufig erst wieder abends auf und können den Bergwanderer vor erhebliche Orientierungsprobleme stellen. Auf den Kammhöhen der Cumbres und der Caldera entwickelt sich außerdem des Öfteren ein extrem starker und böiger Wind, vergleichbar dem Föhnsturm in den Alpen. Während und nach starken Regenfällen sollten Barrancos und abrutschgefährdete Berghänge unbedingt gemieden werden. Bleiben Sie stets auf den offiziellen bzw. den beschriebenen Wegen – besonders in der Caldera!

Gehzeiten
Die Zeitangaben enthalten nur die reine Gehzeit – ohne Rast- oder Fotopausen!

Ausrüstung
Festes, knöchelhohes Schuhwerk mit griffiger Sohle, strapazierfähige Hose, Sonnencreme, evtl. Sonnenhut, Regen-, Wind- und Kälteschutz sowie ein Tourenproviant (ausreichend Flüssigkeit!) werden vorausgesetzt.

Beste Jahreszeit

La Palma ist ein Ganzjahres-Wanderziel – in den Wintermonaten (November – April) ist das Wetter aber nicht ganz so stabil wie im Sommer. Schneefall bis hinab in 1500 m Höhe und stärkere Regengüsse sind dann keine Seltenheit. In den warmen, zeitweise gar heißen Hochsommermonaten empfiehlt es sich, südseitige und küstennahe Wanderungen zu meiden.

Anfahrt

Viele Touren können mit öffentlichen Verkehrsmitteln erreicht werden, manchmal aber ist die Anfahrt mit dem Pkw unerlässlich. Den Busfahrplan für die Hauptverkehrsstrecken finden Sie vor dem Tourenteil, weiter gehende Informationen zur Anfahrt werden bei den einzelnen Touren gegeben.

Einkehr und Unterkunft

Auf La Palma gibt es keine bewirtschafteten Hütten. Auch die wenigen Schutzhütten (Refugio) sind – abgesehen vom Refugio de la Punta de los Roques – zur Zeit entweder verschlossen oder bestenfalls als Unterstands- bzw. Nothütten dienlich. Demnächst werden am GR 130 bzw. in dessen Nähe sechs Herbergen für Wanderer mit 30 bis 40 Lagern und Kochgelegenheit eröffnet, und zwar in Puntallana, Las Lomadas (San Andrés y Sauces), El Tablado (Garafía), El Pinar (Tijarafe), El Charco (Fuencaliente) und Tigalate (Mazo). Auf dem Zeltplatz an der Playa de Taburiente kann man nach Genehmigung durch die Nationalpark-Verwaltung für eine Nacht das Zelt aufstellen, für den Zeltplatz beim Refugio del Pilar benötigt man eine Genehmigung der Umweltbehörde Medio Ambiente (Avenida Bajamar 20, Santa Cruz, Tel. 922 41 15 03).

Tipps für Streckenwanderer

Einige Tourenvorschläge sind als Streckenwanderungen konzipiert, deren Endpunkt weitab vom Ausgangspunkt liegt. Hier empfiehlt es sich, entweder die öffentlichen Verkehrsmittel (Bus, Taxi) in Anspruch zu nehmen, sich einem organisierten Wanderausflug anzuschließen (mehrere Anbieter auf der Insel, am besten in Hotels nachfragen), oder aber man tut sich mit einem anderen Pkw-Wanderer zusammen und stellt vor der Wanderung einen Wagen am Endpunkt ab.

Natur- und Umweltschutz

Respektieren Sie bitte alle Pflanzen und Tiere, nehmen Sie Ihre Abfälle wieder mit zurück, werfen Sie nicht unachtsam Zigarettenkippen weg und machen Sie kein offenes Feuer – Waldbrände sind auch auf dieser verhältnismäßig regenreichen Insel keine Seltenheit.

Karten

Die beste und aktuellste Wanderkarte ist die Freytag-Berndt-Wanderkarte im Maßstab 1:30.000 – sie ist sehr detailliert und enthält u.a. alle markierten Wanderwege. Empfehlenswert sind auch die Karte 1:25.000 »Caldera de Taburiente« des Nationalparks (erhältlich im Besucherzentrum), die Karte 1:40.000 des Cabildo (erhältlich in den Tourist-Infos), die 2-teilige Militärkarte 1:50.000 und das 8-teilige Kartenblatt 1:25.000 des Instituto Geográfico Nacional.

Markierungen und Wegenetz (Red de Senderos de La Palma)

Im Jahr 2001 wurden die Wanderwege La Palmas nach den Normen der Europäischen Wandervereinigung (ERA) systematisch markiert, nummeriert und ausgeschildert. Es wird zwischen großen Wanderwegen (GR), kleinen Wanderwegen (PR) und lokalen Wanderwegen (SL) unterschieden:

GR (Sendero de Gran Recorrido): Diese Weitwanderwege sind weiß-rot markiert. Der GR 130 (Camino real de la Costa, 200 km, ca. 6–9 Tage) umrundet die Insel entlang der Küste, der GR 131 (El Bastón, 100 km, 3–4 Tage; →Touren 63, 45 und 46) durchquert sie über den Hauptkamm.

PR (Sendero de Pequeño Recorrido): Diese in der Regel ganztägigen Wanderwege sind weiß-gelb markiert (die Erweiterung LP steht für La Palma).

	Wegfortsetzung	falscher Weg	Richtungswechsel
GR			
PR			
SL			

SL (Senderos Locales): Die lokalen, maximal 10 km langen Wanderwege sind weiß-grün markiert (die Erweiterung steht für die jeweilige Gemeinde; z.B. SC = Santa Cruz).

Eine Übersicht über das Wegenetz und die einzelnen Wanderwege enthält das Faltblatt »Red de Senderos de La Palma« der Inselregierung (Cabildo), es ist in den Tourist-Infos und bei Medio Ambiente, Avenida Bajamar 20, Santa Cruz, erhältlich. Außerdem wurden an wichtigeren Ausgangspunkten und in zahlreichen Ortszentren große Schautafeln mit einer Übersicht der Wanderwege aufgestellt, die zusätzlich über die örtlichen Wanderwege informieren. Beachten Sie dabei aber bitte, dass evtl. noch nicht alle eingezeichneten Wege restauriert bzw. markiert sind und dass die Wege teilweise nur unregelmäßig freigeschnitten und nach Sturm/Regen nicht immer sofort wieder in Stand gesetzt werden.

Mehrtagestouren

Weitwanderer finden auf La Palma hervorragende Möglichkeiten für mehrtägige Unternehmungen. Sehr lohnend sind der Weitwanderweg GR 131 (Touren 63 und 45), die Wege innerhalb der Caldera (Stützpunkt: Zeltplatz an der Playa de Taburiente) sowie einige Abschnitte des GR 130, vor allem im Norden (u.a. Touren 17, 19, 25). Anhand dieses Führers kann man sich auch noch andere mehrtägige Touren zusammenstellen.

Wandern auf La Palma

Die grünste der Kanarischen Inseln

Wie alle anderen Inseln des Kanarischen Archipels ist auch San Miguel de La Palma, wie die nordwestlichste und fünftgrößte der Kanarischen Inseln im vollen Wortlaut heißt, vulkanischen Ursprungs. Die üppige Vegetation und die besonders kontrastreiche Landschaft unterscheiden sie jedoch von den kargeren und waldärmeren Nachbarinseln. Nicht von ungefähr gilt die »Isla verde«, die im Jahr 2002 zum Biosphärenreservat erklärt wurde, als die Wanderinsel der Kanaren. Denn trotz ihrer relativ dichten Besiedelung (etwa 90.000 Einwohner) bietet die 726 km² große Insel noch viel ursprüngliche Natur – in den Kiefern- und Lorbeerwäldern der Cumbres wie im Naturschutzgebiet der Caldera de Taburiente, in der Schluchtenwildnis des Nordens wie auf den Aschefeldern des Südens. Aus den landschaftlichen Gegensätzen bezieht die Insel denn auch ihren besonderen Reiz.

Dominierend für das Gesamtbild der herzförmigen Insel ist der mächtige Erosionskrater der Caldera de Taburiente. Er ist umgeben von einem etwa 28 km langen und bis zu 2426 m hohen Bergkamm, der den ganzen Nordteil der Insel einnimmt und sich überwiegend sanft, aber von zahllosen Barrancos zerschnitten, zur Steilküste hin absenkt. Der Süden ist geprägt durch die lang gestreckte Vulkankette der Cumbre Vieja – sie ist jüngeren Ursprungs, zahlreiche erstarrte Lavaströme führen uns dies vor Augen.

In den Küstenregionen gedeihen vor allem Wolfsmilchgewächse wie der Cardón.

Typisches Inselwetter – Wolken auf der Ostseite, Sonne im Westen. Blick vom Pico Birigoyo auf die Cumbre Nueva und zur Caldera de Taburiente.

Vegetation und Tierwelt

Die Insel besitzt mehrere, völlig unterschiedliche Vegetationszonen, die von der Höhenlage wie von den klimatischen Bedingungen abhängen. Entsprechend vielseitig ist die Flora, die zahlreiche Endemiten (ausschließlich auf der Insel vorkommende Pflanzen) hervorgebracht hat. In den Küstenregionen gedeihen genügsame Trockenpflanzen: Drachenbäume (besonders im Norden, teils sogar Haine mit mehr als zehn Exemplaren) und Palmen sind hier keine Seltenheit – landschaftsprägend aber sind die Sukkulenten (Wolfsmilchgewächse und Kakteen) und natürlich die Bananen, das bedeutendste Wirtschaftsgut der Insel. Die Plantagen der wasserintensiven und vom Staat wie von der EU subventionierten Kulturpflanzen bedecken weite Teile der Küstenregionen bis in eine Höhe von etwa 300 m. Gut 40 % der Inselfläche ist von Wäldern bedeckt: Der dichte, urwaldartige Lorbeerwald (Nebelwald) wächst ausschließlich an den feuchten nord- und ostseitigen Hängen und Schluchten – im regenreichen Nordosten reicht er manchmal sogar bis nahe an die Küste hinab. Oberhalb des Lorbeerwaldes schließen sich die Fayal-Brezal-Zone (Baumheide und Gagelbäume) und der überwiegend lichte Kiefernwald (auch an den West- und Südhängen) an. Die Kanarenkiefer (Pinus canariensis) ist sehr feuerresistent und übersteht selbst schwerste Waldbrände. In den Hochlagen über 2000 m bestimmen die ginsterähnlichen, im Frühsommer gelb blühenden Codeso-Büsche und der weiß blühende Teide-Ginster das Landschaftsbild.

Drago (Drachenbaum).

Die einzigen Säugetiere, die uns in den Bergen des Öfteren begegnen, sind Kaninchen und Ratten. Recht stattlich ist auch der Bestand an wilden Mähnenschafen (Arruí) in und außerhalb der Caldera de Taburiente, die man aber kaum zu Gesicht bekommt. Einziges giftiges Lebewesen ist der bis zu 10 cm lange Tausendfüßler, der sich fast ausschließlich unter Steinen aufhält – der Biss dieses seltenen Insektes kann sogar für den Menschen gefährlich sein. Eine Besonderheit in der Vogelwelt sind die Lorbeertauben und der wilde Kanarienvogel.

Petroglyphen

La Palma besitzt zahlreiche Fundstätten prähistorischer Felsgravierungen – Zeichnungen und Inschriften der kanarischen Ureinwohner (Guanchen), die mit spitzem Stein in den Fels geklopft wurden und bis heute noch nicht eindeutig entziffert sind. Wahrscheinlich ist, dass die Bedeutung der meist spiral und mäanderförmigen Zeichen mit dem Wasser zusammenhängt, da sich viele Fundstätten an Quellen befinden. Auch an Höhlen und ehemaligen Kultstätten wurden Felsgravierungen entdeckt. Am bekanntesten sind die Fundstätten von Cueva de Belmaco (Mazo, Besucherzentrum), von La Zarza / La Zarcita (Besucherzentrum, vgl. Tour 24) sowie von La Fajana (bei El Paso). Auf den Wanderungen dieses Führers werden u.a. folgende Petroglyphen-Fundstätten berührt: Garafía (Tour 26), Buracas (Tour 27), Tamarahoya (Tour 51), Roque Teneguía (Tour 46) und La Erita (Touren 58, 59, 63).

Nationalpark (Parque Nacional Caldera de Taburiente)

Der Parque Nacional Caldera de Taburiente wurde 1954 ins Leben gerufen und 1981 auf seine heute gültigen Schutzzonen festgelegt (4690 ha). Der Erosionskrater zählt mit einem Durchmesser von bis zu 8 km zu den gewaltigsten und eindrucksvollsten Kraterkesseln der Erde, sein Umfang beträgt rund 28 km. Der Nationalpark ist in mehrere Schutzzonen unterteilt, die teilweise nicht betreten werden dürfen. Generell verboten ist die Mitnahme von Hunden, das Verlassen der ausgewiesenen Wanderwege sowie das Campieren – nur am Zeltplatz an der Playa de Taburiente kann man mit Genehmigung der Nationalpark-Verwaltung für eine Nacht sein Zelt aufstellen (Genehmigung muss vorher im Centro de Visitantes de El Paso eingeholt werden).

Freizeitaktivitäten

Bademöglichkeiten

La Palma ist zwar keine ausgesprochene Badeinsel, besitzt aber doch einige hübsche Strände – am bekanntesten Los Cancajos, Puerto Naos (Playa Nueva, Playa de las Monjas, Charco Verde), Fuencaliente (Playa del Faro, Playa Nueva, Playa Zamora) und die nur bei ruhiger See zum Baden geeignete Playa de Nogales bei Puntallana. Im Norden gibt es keine Badestrände (meist Steilküste), dafür aber Meeresschwimmbäder: Charco Azul (bei San Andrés, →Tour 9) und La Fajana (bei Barlovento, →Tour 18).

Bootsausflüge

Von Puerto de Tazacorte zur Cueva Bonita und zur Playa de la Veta. Außerdem Bootsfahrten von Santa Cruz.

Botanische Gärten und Zoos

›Maroparque‹ (Breña Alta) mit Pflanzen und Tieren. Kakteengarten ›Palmex‹ (Los Llanos). Vogelpark ›Parque Paraíso de las Aves‹ (El Paso).

Canyoning

Im Barranco del Agua (bei Los Tilos), im Barranco Las Grajas (beim Roque de los Muchachos) und im Barranco de Fagundo (bei El Tablado) finden Schluchtkletterer anspruchsvolle Touren vor.

Gleitschirmfliegen

Die Insel bietet hervorragende Möglichkeiten für Gleitschirmflieger, insbesondere auf der Leeseite der Cumbre Vieja (Los Canarios, Jedey), aber auch auf der Luvseite (Santa Cruz). Clubs in Santa Cruz und in Puerto Naos.

Höhlen

Bis heute wurden auf La Palma über 80 Höhlen entdeckt, deren längste weit über 1 km lang ist. Besonders spektakulär ist der Tubo de Todoque. Die auf einer Länge von 550 m begehbare Röhre (Tubo) im Lavastrom des Volcán San Juan soll evtl. touristisch genutzt werden (→Tour 41).

Klettern

La Palma bietet nur wenige Klettergebiete. Am bekanntesten sind der Barranco de la Madera (IV–VIII, max. 20 m; →Tour 3) und der Volcán Tajuya (→Tour 43).

Märkte

Markthallen in Santa Cruz und in Los Llanos (Mo–Sa 6–14 Uhr). Bauernmarkt in Mazo (Sa 15–19, So 9–13 Uhr), in Puntagorda (Sa 15–19, So 11–15 Uhr) und am Picknickplatz Laguna de Barlovento (Sa/So 11–18 Uhr), Flohmarkt in Los Llanos/Argual (So 9–15 Uhr).

Mountainbike- und Radfahren

Die Pisten an den Cumbres und die teils nur wenig befahrenen Straßen eignen sich hervorragend für berggewohnte Rad- und Mountainbike-Fahrer. Bike-Verleih und geführte Touren u.a. in Los Cancajos, Los Llanos und Puerto Naos. Literaturtipp: Bike Guide »La Palma« von Uwe Kahlfuß, Bergverlag Rother.

Museen

Das Inselmuseum in Santa Cruz beherbergt sehr interessante Sammlungen, u.a. Gemälde und prähistorische Funde.

Picknickplätze

Picknickplätze (Zona recreativa), ausgestattet mit Grillstellen und Spielplätzen, sind beliebte Ausflugsziele der Palmeros.

Reiten

Es gibt mehrere Reitclubs (Breña Alta, El Paso), die auch Exkursionen anbieten.

Tauchen

La Palma ist ein ausgezeichnetes Tauchrevier. Clubs in Santa Cruz, Los Cancajos, Puerto Naos, Puerto de Tazacorte.

Informationen und Adressen

Anreise
La Palma findet sich im Programm vieler Reiseveranstalter und wird von mehreren Charterfluggesellschaften angeflogen; Linienflüge nur über Madrid. Außerdem bestehen Flugverbindungen nach Teneriffa, Gran Canaria, Lanzarote, Fuerteventura und El Hierro sowie Fährverbindungen nach Teneriffa.

Auskunft
Fremdenverkehrsbüro: Patronato de Turismo, Avenida Marítima 34, E-38700 Santa Cruz de La Palma, ✆ 922 42 33 40, Fax 922 42 33 47. Außerdem u.a. Touristeninfos im Flughafen, ✆ 922 42 62 12, im Oficina de Información Turística (Casa de Cristal), Avda. Blas Pérez Gonzále, E-38700 Santa Cruz de La Palma, ✆ 922 41 21 06, Fax 922 41 21 06 (Glashaus neben Plaza de la Constitución) und in Los Llanos, Avda. Doctor Fleming, ✆ 922 40 25 83.
Nationalpark: Centro de Visitantes de El Paso (Besucherzentrum) an der Hauptstraße El Paso – Santa Cruz (Abzweig Cumbrecita) mit Ausstellung und Fachberatung, ✆ 922 49 72 77, Fax 922 49 70 81, E-Mail: caldera@mma.es. Weitere Nationalpark-Infostellen an der Cumbrecita, an der Straße Los Llanos – Barranco de las Angustias, an der Playa de Taburiente sowie am Gipfelparkplatz des Roque de los Muchachos.

Internet
Auf der Website www.rother.de (WebLinks/GeoSuche) des Bergverlag Rother finden Sie viele nützliche Links zu den Kanaren und zu La Palma.

Camping
Es gibt kleine Campingplätze bei Puntagorda, Barlovento und Fuencaliente (Projekt), außerdem Zeltmöglichkeit an manchen Rastplätzen (Zona recreativa; Auskunft: Medio Ambiente, Av. Bajamar 20, Santa Cruz, Tel.

Sonnenaufgang bei Los Cancajos mit der Silhouette der Nachbarinsel Teneriffa.

922 41 15 83) sowie an der Playa de Taburiente (Genehmigung bei der Nationalpark-Verwaltung). Wildcampen ist nicht erlaubt.

Diebstahl
Die Kriminalitätsrate ist verhältnismäßig niedrig. Dennoch sollte man nie Wertgegenstände im Auto oder anderswo unbeaufsichtigt zurücklassen.

Feste
Am bekanntesten sind das Mandelblütenfest (meist) am ersten Februar-Sonntag in Puntagorda, das Faschingsfest, das Fronleichnamsfest (besonders in Mazo), das Volksfest mit Viehmarkt in San Antonio del Monte am zweiten Juni-Wochenende und natürlich das größte Inselfest, die alle fünf Jahre stattfindende Bajada de la Virgen de Las Nieves.

Geschäftszeiten
Die Geschäfte sind meist von 9–13 Uhr (Mo–Sa) / 17–20 Uhr (Mo–Fr) geöffnet, Banken von 9–14 Uhr (Mo–Fr), Postämter von 9–14 Uhr (Mo–Fr) / 9–12 Uhr (Sa).

Klima
La Palma ist geprägt von einem subtropischen Klima mit geringen Temperaturschwankungen zwischen Sommer und Winter. Wetterbestimmend ist der

Klimatabelle Santa Cruz de La Palma														
Monat		1	2	3	4	5	6	7	8	9	10	11	12	Jahr
Tag	°C	21	21	22	22	22	24	25	26	26	26	24	22	23
Nacht	°C	15	14	15	16	17	18	19	21	21	19	18	16	17
Wasser	°C	19	18	19	19	19	20	22	23	22	22	21	20	20
Sonnenstunden		5	6	6	7	8	9	10	9	8	6	5	5	7
Regentage		11	6	6	7	4	1	1	1	4	5	11	9	6

Observatorien am Roque de los Muchachos.

Passat, der von Nordosten feuchtwarme Luftmassen heranbringt, die an den Bergen aufsteigen und im Tagesverlauf weite Teile der Insel, insbesondere den Osten, in eine dicke Wolkendecke einhüllen.

Notruf
Allgemeiner Notrettungsruf für Feuerwehr, Polizei und Notarzt ✆ 112.

Telefon
Vorwahl nach Spanien 0034. Vorwahl von den Kanarischen Inseln nach Deutschland 0049, nach Österreich 0043, in die Schweiz 0041.

Verkehr
Bus: La Palma verfügt über ein recht gut ausgebautes Busnetz, insbesondere zwischen Santa Cruz und Los Llanos sowie an der Ost- und an der Westküste. Schlecht bzw. gar nicht erschlossen sind der Norden und die Caldera-Höhenstraße – für diese Regionen ist die Anfahrt mit dem Pkw bzw. mit dem Taxi unumgänglich.

Taxi: In fast allen größeren Orten findet sich ein Taxistand – ansonsten bestellt man in einer Bar ein Taxi. Taxistände u.a. in Santa Cruz ✆ 922 41 12 02, Los Llanos ✆ 922 46 27 40, El Paso ✆ 922 48 50 03, Los Sauces ✆ 922 45 09 28.

Mietwagen: Leihwagen sind verhältnismäßig günstig und können in fast allen größeren Orten oder am Flughafen angemietet werden. Zur Hochsaison empfiehlt es sich, schon von der Heimat aus einen Wagen zu buchen. Die Inselstraßen sind überwiegend sehr kurvenreich, Nebenstraßen häufig sehr schmal, ruppig und steil. Nach Regenfällen besteht z.T. eine beträchtliche Steinschlaggefahr, in der Passatwolkenzone herrscht oft dichter Nebel.

Fahrpläne der wichtigsten Buslinien

1 SANTA CRUZ DE LA PALMA – LOS LLANOS (via Túnel gr.)
- Mo–Fr 6.15 – 21.15 jede Stunde / 6.30 – 22.30 jede Stunde
- Sa 6.15 – 13.15 jede Std., 15.15 – 19.15 alle 2 Std. / 6.30 – 13.30 jede Std., 15.30 – 21.30 alle 2 Std.
- So 7.15 – 19.15 alle 2 Stunden / 7.30 – 21.30 alle 2 Stunden

2 Rundlinie Nord SANTA CRUZ – LOS LLANOS

S/C	SAUC	BVTO	FCES	GARA	PGDA	TIJA	LLAN	TIJA	PGDA	GARA	FCES	BVTO	SAUC
	·6.00	·6.30	7.00	7.30	7.45					·6.00	·6.30	·7.30	·7.50
·6.15	·7.00	·7.30	·8.00	·8.45	·9.30	·9.45	·6.00	·6.45	·7.30	·8.00	·8.30	·9.30	·9.50
·8.15	·9.00	·9.30	·10.00	10.45	11.30	11.45	8.00	8.45	9.30	10.00	10.30	11.30	11.50
10.15	11.00	11.30	12.00	·13.00	·13.30	·13.45	·10.00	·10.45	·11.30	·12.00	·12.30	·13.30	·13.50
·12.15	·13.00	·13.30	·14.00	14.45	15.30	15.45	12.00	12.45	13.30	14.00	14.30	15.30	15.50
14.15	15.00	·15.30	·16.00	·16.45	·17.30	·17.45	·14.00	·14.45	·15.30	·16.00	·16.30	·17.30	·17.50
·16.15	·17.00	·17.30	·18.00	18.45	19.30	19.45	16.00	16.45	17.30	18.00	18.30	19.30	19.50
18.15	19.00	19.30	20.00				·18.00	·18.45	·19.30	·20.00	·20.30		

3 Rundlinie Süd SANTA CRUZ – LOS LLANOS

S/C	BBJA	MAZO	FCTE	LLAN	FCTE	MAZO	BBJA
8.00	8.10	8.20	8.45	8.00	8.30	9.00	9.10
10.15	10.25	10.35	11.00	10.00	10.30	11.00	11.10
12.00	12.10	12.20	12.45	-12.00	-12.30	-13.00	-13.10
-14.15	-14.25	-14.35	-15.00	-14.00	-14.30	-15.00	-15.10
-16.00	-16.10	-16.20	-16.45	·16.00	16.30	17.00	17.10
18.00	18.10	18.20	18.45	18.00	18.30	19.00	19.10
20.15	20.25	20.35	21.00	20.00	20.30	21.00	21.10

4 LOS LLANOS – PUERTO NAOS (– El Remo)
- Mo–Sa 6.30 – 22.30 jede Std., 8.30 – 14.30 alle 30 Min. / 7.00 – 23.00 jede Std., 9.00 – 15.00 alle 30 Min.
- So 8.30 – 22.30 jede Stunde / 9.00 – 23.00 jede Stunde

8 SANTA CRUZ DE LA PALMA – FLUGHAFEN (via Los Cancajos)
- Mo–Fr 6.45 – 21.15 alle 30 Min. / 7.15 – 21.15 alle 30 Min.
- Sa–So 6.45 – 20.45 jede Std. / 7.15 – 21.15 jede Std.

10 SANTA CRUZ DE LA PALMA – BUENAVISTA (via Las Nieves)
- Mo–Fr 7.45 – 11.45 jede Std. / 13.15 / 14.15 / 15.45 / 16.45 / 17.45 / 18.45 / 20.15 / 21.30 — 7.15 – 12.15 jede Std. / 13.45 / 15.15 / 16.15 / 17.15 / 18.15 / 19.15 / 20.45
- Sa–So 8.45 / 10.45 / 13.15 / 15.45 / 18.45 / 21.30 — 8.15 / 9.15 / 12.15 / 15.15 / 16.15 / 19.15

12 LOS SAUCES – SAN ANDRÉS
- tägl. ·7.10 / 9.10 / 11.10 / ·12.10 / 14.00 / 17.10 — ·7.20 / 9.20 / 11.20 / ·12.20 / 14.20 / 17.20

21 LOS LLANOS – PUERTO DE TAZACORTE
- Mo–Sa 6.30–22.30 jede Stunde / 7.00–23.00 jede Stunde
- So 8.30–22.30 jede Stunde / 9.00–23.00 jede Stunde

31 LOS CANARIOS – FARO (via Las Indias – Hotel)
- tägl. 9.00 – 21.00 alle 2 Std. / 9.45 – 19.45 alle 2 Std.

93 SANTA CRUZ DE LA PALMA – TIGALATE (via San Simón)
- tägl. ·9.30 / ·12.00 / ·14.15 / ·18.15 — ·7.00 / ·10.00 / ·12.30 / ·15.00 / 17.00

Busfahrplan erhältlich in Touristinfos, Busbahnhöfen und im Internet unter www.transporteslapalma.com
· = nur Mo – Fr   - = nur Mo – Sa

Santa Cruz und der Osten

Ein Schmuckkästlein, üppiges Kulturland und Lorbeerwälder

Typisch palmerischer Balkon an der Avenida Marítima in Santa Cruz.

Santa Cruz ist nicht nur die Hauptstadt, sondern auch der schönste und geschichtsträchtigste Ort der Insel. Ein Bummel durch die gemütlich-geschäftigen Gassen der Altstadt sollte deshalb unbedingt ins Besuchsprogramm aufgenommen werden. Wer mit dem Wagen kommt, stellt diesen am besten auf dem Stadtparkplatz zwischen der Hauptverkehrsader der Stadt, der Avenida Marítima, und dem Meer ab. Busankömmlinge landen direkt an der Plaza de la Constitución (großer Platz mit Verkehrsrondell am Südende der Avenida Marítima), die sich auch als Ausgangspunkt für den Stadtbummel anbietet. Von dort spazieren wir durch die Hauptgeschäftsstraße Calle O'Daly (Fußgängerzone) mit ihren prächtigen Bürgerhäusern (besonders schön der Palacio Salazar) zur Plaza de España, das Schmuckstück der Altstadt. Der romantische, dreieckige Platz wird von der sehenswerten Iglesia del Salvador sowie vom prunkvollen Rathaus und von stattlichen Bürgerhäusern eingefasst. Am Ende der Calle O'Daly biegen wir links ab in die Avenida del Puente und gelangen auf dieser zum Teatro Chico und zur Markthalle an der Plaza de Mercado. Rechts neben der Markthalle gehen wir weiter zur Placeta de Borrero und geradeaus zur schattigen Plaza de la Alameda – in der Mitte des Platzes steht ein schmucker Kiosk, am Ende das Museumsschiff ›Santa María‹ (Barco de la Virgen), ein Nachbau des Kolumbusschiffes. Rechts haltend gelangen wir nun zur Küstenstraße Avenida Marítima, an der wir schon bald die typischen kanarischen Balkone bewundern können. Sie bringt uns zurück zum Ausgangspunkt. Unbedingt empfehlenswert ist auch ein Ausflug zur Kirche von Las Nieves sowie zum aussichtsreichen Mirador de la Concepción.

Der Südosten der Insel darf als der Garten La Palmas bezeichnet werden. Nicht nur, dass dieser Landstrich ein traditionelles Landwirtschaftsgebiet ist, hier finden sich auch die Villenvororte von Santa Cruz, *Breña Baja* und *Breña Alta*. Zahlreiche Palmenhaine, mitunter auch Drachenbäume runden das Bild. Zum Gemeindegebiet von Breña Baja zählt auch die Touristenhochburg des Ostens, *Los Cancajos*. Um die Promenade und den schönen schwarzen Sandstrand gruppieren sich zahlreiche Hotels und Appartementanlagen. Etwas weiter südlich befindet sich der Flughafen, oberhalb schließt sich das Gemeindegebiet von *Mazo* (El Pueblo) an. Unser Interesse verdienen in Mazo der jeden Samstag und Sonntag veranstaltete Mercadillo und die Cueva de Belmaco (Parque arqueológico de Belmaco; Mo–Sa 10–18 Uhr, So 10–14 Uhr), in der vor über 250 Jahren die ersten Felsgravierungen der Ureinwohner gefunden wurden. Etwas nördlich der Höhle zweigt von der Hauptstraße eine Straße zu den Strandsiedlungen an der Playa la Salemera, an der Playa del Burro und an der Playa del Pozo ab.

Verlässt man die Inselhauptstadt auf der Küstenstraße nach Norden, gelangt man nach *Puntallana*, das mit der Playa de Nogales den einzigen Strand des Nordostens besitzt. Tiefgrüne Schluchten, Terrassenfelder und steile Berghänge prägen nun das Landschaftsbild. Weiter nach Norden passieren wir *La Galga* mit den Miradores San Bartolomé und La Montaña. Beachtung verdient auch der Lorbeerurwald von La Galga, der neben jenem von Los Tilos zu den ursprünglichsten Regenwaldgebieten der Insel zählt. Kurz vor Los Sauces bietet sich ein Abstecher nach *San Andrés* an, eines der schönsten Dörfer der Insel. Die Gassen und Plätze des von Bananenplantagen umgebenen Ortes laden zum Verweilen ein – nördlich befindet sich das Meeresschwimmbad Charco Azul. Wenige Kilometer nach dem Abzweig nach San Andrés biegt links die Straße nach *Los Tilos* ab – das Gebiet rund um den Barranco del Agua bietet zahlreiche herrliche Wandermöglichkeiten. Weiter auf der Küstenstraße erreicht man schließlich den Hauptort des Nordostens, *Los Sauces*. Beinahe schon städtisch wirkt dieser Ort mit seiner prächtigen Plaza und der großen Kirche.

Biosphären-Schutzgebiet Los Tiles

Der von der UNESCO zum Biosphären-Schutzgebiet erklärte, nahezu unberührte Lorbeerurwald mit seiner üppigen subtropischen Flora zählt zu den berühmtesten Naturwundern der Insel. Das 1998 auf 13420 ha erweiterte Schutzgebiet reicht von Puntallana im Süden bis Gallegos im Nordwesten und schließt im Westen an den Nationalpark Caldera de Taburiente an. Am Eingang zum Kerngebiet des Reservats befindet sich Los Tilos, 500 m: Besucherzentrum (täglich 8.30–17.30 Uhr) und Restaurant (4 km ab Hauptstraße Santa Cruz – Los Sauces; in Los Sauces bzw. in Las Lomadas nächste Haltestelle der Buslinie 2).

Die Playa de Nogales bei Puntallana – einer der schönsten Strände La Palmas.

1 Von Santa Cruz zum Mirador de la Concepción, 398 m

3.15 Std.

Rundwanderung zu einem der Parade-Aussichtspunkte der Insel

Diese Rundwanderung durch die Villenvororte von Santa Cruz erfordert zwar ein wenig Kondition wegen des steilen Anstiegs zum Mirador de la Concepción, belohnt die Mühe aber mit herrlichen Ausblicken. Sie lässt sich hervorragend mit einem Besuch der Inselhauptstadt (→S. 19) verbinden.

Ausgangspunkt: Santa Cruz de La Palma (Haltestelle der Buslinien 1-3, 8–10, 14, 15), Abzweig der Avenida del Puente von der Küstenstraße Avenida Marítima.
Höhenunterschied: Etwa 550 m.
Anforderungen: Zum Mirador de la Concepción steiler Straßenaufstieg, anschließend überwiegend gemütliche Wanderung auf Straßen und Wegen.
Einkehr: Bar-Restaurants in Santa Cruz und in Velhoco.
Variante: Wer in La Estrella rechts auf der recht viel befahrenen Hauptstraße LP-101 Buenavista – Las Nieves weitergeht, kann nach 700 m gegenüber dem berühmten Restaurant Chipi-Chipi mit *SL SC 13* nach Santa Cruz absteigen (teilweise leichte Kraxelei!). 500 m danach besteht eine weitere Abstiegsmöglichkeit nach Santa Cruz über *PR LP 2*, nach weiteren 800 m zweigt die unten beschriebene Ruta de los Molinos (*PR LP 2.2*) ab.
Kombinationsmöglichkeit mit Tour 2.

Blick vom Mirador de la Concepción auf Santa Cruz.

Von der Avenida Marítima gehen wir die **Avenida del Puente** hinauf, vorbei an der Markthalle, und biegen nach gut 5 Minuten nach Haus-Nr. 35 und vor der Einfahrt in ein Parkhaus links auf einen Treppenweg. Eine Etage weiter oben gehen wir an der Gabelung geradeaus (nicht links/rechts) bergauf auf der schmalen Pflasterstraße, die bald darauf in die Hauptstraße Santa Cruz – Mirador de la Concepción (Carretera de Timibucar) einmündet. Gegenüber setzt sich eine schmale Straße fort, die in der Folge immer wieder die Hauptstraße kreuzt und steil, in direkter Linie ansteigt (Calle La Cuesta, *weiß-rot-gelb*). Sie führt mitten durch ein Wohnviertel, das sich über den gesamten Bergrücken hinzieht, und eröffnet hin und wieder schöne Ausblicke auf Santa Cruz. Nach einer Dreiviertelstunde passieren wir in **La Cuesta** den Maroparque (botanischer Garten, Zoo; täglich 10–18 Uhr). 5 Minuten später kreuzt unser Sträßchen abermals die Hauptstraße LP-202. Bevor wir geradeaus weitergehen, unternehmen wir links entlang der Hauptstraße einen Abstecher zum **Mirador de la Concepción** (20 Min., nach 10 Min. am Verkehrskreisel links). Der großartige Aussichtsplatz an der Abbruchkante der Caldereta legt uns nicht nur die Inselhauptstadt zu Füßen, sondern eröffnet auch herrliche Ausblicke über Breña Alta zur Cumbre.

Das Zisterzienserkloster in Buenavista de Arriba.

Zurück an der Kreuzung, wandern wir auf dem Sträßchen (Camino La Estrella, *weiß-gelb*) weiter bergan. Es kreuzt nach gut 5 Minuten die Hauptstraße LP-101 Buenavista – Las Nieves (→Variante; Restaurant La Graja), passiert 5 Minuten danach das Monasterio del Cister (Zisterzienserkloster) und erreicht knapp 10 Minuten später den Barranco Juan Mayor. Hier verlassen wir den weiß-gelb markierten Wanderweg und wandern halb rechts die Betonstraße hinauf. Sie führt vorbei an hübschen Häusern und Gärten und überquert nach wenigen Minuten einen abgedeckten Wasserkanal, der später unseren Wanderweg vorgeben wird. Nach etwa 10 Minuten – kurz nach einer letzten Villa (»El Tributo«) – quert das Sträßchen einen kleinen Barranco. Hier ignorieren wir einen rechts abzweigenden Fahrweg. 50 m danach biegen wir rechts ab auf einen Fahrweg, der gemütlich den Hang hinabführt und nach wenigen Minuten (rechts) in einen Querweg einmündet. Der Fahrweg führt links an einem kleinen Taleinschnitt entlang hinab und überquert nach 2 Minuten den abgedeckten Wasserkanal (Canal de Breña). Auf diesem wandern wir nun links weiter. Er leitet bequem, mit schönen Ausblicken, durch den palmen- und kiefernbestandenen Hang – mitunter kann er ein wenig verwachsen sein. Nach gut 5 Minuten kreuzt der Kanal am oberen Ortsrand von Velhoco eine Betonstraße. Wenige Minuten später quert er einen Barranco mit einem Betonfahrweg, um 5 Minuten danach unterhalb einer Finca abermals auf einen Betonfahrweg zu treffen. Hier verlassen wir den Kanal und wandern rechts über den Fahrweg hinab. Er mündet nach 5 Minuten in ein Sträßchen mit dem Wanderweg *PR LP 2* (*weiß-gelb*, →Tour 2), das uns rechts durch Plantagen in 5 Minuten zur Hauptstraße LP-101 Buenavista – Las Nieves in **Velhoco** hinabbringt (Einmündung neben einem großen Heiligenschrein, Haltestelle der Buslinie 10).

Wir folgen der Hauptstraße wenige Minuten nach links, bis rechts ein Betonweg abzweigt (*weiß-gelb*). Er mündet kurz darauf in **Las Tierritas** neben Funkmasten nochmals in die Hauptstraße ein, verlässt diese aber nach 50 m wieder geradeaus. An einer Gabelung am Rand des Barranco Juan Mayor halten wir uns halb links (rechts Sackgasse), 2 Minuten später an der Gabelung mit *PR LP 2.2* rechts. Gut 5 Minuten danach wendet sich das Sträßchen links vom Bergrücken ab – hier geradeaus weiter auf dem Weg, der am Rücken weiter hinabführt. Er verläuft teilweise entlang einem Wasserkanal und kommt nach knapp 10 Minuten an den **Molinos de Bellido** vorbei. Die vier Wassermühlen aus dem 16. Jh. mit ihren auffälligen Bogenbrücken und Türmen sind nicht mehr in Betrieb, die zugehörigen Häuschen sind teilweise bewohnt. Nach der letzten Mühle gabelt sich der Weg auf einem Sattel, 128 m. Rechts führt ein Camino hinab zur Avenida del Puente (¼ Std. bis zur Avenida Marítima) – schöner aber ist es, geradeaus noch ein wenig über den Dächern der Hochhäuser weiterzuwandern. Der Pfad verläuft an einem ehemaligen Wasserkanal abseits der Kammhöhe des Roque de Arriba, 156 m, hart am Abgrund des Barranco Juan Mayor, und mündet nach gut 5 Minuten in eine Straße. Dieser folgen wir nach unten, bis sie in eine Querstraße einmündet. Rechts gegenüber steigen wir über eine breite Treppe hinab zur nächsten Querstraße, die uns rechts, immer abwärts und dann geradeaus, zur Markthalle an der **Avenida del Puente** zurückbringt.

Die Mühlen von Bellido.

2 Pico Ovejas, 1854 m

7.15 Std.

»Auf Händen und Füßen« – extrem steiler Aufstieg zur Cumbre

Zugegeben, wir haben lange überlegt, ob wir diese Tour aufnehmen sollen, denn für den Normalwanderer kann sie keinesfalls empfohlen werden. Aber sportlich ausgerichtete Wanderer können durchaus ihre Freude an diesem extrem steilen Trimm-Dich-Kurs haben, bei dem sie ihre Leistungsfähigkeit unter Beweis stellen und – eine entsprechende Puste vorausgesetzt – die angegebenen Zeiten deutlich unterbieten können. Dabei handelt es sich bei dieser Unternehmung nicht um eine Klettertour, sie ist noch nicht einmal ausgesetzt. Aber Sie sollten sich dennoch darauf einstellen, dass Sie an einigen Stellen eher krabbeln denn steigen, so steil ist der alte Camino angelegt!

Ausgangspunkt: Großer Heiligenschrein in Velhoco, 335 m, an der Hauptstraße LP-101 Buenavista – Las Nieves (Carretera de Velhoco), Haltestelle der Buslinie 10. Von Santa Cruz (Avenida Marítima / Abzweig Avenida del Puente) Aufstiegsmöglichkeit über *PR LP 2*, 1 Std.
Höhenunterschied: Knapp 1600 m.
Anforderungen: Der lange, extrem steile Aufstieg zur Cumbre kann – wenn überhaupt – nur konditionsstarken, erfahrenen Bergwanderern empfohlen werden. Der Rückweg verläuft auf bequemen Caminos.
Einkehr: Restaurants in Velhoco.
Tipp: Ein kleiner, möglichst leichter Rucksack erleichtert den Aufstieg erheblich!
Kombinationsmöglichkeit mit den Touren 1, 37, 38, 57, 59 und 63.

Blick vom Pico Ovejas zum Pico Bejenado und auf das Aridane-Tal.

Neben dem großen Heiligenschrein an der Hauptstraße biegen wir mit *PR LP 2* auf die schmale Betonstraße ab (Tafel ›Pico de las Ovejas‹, *weißgelb*), die durch **Velhoco** hinaufführt. Dieser folgen wir immer geradeaus bergan, nach wenigen Minuten eine rechts abzweigende Straße ignorierend. Nach gut 20 Minuten – wir haben die letzten Häuser und Plantagen hinter uns gelassen – zweigt in einer Linkskurve rechts ein von Steinmauern eingefasster Camino ab. Er steigt äußerst steil, in direkter Linie, durch einen Kastanienwald an und legt sich erst nach 40 Minuten ein klein wenig zurück. Kiefern und Fayal-Brezal gesellen sich nun an den Weg, der in der Folge weiter extrem steil ansteigt und nach einer guten Viertelstunde direkt auf der Kammhöhe des **Lomo del Lance** verläuft. Hin und wieder ergeben sich nun Ausblicke zum Pico de la Nieve sowie auf die Schluchten beiderseits des steil abfallenden Bergrückens. Nach einer guten Dreiviertelstunde ver-

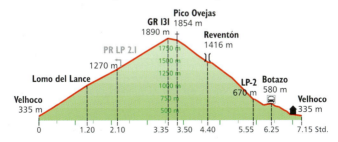

schmälert sich der Bergrücken und senkt sich für einige Meter etwas ab (1270 m). 5 Minuten später mündet von links ein Pfad ein (*PR LP 2.1*). Der Weg verläuft jetzt rechts der Kammhöhe, kehrt aber nach einigen Minuten wieder auf die Kammhöhe des Bergrückens zurück. Nach 1¼ Stunden Steilaufstieg endlich erreichen wir den **Calderakamm** (1890 m), auf dem unser Weg in die Ruta de la Crestería (*GR 131, weiß-rot*) einmündet.

Rechts wäre ein Abstecher zum Pico Corralejo (¼ Std.) und weiter zum Refugio de la Punta de los Roques möglich (→Tour 57). Wir aber folgen dem *GR 131* nach links und erreichen nach einer Viertelstunde den **Pico Ovejas**, 1854 m (Tafel), eine winzige Kammerhebung mit herrlichem Blick auf die Caldera de Taburiente und auf die Ostküste mit Santa Cruz.

Der Wanderweg führt weiter bequem über den Calderakamm hinab, passiert nach gut 10 Minuten die Tafel ›Roques de la Perra‹ und mündet 20 Minuten danach in die Pista de Cumbre Nueva. Diese bringt uns in einer Viertelstunde hinab zum **Reventón-Pass**, 1416 m (Wasserstelle; große Wegkreuzung: der *GR 131* führt geradeaus über die Cumbre Nueva weiter zum Refugio del Pilar, →Tour 38; rechts über *PR LP 1* Abstiegsmöglichkeit zur Ermita Virgen del Pino, →Tour 59). Hier biegen wir scharf links und sogleich rechts ab auf den *PR LP 1* (dieses Wegstück ist identisch mit Tour 37). Der *weiß-gelb* markierte Camino verläuft zunächst in leichtem Auf und Ab durch den Hang und senkt sich dann in weiten Schleifen durch den Nebelwald hinab. Nach einer guten halben Stunde treffen wir auf einen Forstweg, dem wir rechts abwärts folgen. Wenige Minuten später, gleich nach der nächsten Linkskurve, zweigt scharf rechts wieder der alte Pflasterweg ab – er mündet kurz darauf wieder in den Forstweg ein, auf dem wir nun gemütlich weiter hinabwandern. Erst nach 10 Minuten, nach vier Wegschleifen, zweigt scharf links wieder der alte Weg ab. Er vereint sich bald wieder mit einem Fahrweg und passiert kurz darauf einen Rastplatz (Steinbank). Gut 10 Minuten später kommen wir an einer weiteren Steinbank vorbei. 5 Minuten danach kreuzt der Canal de Fuencaliente unseren Weg, nach weiteren 5 Minuten treffen wir auf die Hauptstraße (**Carretera de la Cumbre**).

Wir folgen der Hauptstraße etwa 50 m nach links, bis sich rechts, entlang einer Steinmauer, der Camino fortsetzt. Er kreuzt nach knapp 10 Minuten einen Fahrweg und gabelt sich 5 Minuten später, 50 m nach Querung des Barranco de Aguasencio. Hier wandern wir geradeaus mit *PR LP 1* durch den Hang bergan (rechts Abstiegsmöglichkeit nach San Pedro de Breña Alta, →Tour 37). Bei einem ersten Haus geht der Camino in einen Fahrweg über, der 5 Minuten später wieder auf die Hauptstraße trifft (Haltestelle der Buslinie 1). Auf dieser halten wir uns rechts und biegen nach 50 m auf eine Dorfstraße von **Botazo**, 580 m, ab, der wir immer geradeaus folgen. Nach gut 5 Minuten kreuzen wir die Hauptstraße. Der markierte Wanderweg verläuft nun für 5 Minuten auf einem Fahrweg und wendet sich dann geradeaus einem breiten Camino zu, der nach 10 Minuten in Buenavista de Arriba

Während des Aufstiegs ergeben sich schöne Ausblicke zur Ostküste und nach Teneriffa.

in eine quer führende Betonstraße (Camino La Corsillada) einmündet. Rechts, nach 5 Minuten vorbei am Monasterio del Cister, könnte man mit *PR LP 1* nach Santa Cruz absteigen (knapp 1 Std., →Tour 1). Wir aber folgen dem Sträßchen nach links und biegen wenige Minuten später im Barranco Juan Mayor scharf rechts auf die Talstraße ab (man kann auch halb rechts mit →Tour 1 weitergehen), die in gut 5 Minuten zur Hauptstraße nach Las Nieves hinabführt. Dieser folgen wir nach links, passieren nach 5 Minuten in **Velhoco** das Restaurant Chipi-Chipi und erreichen gut 10 Minuten später wieder den Heiligenschrein am Ausgangspunkt der Wanderung.

3 Barranco de la Madera

4.30 Std.

Abwechslungsreiche Rundwanderung durch ein wildromantisches Tal

Die Madera-Schlucht vermittelt dem gemäßigten Wanderer einen gemütlichen Spaziergang durch ein liebliches, im oberen Teil dann etwas wilderes Bergtal – ambitionierte Bergwanderer, die eine großzügige Rundtour unternehmen wollen, kehren über den luftigen Kanalweg zurück.

Ausgangspunkt: Wallfahrtskirche Santuario de Nuestra Señora de Las Nieves, 278 m (Haltestelle der Buslinie 10), an der LP-101 Las Nieves – Velhoco (nicht durch den Tunnel fahren), oberhalb von Santa Cruz.
Höhenunterschied: 700 m.
Anforderungen: Bis zum Fahrwegende leichte, bequeme Talwanderung. Der Weiterweg verlangt absolute Trittsicherheit, sowohl im Aufstieg (stellenweise schmale, abschüssige Passagen) als auch im Abstieg (schlüpfriger Nadelfilz!), der Kanalweg erfordert zudem Schwindelfreiheit. Für die Tunnel wird eine leuchtstarke Taschenlampe empfohlen. Nach starken Regenfällen (besonders im Winter) können ganze Wegstücke abgerutscht sein – kehren Sie in diesem Fall unbedingt wieder um!
Einkehr: Bar-Restaurant Parilla am Ausgangspunkt.

Die Wallfahrtskirche Santuario de Nuestra Señora de Las Nieves.

Auf der Rückseite der sehenswerten **Kirche** bringt uns ein breiter Treppenweg hinab zur Zufahrtsstraße, die nach 100 m in die Hauptstraße LP-101 einmündet (Parkplatz). Wir wandern rechts gegenüber auf dem Fahrweg im Barranco de la Madera talaufwärts (*PR LP 2.3, weiß-gelb*) und passieren nach 10 Minuten ein letztes Gebäude und gleich danach ein Grundstück mit vielen kläffenden Hunden auf der anderen Talseite sowie einige Kletterfelsen. Der Fahrweg führt gemütlich durch das liebliche, von lichtem Kiefernwald geprägte Gebirgstal bergan und betritt nach insgesamt 30 Minuten den Naturpark Las Nieves (Tafel). Wenige Minuten später kommen wir an einer ersten Galería (Stolleneingang zur Linken) vorbei und überqueren einen großen Wasserkanal. Die Schluchtwände rücken nun immer näher zusammen (Vorsicht, Steinschlaggefahr bei Regen/Sturm!). Dann wendet sich der Fahrweg etwas vom Bachbett ab und steigt an zu einer Wiesenterrasse mit Kastanienbäumen und Wasserverteilern. In der Folge passieren wir ein verfal-

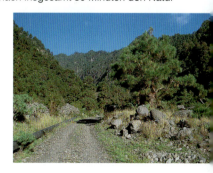

lenes Gebäude und gut 5 Minuten später ein weiteres Gebäude, 640 m, hinter dem der Fahrweg endet (rechts unterhalb auf der anderen Talseite eine Galería).

Entlang einem Wasserkanal setzt sich ein Pfad fort, der nun kurzzeitig in Nebelwald eintritt und beständig oberhalb dem tief eingeschürften Bachbett ansteigt. Nach einer knappen Viertelstunde folgt ein eindrucksvolles Wegstück in der von himmelhohen Wänden eingefassten Schlucht: wir kommen unter einem Felsüberhang hindurch, 10 Minuten danach durch ein kleines Felstor. Einige Minuten später, 50 m nach einer weiteren Galería, wechselt der Weg auf die rechte Talseite. Wer nicht trittsicher und schwindelfrei ist sollte hier besser umkehren, denn der Weg wird nun etwas anspruchsvoller und mühsamer. Er steigt stellenweise schmal und abschüssig über dem Talgrund an und erreicht nach etwa 20 Minuten in ca. 900 m Höhe den **Talschluss** am Fuß eines etwa 30 m hohen, senkrechten Katarakts.

Hier kreuzt ein Wasserkanal, der rechts von einer Galería kommt, den Barrancogrund. Neben diesem tritt der markierte Wanderweg links in einen Galeriegang ein. Die folgenden Tunnel sind zwar durch »Fenster« meist ausreichend beleuchtet, eine Taschenlampe wird aber dennoch dringend empfohlen (gut auf die Decke und auf Felsvorsprünge achten!). Während des bequemen, manchmal auch luftigen Gangs durch die senkrechte Felswand ergeben sich häufig großartige Tiefblicke auf den Barranco mit unserem Aufstiegsweg. Nach einer knappen Stunde Tunnel- und Steilwanddurchquerung erreichen wir an einem Wasserverteiler mit einem Rundbau die Kammhöhe des **Lomo de Las Nieves**, ca. 850 m. In der Folge zieht der markierte Wanderweg immer über den von lichten Kiefernwäldern überzogenen Kamm hinab – zunächst links der Kammhöhe, nach 5 Minuten dann auf der rechten Kammseite hoch über dem Barranco del Río, mit schönem Blick zur Punta de los Roques und zum Pico Corralejo, später nach Las Breñas und schließlich auch nach Santa Cruz. Nach einer halben Stunde verläuft der schöne Camino wieder auf bzw. nahe der Kammhöhe. Auf dieser passieren wir nach 10 Minuten einen Hochspannungsmast. 10 Minuten später kommen wir an einer links zum Barranco de la Madera hin abfallenden 20-Meter-Felswand vorbei, in der man manchmal Kletterer beobachten kann. Kurz darauf verläuft der Camino ein kurzes Stück entlang einem Wasserkanal, um weiter über den Kamm abzusteigen. Wenige Minuten später passieren wir eine Villa mit Palmengarten. Danach halten wir uns auf der Hochfläche rechts und steigen auf dem markierten Weg in 10 Minuten hinab zur Wallfahrtskirche **Las Nieves**.

Der imposante Talschluss des Barranco de la Madera.

4 Von Breña Alta nach El Paso

5.00 Std.

Überschreitung der Cumbre Nueva von Ost nach West

Der Camino real von Breña Alta nach El Paso ist der älteste Verbindungsweg zwischen der Ostküste und dem Aridane-Tal. Dies ist übrigens auch der Grund für die irreführende Namensgebung von Cumbre Nueva (»junge Cumbre«) und Cumbre Vieja (»alte Cumbre«, obwohl geologisch wesentlich jünger als die Cumbre Nueva), da der Camino real über den Reventón-Pass (→Tour 37) erst nach diesem Weg angelegt wurde.

Ausgangspunkt: Plaza von San Pedro de Breña Alta, 344 m (Haltestelle der Buslinien 1, 14).
Endpunkt: Centro de Visitantes de El Paso, 840 m (Haltestelle der Buslinie 1), am oberen Ortsrand von El Paso.
Höhenunterschied: 1150 m im Aufstieg und 650 m im Abstieg.
Anforderungen: Lange, überwiegend leichte Wanderung, die etwas Orientierungsvermögen voraussetzt.
Einkehr: Bar-Restaurants in San Pedro und in El Paso.
Kombinationsmöglichkeit mit den Touren 5, 38, 39 und 40.

Von der Plaza in **San Pedro** folgen wir der Hauptstraße nach Süden (Richtung Mazo) und biegen gleich links in die erste Straße (Calle El Correo) ein, um nach einigen Metern rechts auf der schmalen Dorfstraße weiterzugehen. An der Gabelung nach 50 m beim Kreuz halten wir uns abermals rechts und gelangen so hinab zu einer Straße im Grund des Barranco de Aguasencio. Dieser folgen wir 25 m nach links und biegen rechts ab auf ein Sträßchen (Camino Las Curias), das auf der anderen Talseite gemütlich bergan führt und nach einer Gehzeit von insgesamt gut 10 Minuten wieder in die Hauptstraße nach Mazo einmündet. Bereits nach 100 m, gleich nach der Brücke, verlassen wir die Hauptstraße auf einer rechts abzweigenden Straße (Camino La Unión, Tafel ›Refugio del Pilar‹, *PR LP 18.2, 19*), die sich nach 20 m gabelt. Hier halten wir uns rechts (der weiß-gelb markierte Wanderweg verabschiedet sich nach links) und folgen der Straße durch den Barranco Norza hinauf. Sie geht nach einigen Minuten in eine Schotterpiste über und führt bald darauf an einer Galería vorbei. Nach insgesamt 20 Minuten (ab Hauptstraße), 100 m nach einer letzten Wasserleitungsbrücke, kreuzt ein alter Camino die Piste, dem wir uns links zuwenden (Tafel ›El Llanito‹, *PR LP 19*). Der weiß-gelb markierte Weg passiert nach wenigen Minuten ein paar Felsnischen, die

hübsch mit Blumen und Heiligenfiguren ausgeschmückt sind, und erreicht bald danach eine Wiesenhochfläche, auf der uns ein Fahrweg aufnimmt. Wir folgen diesem nach rechts, immer geradeaus, durchqueren einen Barranco und treffen danach auf eine kleine Straße (5 Min.; hier verabschiedet sich *PR LP 19* nach links, →Tour 5). Auf dieser wandern wir rechts bergauf, immer geradeaus (nicht rechts abzweigen), und gelangen so hinüber zu einer Straße in **San Isidro**, 570 m (10 Min.).

Hier treffen wir wieder auf den Wanderweg *PR LP 18.2*, dem wir rechts weiter aufwärts folgen (Tafel ›Refugio del Pilar‹, *weiß-gelb*). Er verlässt nach 25 m die Straße auf dem geradeaus (rechts) ansteigenden Fahrweg. An den folgenden Gabelungen und Kreuzungen gehen wir immer geradeaus bergauf und passieren so nach 20 Minuten (zuletzt Asphaltsträßchen) ein großes rundes Wasserreservoir zur Linken. Wenige Minuten später kreuzt der Canal de Fuencaliente unser Sträßchen, das nun wieder in einen Fahrweg übergeht und in lichten Fayal-Brezal-Wald eintritt. Nach 10 Minuten treffen wir auf die Hauptstraße zum Refugio del Pilar (LP-301). Wir folgen dieser 100 m bergan und biegen dann links ab auf einen Fahrweg, den wir immer geradeaus bergan verfolgen. Er geht bald in einen schönen steingepflasterten Camino über und kreuzt nach 10 Minuten die Hauptstraße (hier links gegenüber auf dem Pflasterweg weiter, Tafel). 10 Minuten später kreuzen wir abermals die Straße und gleich darauf die Pista de Tamano (Tafel, nach 50 m links). Nach 5 Minuten geht der Camino zwischen zwei Eisentoren in einen Asphaltweg über und gabelt sich 5 Minuten später – hier links weiter auf dem sogleich wieder asphaltierten Weg. Wenige Minuten später zweigen wir rechts auf einen steingepflasterten Camino ab (hier vereint sich unsere Route mit dem Wanderweg *PR LP 18*, der von Los Guinchos heraufkommt). Er führt in direkter Linie bergan und kreuzt in den nächsten 20 Minuten zweimal die Hauptstraße. Kurz darauf überquert er neben der Einfahrt zum Rastplatz **Pared Vieja**, 1200 m, abermals die Hauptstraße.

Wir verbleiben auf dem Pflasterweg, der sich links neben dem Picknickplatz fortsetzt. Nach wenigen Minuten gesellt sich von rechts ein Weg hinzu, bald darauf erreichen wir eine Gabelung. Wir gehen hier geradeaus am Strommast vorbei weiter bergan und kreuzen wenige Minuten später eine Forstpiste. Geradeaus, am Gedenkkreuz (Cruz de las Vueltas) vorbei, setzt sich der Pflasterweg fort. Etwa eine halbe Stunde ab Pared Vieja verflacht sich der Weg. Kurz darauf zweigt rechts ein Weg ab – wir verbleiben aber auf dem geraden Camino. Kiefern bestimmen nun allmählich das Landschaftsbild, linker Hand spitzt der Pico Birigoyo hervor. 10 Minuten später treffen wir auf die Reventón-Piste und gleich darauf die Hauptstraße, der wir rechts zum nahen Picknickplatz **Refugio del Pilar**, 1440 m, folgen.

Hier zweigt links die Ruta de los Volcanes (*GR 131*) ab. Wir bleiben noch 30 m auf der Straße und folgen dem *weiß-gelb* markierten *PR LP 14*, der leicht rechts haltend durch die Zeltzone leitet und am linken Rand eines win-

Blick über das obere Aridane-Tal zur Caldera, links im Bild der Pico Bejenado.

zigen Taleinschnitts hinabführt. Nach einer knappen Viertelstunde erreicht der Camino den Rand der schwarzen Lavasandflächen des **Llano del Jable**, knapp 5 Minuten später kreuzt er die Straße. Nach weiteren 5 Minuten treffen wir links neben der Straße auf eine Sandpiste.
Wir folgen der Piste ein paar Minuten nach links, bis an einem Markierungsstein halb rechts ein Fahrweg abzweigt, dem wir abwärts folgen. Er tritt bald in Kiefernwald ein, passiert nach 10 Minuten eine kleine Wiesenfläche mit einer Steinhütte und mündet wenige Minuten später in eine Forststraße. Vor der Einmündung wenden wir uns rechts dem Camino zu, der zwischen Steinmauern hinabführt. Er trifft kurz darauf wieder auf die Forststraße, die wir 100 m danach abermals rechts auf dem Camino entlang der Steinmauer verlassen. Wir kreuzen nochmals die Straße, gut 5 Minuten später ist es vorbei mit der »Camino-Herrlichkeit«: Wir wandern nun immer geradeaus auf der Straße hinab, vorbei an Villen. Nach 10 Minuten ignorieren wir einen links abzweigenden Fahrweg (*SL EP 100*, →Tour 39; der halb links abzweigende Fahrweg mündet später wieder in die Straße). Eine knappe Viertelstunde später mündet die Straße am oberen Ortsende von **El Paso** in die Hauptstraße LP-2, die uns rechts in 5 Minuten zum **Centro de Visitantes de El Paso** bringt.

5 Fuentes de Las Breñas

2.45 Std.

Durch die stillen Wälder am Fuß der Cumbre Nueva

Diese gemütliche Waldwanderung zu den Quellen am Fuß der Cumbre Nueva eignet sich für alle Jahreszeiten, insbesondere für weniger schöne Tage. Im Herbst fasziniert die herrliche Färbung der Laubbäume, im Winterhalbjahr können passionierte Schwammerlsucher abseits des Weges Steinpilze, Pfifferlinge und andere Pilze sammeln.

Ausgangspunkt: Plaza von San Pedro de Breña Alta, 344 m (Haltestelle der Buslinien 1, 14).
Höhenunterschied: Gut 550 m.
Anforderungen: Leichte Wanderung, aber wegen des steten Auf und Ab etwas anstrengend.
Einkehr: Bars / Restaurants in San Pedro.
Kombinationsmöglichkeit mit den Touren 4 und 37.

Von der Plaza in **San Pedro de Breña Alta** folgen wir der Hauptstraße nach Süden (Richtung Mazo). Nach 5 Minuten, sofort nach Überqueren des Barranco de Aguasencio, verlassen wir die Hauptstraße und biegen rechts auf die Straße ab, die im Grund des Barrancos hinaufführt. An der Straßengabelung nach einer Viertelstunde halten wir uns mit *PR LP 19* links (weiß-gelb; rechts Aufstiegsmöglichkeit zur Cumbre Nueva, →Tour 37), nach 50 m unter einer Bogenbrücke des Canal de Laja Breña hindurch. Nach den Häusern gehen wir geradeaus weiter auf dem schönen Camino, der durch das Tal ansteigt. Er passiert nach einigen Minuten eine erste Quelle mit mehreren Becken, gleich danach überquert er einen abgedeckten Wasserkanal. Der Weg steigt nun steiler auf der rechten Talseite an und wechselt nach einem Gebäude (Galería) oberhalb des Weges auf die linke Talseite des eindrucksvollen Urwaldbarrancos über, um dort

Der schmucke Ort San Pedro de Breña Alta.

in Serpentinen anzusteigen. Nach wenigen Minuten lockt links ein Abstecher zur 100 m entfernten **Fuente Nueva**, 540 m, eine Quelle mit zwei kleinen Charcos (Tropfwasserbecken) am Fuß einer Felswand.
Anschließend setzen wir den steilen Aufstieg fort und erreichen nach 10 Minuten die Kammhöhe des Bergrückens, auf dem wir in einem Quergang weiterlaufen. Der Wanderweg kreuzt nach wenigen Minuten einen Fahrweg und senkt sich dann steil, über Stufen, hinab in den nächsten Taleinschnitt. Hier kommen wir an der **Fuente Espinel**, 595 m (Charcos, Sitzbänke), vorbei. Der Weg steigt nun wieder kurz zum nächsten Bergrücken an und verläuft anschließend etwa höhehaltend durch den Hang, nach wenigen Minuten zwei Fahrwege kreuzend (schöner Blick auf Las Breñas). Knapp 5 Minuten später kreuzt er abermals einen Fahrweg, um sich kurz darauf zu gabeln – geradeaus im Talkessel befindet sich die **Fuente Melchora**, 580 m, mit einem kleinen Picknickplatz. Hier kann man sehr gut beobachten, wie das Tropfwasser aufgefangen wird.
Nach dem Abstecher gehen wir links weiter auf dem markierten Wanderweg, der gleich darauf rechts zum nächsten Bergrücken hinaufführt und dort einen Hochspannungsmast passiert. Wir gehen noch einen weiteren kleinen Taleinschnitt aus, dann treffen wir auf einen Fahrweg, dem wir links abwärts folgen. An der Gabelung nach 50 m halten wir uns rechts und folgen dem Fahrweg immer geradeaus bis an dessen Ende in einem Taleinschnitt mit der **Fuente Aduares**, 540 m (10 Min.). Der markierte Weg steigt nun links über Stufen zum nächsten Rücken an und senkt sich an einer Ga-

Aufstieg durch den Barranco de Aguasencio.
Rechts: Hübsch ausgeschmückte Felsnischen oberhalb des Barranco Norza.

belung links hinab zu einem Fahrweg im Barranco Norza (gut 5 Min.), auf dem wir weiter hinabwandern. Nach knapp 10 Minuten kreuzt ein Camino die Schotterpiste, auf den wir rechts abbiegen (Tafel; geradeaus Abkürzungsmöglichkeit nach El Llanito). Er passiert nach wenigen Minuten ein paar Felsnischen, die wie zur Belohnung für diesen letzten Anstieg mit Blumen und Heiligenfiguren ausgeschmückt sind. Bald danach erreicht er eine Wiesenhochfläche, auf der uns ein Fahrweg aufnimmt. Wir folgen diesem nach rechts, immer geradeaus, und treffen nach 5 Minuten auf eine kleine Straße (rechts Aufstiegsmöglichkeit zum Refugio del Pilar, →Tour 4), die links knapp 5 Minuten später im Ortsbereich von **San Isidro**, 510 m, in die Hauptstraße zum Refugio del Pilar (LP-203) mündet.

Wir wenden uns nun der links hinabführenden Dorfstraße zu (Camino La Piedad), die 10 Minuten später auf eine weitere Haarnadelkurve der Hauptstraße (Km 1) trifft. Geradeaus setzt sich eine Zementstraße fort, die sich nach 100 m gabelt. Hier halten wir uns links und erreichen so nach 10 Minuten im Barranco de Aduares die Hauptstraße nach San Pedro. Dieser folgen wir links über die Brücke und biegen 50 m danach auf die halb rechts hinabführende Straße ab. Sie hält direkt auf San Pedro zu und mündet nach 10 Minuten im Barranco de Aguasencio in eine Straße, von der 25 m oberhalb rechts ein Zementweg abzweigt. Er führt kurz steil bergan und gabelt sich dann – hier links an einem Kreuz vorbei weiter und anschließend links die Calle El Correo hinauf zur Hauptstraße, die uns rechts zur Plaza von **San Pedro de Breña Alta** zurückbringt.

6 Von Los Cancajos nach Mazo

6.15 Std.

Lange Rundwanderung auf den aussichtsreichen Monte Breña

Lassen Sie sich von der über 6-stündigen Gehzeit für die gesamte Rundtour nicht abschrecken: Sie haben es selbst in der Hand, die Wanderung z.B. in Mazo zu beenden (oder zu beginnen) oder auf den Ausflug nach Mazo zu verzichten und bereits am Monte Breña wieder den Rückweg anzutreten. Nur den Abstecher auf den Gipfel des Monte Breña sollten Sie in keinem Fall auslassen, zumindest nicht bei guter Sicht – der weit vorgeschobene Aussichtsplatz hoch oberhalb des Flughafens eröffnet großartige Ausblicke auf die schöne, wenn auch recht dicht besiedelte Kulturlandschaft von Las Breñas, durch die unsere Wanderung führt.

Ausgangspunkt: Strandpromenade von Los Cancajos (Haltestelle der Buslinie 8).
Höhenunterschied: Etwa 850 m.
Anforderungen: Leichte, aber recht lange Wanderung auf Wegen und überwiegend ruhigen Straßen.
Einkehr: Bars und Restaurants in Mazo, San José und Los Cancajos.
Kombinationsmöglichkeit mit Tour 7.
Hinweis: Die Markthalle von Mazo ist Sa 15–19 Uhr und So 9–13 Uhr geöffnet.

Neben dem Bar-Restaurant El Pulpo am Strand von **Los Cancajos** zweigt ein breiter Fußweg von der Strandpromenade ab. Er führt durch den Hang oberhalb der letzten Sandbucht zur Straße Cancajos – Santa Cruz hinauf. Von dieser setzt sich nach 10 m links ein Weg

fort, der in eine Straße übergeht und nach 5 Minuten die Hauptstraße zum Flughafen kreuzt (Tafel *PR LP 18.1*, *weiß-gelb*). 5 Minuten später kreuzt die Straße, die gemütlich zwischen Plantagen ansteigt, die Hauptstraße nach Los Canarios (30 m nach rechts, dann links). 50 m danach gabelt sich die Straße. Hier halten wir uns links und biegen nach weiteren 50 m rechts auf einen breiten Fußweg ab, der an einem Drachenbaumhain vorbeiführt und anschließend auf einen großen Umkehrplatz trifft. Unmittelbar unterhalb des Umkehrplatzes setzt sich in südlicher Richtung ein schöner, von Steinmauern eingefasster Camino fort. Er passiert zwei weitere Dragos und steigt zu einer Landstraße an (10 Min.). Wir folgen der Straße gut 100 m nach rechts und verlassen sie dann links auf der Zufahrtsstraße zum **Parador Nacional**, 250 m, den wir einige Minuten später erreichen.

Auf der Rückseite des Hotels, gegenüber dem Haupteingang (Parkplatz), setzt sich der markierte Wanderweg fort. Er trifft gleich nach einem weiteren Parkplatz wieder auf eine kleine Landstraße. Dieser folgen wir nach links und biegen nach 50 m rechts mit *PR LP 18* auf eine steil ansteigende Straße ab (*PR LP 18.1* leitet geradeaus nach San José, auf diesem verläuft unser späterer Rückweg). Die Straße führt in einem Links-Rechts-Knick (hier

Ausgangspunkt der Wanderung ist der Strand von Los Cancajos.

eben) aufwärts und geht nach etwa einer Viertelstunde in einen zementierten Fahrweg über. Knapp 10 Minuten später überqueren wir die Hauptstraße Breña Alta – Mazo in **Las Ledas**, 385 m, und halten uns an der Straßengabelung nach 100 m links. 50 m danach ignorieren wir die rechts abzweigende Straße (PR LP 18 zum Refugio del Pilar) und gehen geradeaus auf dem Zementfahrweg weiter (GR 130, weiß-rot). 5 Minuten später treffen wir auf eine Straße, der wir 30 m nach links folgen, um scharf rechts auf eine Straße abzubiegen, die weiter auf den Monte Breña zuhält. An der Gabelung nach wenigen Minuten halten wir uns rechts. 3 Minuten später, vor der Linkskurve (Heiligenschrein), biegt der markierte Wanderweg halb rechts auf einen Zementfahrweg ab (sogleich Pflasterweg) und leitet links über einen abgedeckten Wasserkanal zurück zur Straße. Diese verlassen wir bereits nach 20 m wieder auf einem links ansteigenden Zementfahrweg. Nach 5 Minuten ignorieren wir den links nach Cancajos abzweigenden Wanderweg PR LP 18.1 (unser späterer Rückweg), kurz darauf geht der Fahrweg in einen Camino über. Er führt gemütlich am Fuß des Monte Breña entlang und mündet nach einigen Minuten in eine Straße – geradeaus erreicht man nach 50 m den **Picknickplatz Montaña La Breña**, 500 m (Grillplätze mit Tischen und Bänken), links führt die Straße in einem weiten Bogen durch den kiefernbestandenen Hang hinauf zur Aussichtsplattform auf dem Gipfel des **Monte Breña**, 565 m (10 Min.). Der Panoramablick reicht von den Cumbres bis hin zur Ostküste zwischen Santa Cruz und Mazo.

Wieder zurück am Picknickplatz wandern wir mit dem weiß-rot markierten GR 130 geradeaus weiter auf der nach Süden führenden Straße. In der Linkskurve nach gut 10 Minuten biegen wir auf die geradeaus abzweigende Straße ab. Sie geht nach gut 5 Minuten in einen Fahrweg über, der gut 5 Minuten später ein Gehöft passiert und schließlich in eine Straße mündet (hier kreuzt der Camino de la Faya, →Tour 7), der wir ebenfalls geradeaus folgen. Nach den ersten Häusern von Mazo verbleiben wir mit dem Wanderweg auf dem geradeaus abzweigenden Fahrweg und biegen nach gut 5 Minuten, 50 m nach dem Picknickplatz Las Toscas, in der Straßensenke links ab auf einen Pflasterweg (PR LP 16, geradeaus →Tour 7), der hinabführt zur nahen Hauptstraße in **Mazo**, 490 m (El Pueblo, Haltestelle der Buslinie 3). Gegenüber setzt sich eine steile Pflasterstraße fort (Calle General Mola). In der zweiten Querstraße rechts befindet sich der Mercadillo, in dem am Wochenende (Sa 15–19 Uhr, So 9–13 Uhr) lokale Produkte feilgeboten werden. Weiter auf der Calle General Mola passieren wir den Friedhof und die Kirche, die ebenfalls einen Besuch lohnen, und folgen dem steilen Sträßchen, das links der Kirche abwärts führt. Bei einer Kurve geradeaus weiter auf dem Sträßchen (Camino El Llanito), das sich bald darauf wieder gabelt. Hier rechts (Tafel »El Molino«), bis sich die Straße teilt; nun zweimal links, dann stehen wir auch schon vor der alten **Mühle**, in der heute eine Keramikwerkstatt (mit Verkauf) untergebracht ist.

In Mazo, nahe der Mühle – Blick zum Monte Breña.

Wir gehen weiter auf dem Weg an der Mühle vorbei, durchqueren rechts haltend ein kreuzgeschmücktes Portal und folgen links abwärts dem Betonweg, der sogleich auf eine Straße trifft. Auf dieser wandern wir nun bergauf, bis nach etwa 20 Minuten in einer scharfen Linkskurve rechts eine Straße (Camino El Linar) abzweigt. Auf dieser halten wir uns immer geradeaus, direkt auf den Monte Breña zu, der mit seiner breiten Geröllflanke zu uns herüberschaut. Nach insgesamt knapp 1¼ Stunden (ab Mazo) erreichen wir am Fuß des Monte Breña die Hauptstraße Breña Alta / Baja – Mazo, die wir überqueren. Gleich gegenüber folgen wir dem Fahrweg, der links am Fuß des Berges ansteigt. Er geht an einem Wasserkanal in einen Fußweg über und führt hinauf zum **Picknickplatz Montaña La Breña**.

Wir wandern nun auf dem *GR 130* in nördlicher Richtung zurück (biegen also nach 50 m, unmittelbar nach der Straßengabelung, halb links auf den Wanderweg ab) und zweigen nach gut 5 Minuten rechts auf den *PR LP 18.1* in Richtung Los Cancajos ab (*weiß-gelb*). Der Camino führt gemütlich hinab zur Hauptstraße Breña Alta – Mazo (10 Min.). Dieser folgen wir 20 m nach links und halten rechts auf einem Zementfahrweg weiter bergab. Er geht nach 200 m wieder in einen Camino über und trifft nach gut 10 Minuten auf die Hauptstraße Breña Baja – Mazo. Auf dieser wandern wir links weiter und biegen nach knapp 5 Minuten an der Straßengabelung in **San José de Breña Baja**, 300 m, links auf die Calle Felix Duarte Pérez ab. Dieser folgen wir nun immer geradeaus durch den Ort (vorbei am Rathaus und der Kirche). Nach gut 10 Minuten ignorieren wir den links abzweigenden *PR LP 18*, 50 m danach biegen wir mit dem *PR LP 18.1* rechts ab zum **Parador Nacional** und wandern auf dem bekannten Aufstiegsweg zurück nach **Los Cancajos**.

7 Von Mazo auf den Roque Niquiomo, 1277 m

Auf steilen Wegen zur Aussichtswarte über der Ostküste

Der Roque Niquiomo, ein mächtiger Vulkanschlot weit unterhalb des Kammes der Cumbre Vieja, ist eine Aussichtsloge allererster Güte – er legt uns weite Teile der Ostküste zwischen Santa Cruz und Tigalate zu Füßen, auf der anderen Seite blicken wir auf die Cumbre Vieja mit dem Nambroque.

Ausgangspunkt: Ortszentrum von Mazo, 490 m, an der Hauptstraße oberhalb der Kirche (Haltestelle der Buslinie 3).
Höhenunterschied: Gut 900 m.
Anforderungen: Überwiegend leichte, aber mitunter sehr steile, anstrengende Wanderung.
Einkehr: Bars und Restaurants in Mazo.
Variante: Aufstieg über den Camino de la Faya zum Refugio del Pilar (¾ Std., *PR LP 17, weiß-gelb*): Am Abzweig des Camino de la Faya geradeaus weiter auf der Pista El Cabrito. Nach 2 Min. zweigt der Wanderweg rechts über eine Brücke ab und steigt steil durch Nebelwald an, um nach wenigen Minuten wieder die Piste zu kreuzen. Er verläuft nun oberhalb der Piste und kreuzt nach einigen Minuten links neben einem Haus die Straße San Isidro – Refugio del Pilar. Kiefern lösen jetzt schlagartig den Nebelwald ab. Beim folgenden Wegstück muss man gut auf die Markierungen achten: der Weg kreuzt nach 5 Min. eine Forstpiste (diese führt zum nahen Picknickplatz Hoyo del Rehielo) und gut 5 Minuten später abermals die Straße. Gleich darauf überquert der Weg 5 m links der Straße eine Forstpiste, die vom Llano de las Moscas kommt (→Tour 40) – hier weiter mit der Tafel ›Birigoyo‹. Wenige Minuten später kreuzt der Weg unterhalb eines Wasserreservoirs eine breite Feuerschneise, die vom Pico Birigoyo herabzieht, um nach weiteren 5 Min. den Picknickplatz beim Refugio del Pilar zu erreichen (Anschluss an die Touren 4, 38, 40 und 45).
Kombinationsmöglichkeit mit Tour 6.

Von der Hauptstraße in **Mazo** zweigt links neben der Post (Correos, gegenüber zweigt die Calle General Mola zur Kirche ab) ein breiter Pflasterweg ab (*PR LP 16, weiß-gelb*). Er führt recht steil bergan, kreuzt eine Straße und mündet nach gut 5 Minuten in eine quer führende Straße (Camino Las Toscas, 50 m rechts der Picknickplatz Las Toscas). Wir folgen der Straße nach links und biegen nach 3 Minuten, am Scheitelpunkt der Straße, mit dem Wanderweg *PR LP 16* rechts ab auf einen Weg, der sogleich eine Straße kreuzt und (nach 10 m rechts) über den Bergrücken ansteigt. Wenig später trifft er auf eine Piste, die wir nach 50 m jedoch wieder auf dem halb links abzweigenden Weg verlassen, der weiter über den Rücken hinaufführt – nun bereits mit Blick auf den Roque Niquiomo. 10 Minuten danach

treffen wir auf einen Fahrweg, dem wir nach links folgen. 3 Minuten später zweigen wir rechts auf einen Pfad ab, um nach 5 Minuten eine Barrancorinne zu kreuzen – hier biegt unser Wanderweg halb rechts vom Fahrweg ab (Tafel) und führt entlang bzw. bald direkt in der Barrancorinne bergan. Er kreuzt nach 5 Minuten einen Fahrweg (10 m rechts eine Straße, die zur Müllverbrennungsanlage PIRS führt) und mündet gut 5 Minuten später in einen Fahrweg. Diesem folgen wir gut 100 m nach links, bis rechts wieder ein breiter Pflasterweg abzweigt (Mauerdurchlass), den wir immer aufwärts verfolgen. Nach 10 Minuten zweigt geradeaus durch ein Gatter ein Pfad ab. 3 Minuten später kreuzen wir eine Pistenstraße (Pista El Roque) und wandern geradeaus auf dem steilen Fahrweg weiter bergan. Er knickt nach 5 Minuten hinter einem Haus links ab – hier geradeaus auf dem Camino am Bachbett weiter bergan. Nach gut 5 Minuten trifft der Weg wieder auf die Pista El Roque. Schräg gegenüber setzt sich der markierte Wanderweg fort. Er folgt 100 m einem Fahrweg und wendet sich dann links einem Pfad zu, der immer auf den Roque Niquiomo zuhält. Nach einigen Minuten steigt der Weg steil durch schönen Nebelwald an, um bald einen Fahrweg zu kreuzen. Bevor Sie auf dem markierten Wanderweg weiter ansteigen, sollten Sie links davon einen Blick auf das riesige, etwa 20 m tiefe Erdloch werfen, in dem sich eine Höhle mit der **Fuente del Roque**, ca. 1100 m,

befindet (der steile, glitschige Pfad zur Tropfwasserhöhle kann nur absolut trittsicheren Wanderern empfohlen werden).

Der Weg führt nun äußerst steil, in direkter Linie bergan. Nach wenigen Minuten kreuzt er abermals einen etwas verwilderten Forstweg und steigt über ein paar Holzstufen an, um sich nach wenigen Metern zu gabeln. Der weißgelb markierte Weg wendet sich nach rechts, wir aber folgen dem deutlichen Pfad nach links. Er knickt nach wenigen Minuten vor einer farnüberwucherten Hochfläche nach rechts (links schöner Rastplatz mit Blick auf den mächtigen Roque Niquiomo), um nach kurzem Quergang zu einem breiten Weg anzusteigen. Auf diesem 50 m nach rechts, bis wir 5 Minuten ab der Hochfläche wieder an den weiß-gelb markierten Wanderweg stoßen (links steil bergan). Knapp 10 Minuten später kreuzt unser Weg einen Fahrweg (Pista Piedras Blancas, sie mündet 100 m weiter rechts in die Pista El Roque ein). Bevor wir auf dem Wanderweg weiter ansteigen, folgen wir der Pista Piedra Blancas links 40 m bis zu einem Sattel. Hier zweigt links ein Pfad ab, der in gut 5 Minuten – an einer Felswand links haltend – zum Gipfel des **Roque Niquiomo**, 1277 m, hinaufleitet (z.T. leichte Kraxelei). Irgendwo bei der Estación volcanológica am Steilabbruch der Ostwand sollten Sie sich ein hübsches Plätzchen suchen und die großartige Aussicht genießen. Nach dem Gipfelabstecher kehren wir zurück zum Wanderweg und folgen diesem links weiter bergan. Er mündet nach wenigen Minuten in die Pista El Roque und verlässt diese 8 Minuten später rechts auf einem Fahrweg (Tafel ›Llano de las Moscas‹). An der Kreuzung nach 3 Minuten halten wir uns links und wandern über die Hochfläche mit Obstbäumen weiter bergan. Vorbei an zwei Häusern treffen wir schließlich auf die Pista El Cabrito (der Wanderweg *PR LP 16* kreuzt die Pistenstraße und führt in ½ Std. hinauf zum Llano de las Moscas, →Tour 40).

Wir folgen nun der Pista El Cabrito nach rechts. Sie verläuft fast eben durch den Hang und vermittelt schöne Ausblicke zur Cumbre Vieja. Nach gut 10 Minuten passieren wir den Albergue Duque (1360 m; das verschlossene Schutzhaus liegt etwas versteckt links der Piste). Einige Minuten später durchkurvt die Piste einen größeren Barranco (hier zweigt rechts *SL VM 124* ab). Am nächsten Bergrücken zweigt rechts ein abgeschrankter Fahrweg zu ein paar Häusern ab, den wir nicht beachten. 3 Minuten danach biegen wir scharf rechts ab auf den Camino de la Faya (*PR LP 17*, *weiß-gelb*; Schranke; geradeaus →Variante zum Refugio del Pilar). Er verläuft zunächst auf einem Fahrweg, der sogleich rechts an ein paar Gebäuden und kurz darauf an einem kleinen Mirador vorbeiführt. Nach 5 Minuten wendet sich der Wanderweg halb links vom Fahrweg ab. Er passiert wenige Minuten später ein weißes Holzkreuz (hier mündet SL VM 124 ein) und vereint sich wenige Minuten danach mit einem Fahrweg, den wir geradeaus abwärts verfolgen. Gut 5 Minuten später erreichen wir eine große Wegkreuzung, an der wir mit der weiß-gelben Markierung scharf links auf den Cami-

Der Roque Niquiomo von seiner schönsten Seite.

no abbiegen. Er geht bald wieder in einen Fahrweg über, dem wir immer geradeaus hinab folgen. Nach etwa 10 Minuten zweigt halb links zwischen Steinreihen wieder der alte Camino ab. Er kreuzt kurz darauf nochmals den Fahrweg und erweist sich als schöner alter Pflasterweg. Hin und wieder eröffnen sich herrliche Ausblicke auf Las Breñas und Santa Cruz. Nach etwa 20 Minuten mündet unser Camino in eine Piste, die sogleich in eine quer führende Straße einmündet. 30 m weiter links, rechts vom Tor der Müllverbrennungsanlage (PIRS), setzt sich der Pflasterweg fort. Er führt immer geradeaus durch schönen Nebelwald hinab, kreuzt nach 5 Minuten einen Fahrweg mit SL VM 123 und überquert 20 Minuten später einen abgedeckten Wasserkanal. Anschließend geht der Pflasterweg in einen Fahrweg über, der sich gleich darauf gabelt – hier 5 m nach rechts und weiter auf dem abwärts führenden Camino. Er mündet nach gut 5 Minuten in einen Fahrweg, der sich gleich nach den ersten Häusern – hier asphaltiert – gabelt. Der *PR LP 17* führt weiter hinab in Richtung Flughafen. Wir aber wandern rechts mit dem *GR 130 (weiß-rot)* auf der Straße hinüber zu den ersten Häusern von Mazo und geradeaus weiter auf dem Fahrweg (Camino Las Toscas). Nach gut 5 Minuten, 50 m nach dem Picknickplatz Las Toscas, biegen wir in der Straßensenke links ab auf den bereits vom Aufstieg her bekannten Pflasterweg, der uns zur Hauptstraße in **Mazo** hinabbringt.

8 Von Mazo zur Playa del Azufre und nach La Salemera

3.45 Std.

Küstenabstieg mit spannendem Gipfel- und Strandabstecher

Eine Wanderung für jeden Geschmack: Der Camino in die kleine Küstensiedlung La Salemera ist zwar landschaftlich wie auch wegtechnisch kein Höhepunkt, dafür aber für jedermann problemlos zu bewältigen. Anspruchsvoller dagegen sind die Abstecher auf die Montaña del Azufre – der Vulkangipfel erhebt sich direkt über der Steilküste und bietet einen großartigen Blick über die Südostküste sowie zur Cumbre – und zur einsamen, schwarzsandigen Playa del Azufre, einem der schönsten Strände an der Ostküste.

Ausgangspunkt: Bar Chaplin in Mazos Ortsteil Malpaíses, 400 m, bei Km 13,8 der LP-2 (Haltestelle der Buslinie 93).
Höhenunterschied: 720 m.
Anforderungen: Nach La Salemera leicht, aber mühsam (gerölliger Camino). Der Abstecher auf die Montaña del Azufre und zur Playa del Azufre erfordert Trittsicherheit und etwas Schwindelfreiheit.
Einkehr: Bar-Restaurant am Ausgangspunkt und in La Salemera.
Hinweis: Badesachen nicht vergessen!
Tipp: Nach der Tour lohnt ein Besuch der Cueva de Belmaco (600 m nördlich der Bar Chaplin an der LP-2).

Neben der **Bar Chaplin** kreuzt der Wanderweg *PR LP 16.1 (weiß-gelb)* die Hauptstraße – wir folgen diesem abwärts in Richtung La Salemera. Er führt immer geradeaus hinab und verläuft zunächst auf einem teilweise asphaltierten Fahrweg, ab einer Querstraße dann auf einem ungepflegten Camino. Schon bald haben wir La Salemera mit dem Leuchtturm und die Montaña del Azufre vor Augen, ansonsten hat die Landschaft wenig spektakuläres zu bieten. Eine halbe Stunde ab der Bar kreuzt der alte Pflasterweg eine **Pistenstraße** (175 m).

Geradeaus gelangt man in einer knappen halben Stunde hinab nach La Salemera. Vorher allerdings lohnt rechts ein Abstecher zur Montaña del Azufre und zur gleichnamigen Playa: Die Piste *(SL VM 121)* führt nach einer knappen Viertelstunde an einem

Die Montaña del Azufre, gesehen vom Abstiegsweg zur gleichnamigen Playa.

Haus vorbei. 100 m danach zweigt links ein Fahrweg ab, der nach 100 m in einen Pfad übergeht und sich gabelt. Links führt eine Pfadspur hinauf zum Gipfel der **Montaña del Azufre**, 276 m (¼ Std., zunächst links halten, dann mehr oder weniger weglos über den Grat zum Oratorium am höchsten Punkt). Der Hauptweg führt geradeaus durch einen Taleinschnitt hinab – etwas oberhalb der Playa wird eine Felswand über eine Eisenleiter überwunden, anschließend führt der Pfad in einem Quergang nach rechts und senkt sich vollends hinab zur schwarzsandigen **Playa del Azufre**.

Nach dem Abstecher steigen wir mit dem Wanderweg *PR LP 16.1* hinab nach **La Salemera**, wo uns neben dem Leuchtturm ein kleiner, bescheidener Strand erwartet – und ein einfaches, einladendes Bar-Restaurant.

9 Von Puntallana nach Los Sauces

5.00 Std.

Großzügige Küstenwanderung auf dem GR 130 – mit Bademöglichkeiten

Nur selten macht der Camino Real de la Costa (Küstenweg) seinem Namen alle Ehre und verläuft auch wirklich an der Küste: Er berührt nur in Puerto de Tazacorte und in Santa Cruz das Meer – und eben auf dem Abschnitt zwischen Puntallana und Los Sauces. Er folgt hier zwar überwiegend Straßen, kann aber dennoch empfohlen werden. Mit der Playa de Nogales, dem schönsten Sandstrand der Ostküste (nur bei ruhiger See), und den Meerwasserpools des Charco Azul (auch bei rauer See) bieten sich unterwegs zudem gute Bademöglichkeiten.

Ausgangspunkt: Pfarrkirche von San Juan de Puntallana, 415 m (Haltestelle der Buslinie 2).
Endpunkt: Los Sauces, 266 m (Haltestelle der Buslinien 2, 12).
Höhenunterschied: Etwa 1000 m im Abstieg und 850 m im Aufstieg (Playa de Nogales 200 m zusätzlich).
Anforderungen: Etwas anstrengende, aber insgesamt leichte Wanderung, die häufig auf kaum befahrenen Straßen verläuft. Bei Hitze nicht zu empfehlen (kein Schatten). Badesachen nicht vergessen!
Einkehr: Bar-Restaurants in Puntallana, San Andrés, am Charco Azul und in Los Sauces.
Kombinationsmöglichkeit mit den Touren 15 und 17.
Hinweis: Abstecher zur Playa de Nogales zusätzlich knapp 1 Std. (hin/zurück).

Wir gehen in **Puntallana** hinter der Kirche mit dem Wanderweg *PR LP 4* (weiß-gelb) links die steile Calle Procesiones hinab. Nach 3 Minuten bietet sich links ein Abstecher zur Casa Luján an – in dem alten Herrenhaus ist ein Landwirtschafts- und Volkskundemuseum untergebracht. Kurz danach wandern wir rechts die Calle Fuentiña hinab (nach 100 m rechts eine hübsche Plaza mit der Fuente de San Juan). Auch an der folgenden Gabelung halten wir uns mit dem markierten Wanderweg rechts und treffen so nach insgesamt 10 Minuten auf die Straße Puntallana – Playa de Nogales. Wir folgen der Straße 30 m nach links und biegen links auf einen breiten Camino ab. Er führt immer geradeaus, meist leicht absteigend zwischen Terrassenfeldern dahin (nach 10 Min. nicht halb rechts hinab abzweigen) und passiert nach gut 10 Minuten

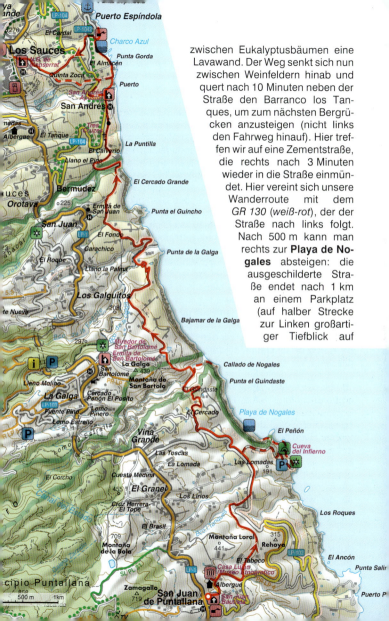

zwischen Eukalyptusbäumen eine Lavawand. Der Weg senkt sich nun zwischen Weinfeldern hinab und quert nach 10 Minuten neben der Straße den Barranco los Tanques, um zum nächsten Bergrücken anzusteigen (nicht links den Fahrweg hinauf). Hier treffen wir auf eine Zementstraße, die rechts nach 3 Minuten wieder in die Straße einmündet. Hier vereint sich unsere Wanderroute mit dem *GR 130* (*weiß-rot*), der der Straße nach links folgt. Nach 500 m kann man rechts zur **Playa de Nogales** absteigen: die ausgeschilderte Straße endet nach 1 km an einem Parkplatz (auf halber Strecke zur Linken großartiger Tiefblick auf

den Strand), von dem ein breiter, geländergesicherter Fußweg in gut 10 Minuten zum lang gestreckten Sandstrand hinüberführt, einem der schönsten, aber auch gefährlichsten der Insel. Unterwegs sollte man unbedingt links hinabsteigen zur Cueva del Infierno, einer riesigen Meerwasserhöhle.
Nach dem Abstecher wandern wir mit dem *GR 130* auf der wenig befahrenen Straße weiter. Sie ist nun schmäler und führt in stetem Auf und Ab durch Plantagen. Nach 1 km (¼ Std.) biegen wir mit dem ausgeschilderten Wanderweg halb rechts auf ein Zementsträßchen ab. 3 Minuten später zweigt links ein Camino ab, der kurz darauf wieder auf einen Fahrweg trifft, dem wir nach links folgen. Er verläuft schon bald am Rand des mächtigen **Barranco de Nogales** und endet nach 5 Minuten bei einem Kreuz. Hier zweigt links ein Camino ab, der in einer Viertelstunde zum Grund der wildromantischen Schlucht hinabführt (30 m; das Barrancobett Abstecher zu einsamem Steinstrand möglich, gut 5 Min. einfach). Auf der anderen Barrancoseite steigt der Camino wieder steil, mit Blick zur Barrancomündung an und gabelt sich nach 20 Minuten – wir verbleiben hier auf dem geraden *GR 130* (links zweigt *PR LP 5* nach La Galga ab). Er steigt weiter über den Bergsporn an und verflacht sich gut 5 Minuten später, um kurz darauf neben einer Bananenplantage in einen Zementfahrweg einzumünden. Dieser wiederum mündet links nach 5 Minuten in eine Straße (260 m). Wir folgen dieser nach rechts, immer geradeaus zwischen Weinfeldern und Bananenplantagen hindurch, und genießen den herrlichen Blick nach Los Galguitos und San Andrés y Sauces. Nach einer guten Viertelstunde gemütlichem Straßenmarsch erreichen wir den Rand der nächsten großen Schlucht, den **Barranco de La Galga**, an dem die Straße nun abwärts führt. Schon bald passieren wir einige Fincas, nach 10 Minuten wendet sich die Straße links vom Bergrücken ab und senkt sich hinab in die gewaltige Schlucht. Gut 10 Minuten später gabelt sich die (hier nicht zementierte) Straße im Barrancogrund vor einer Bananenplantage.
Rechts gelangt man in wenigen Minuten zur steinigen Playa an der Barrancomündung – auf dem Felsblock in Strandmitte sieht man häufig Angler, rechter Hand befindet sich ein Grillplatz. Links führt die sogleich wieder zementierte Straße steil durch den Hang bergan, bald begleitet von Bananenplantagen. Nach gut 10 Minuten gehen wir an der Gabelung vor Haus Nr. 20 geradeaus, 40 m danach an der Gabelung links aufwärts weiter. Nach 5 Minuten treffen wir so neben der Villa Margarita (130 m) auf eine Asphaltstraße, der wir nach rechts folgen. Sie verläuft durch Plantagen und passiert nach knapp 10 Minuten ein großes eckiges Wasserreservoir. 100 m danach knickt die Straße nach links ab, wir aber gehen mit dem *GR 130* geradeaus auf dem Zementsträßchen (Camino San Juan) weiter und ignorieren in der Folge alle abzweigenden Fahrwege. Nach knapp 10 Minuten endet das Sträßchen – hier geradeaus zwischen den Plantagenmauern weiter, nun bereits mit Blick nach San Andrés. Nach 100 m, nach den Plantagen, befin-

den wir uns auf einem schönen alten Camino, der in Serpentinen zur steinigen Playa an der Mündung des **Barranco de San Juan** hinabführt (gut 10 Min.; im unteren Bereich kann der Weg wegen der Nässe mitunter stärker verwachsen sein). Ein Fahrweg nimmt uns nun wieder auf, der vorbei an einem Grillplatz barrancoeinwärts führt und sich nach 5 Minuten gabelt – hier rechts (geradeaus ein eindrucksvoller Felsüberhang mit Kletterpflanzen!). 5 Minuten später erreichen wir auf dem nächsten Bergrücken den Friedhof von San Andrés. Wir folgen nun immer geradeaus der Straße, passieren nach 5 Minuten die Tres Cruzes (nicht links) und 5 Minuten später eine Kapelle am Ortsbeginn des hübschen Palmendorfes **San Andrés**, 50 m. Auch hier verbleiben wir auf der geraden Straße. Sie mündet nach 200 m in die Hauptstraße ein, 20 m danach biegen wir rechts ab auf die Calle Iglesia (Haltestelle der Buslinie 12; der GR 130 verbleibt geradeaus auf der Hauptstraße und zweigt nach 700 m links auf eine Straße ab, die direkt nach Los Sauces hinaufführt).

Die Straße führt an der Plaza mit ein paar einladenden Restaurants und der Pfarrkirche vorüber und knickt bald nach links, um nach 5 Minuten im »Strandviertel« zu enden. 50 m vorher biegen wir links auf eine Straße und 100 m danach rechts auf einen breiten Weg ab, der zur anderen Seite des Barranco del Agua hinüberführt und oberhalb eines Kalkofens und eines Bootsanlegers (bei ruhiger See ein schöner Badeplatz) in ein Sträßchen einmündet. Auf diesem an der Küste entlang weiter – kurz vor dem **Charco Azul** geht es in einen Fußweg über – und schließlich rechts auf breitem Treppenweg hinab zu den Meeresschwimmbecken, bei denen sich auch ein Bar-Restaurant befindet.

Wir gehen nun auf dem breiten Treppenweg zurück und geradeaus weiter auf der Zufahrtsstraße (rechts könnte man einen 10-minütigen Abstecher in den winzigen, wenig einladenden Hafenort Puerto Espíndola machen, kleiner geschützter Strand neben dem Hafenbecken). Die Zufahrtsstraße mündet gleich darauf in eine quer führende Straße ein – gegenüber setzt sich ein breiter Camino fort, der durch Bananenplantagen ansteigt und sogleich an einem Trafoturm vorüberführt. Er ist überwiegend zementiert und kreuzt nach gut 5 Minuten die Hauptstraße Los Sauces – San Andrés (LP-104). Gut 10 Minuten später mündet die steile Zementstraße in eine Asphaltstraße (Camino La Calzada) mit dem GR 130, die uns rechts, immer geradeaus, in gut 10 Minuten zur Plaza von **Los Sauces** hinaufbringt.

10 Cubo de La Galga

2.50 Std.

Gemütlicher Talspaziergang durch einen der schönsten Urwaldbarrancos

Die Tour entführt uns in eine wunderschöne, von Nebelurwäldern geprägte Schlucht – eine der eindrucksvollsten des Biosphärenreservats Los Tiles.

Talort: La Galga, 390 m (Haltestelle der Buslinie 2), 19 km nördlich von Santa Cruz an der LP-1 nach Barlovento.
Ausgangspunkt: Brücke über den Barranco de La Galga, 335 m, bei Km 16 der Hauptstraße LP-1 (knapp 1 km nördlich von La Galga, direkt nach dem ersten Tunnel; Parkplatz beim Info-Häuschen). Wer mit dem Bus anfährt, kann von La Galga auf dem ausgeschilderten *PR LP 5* zum Cubo de La Galga wandern.
Höhenunterschied: 500 m.
Anforderungen: Leichte Talwanderung, nur der Rückweg ist teilweise unangenehm rutschig und verwachsen.
Einkehr: Bar-Restaurants in La Galga.
Variante: Direktabstieg zum Ausgangspunkt (40 Min.): Von der Wandertafel (s.u.) geradeaus mit *PR LP 5.1* die Straße hinab. Der Wanderweg biegt nach wenigen Minuten links auf einen Camino ab, der einige Minuten danach wieder in eine Betonstraße mündet. 5 Min. später kreuzt er eine breite Asphaltstaße – hier verlässt man den Wanderweg und folgt der Straße 10 m nach links, bis scharf links, sogleich auf einem abgedeckten Wasserkanal, ein Weg abzweigt (Tafel ›Cubo de La Galga‹). Von diesem zweigt nach 70 m rechts ein Camino ab, der kurz darauf einen Fahrweg kreuzt und in gut 10 Min. zur Straße im Barranco de La Galga hinabführt. Auf dieser rechts in wenigen Minuten zurück zum Parkplatz an der LP-1.

Unmittelbar nach dem ersten **Tunnel** und der Barrancobrücke zweigt links neben einem Info-Häuschen eine asphaltierte Forststraße ab, die gemütlich im verschlungenen Barranco de La Galga aufwärts führt (nach 1,1 km endet der Asphalt). Schon bald wird die Szenerie abwechslungsreicher: das Tal verengt sich, Kletterpflanzen ranken herab von den Felswänden und Bäumen, Farne und Lorbeerbäume verdrängen die Brombeerhecken. Nach 25 Minuten (5 Min. nach dem Asphaltende) spannt sich eine Wasserkanalbrücke über die Forststraße. Eine Viertelstunde darauf erreichen wir eine Gabelung. Geradeaus, nach wenigen Minuten abermals geradeaus (links durch das Drehkreuz ein Wasserstollen) könnte man einen kurzen

Abstecher in einen Talkessel unternehmen, in dem nach Regenfällen ein Wasserfall über eine Felswand herabstürzt (zuletzt verwachsener Pfad). Wir aber zweigen an der Gabelung scharf links auf den Fahrweg ab, an dessen Ende (150 m) sich links der Wanderweg fortsetzt. Er erreicht nach einer Minute einen Wasserkanal und einen Talkessel, den **Cubo de La Galga**.

Durch das Tor unter dem Wasserkanal setzt sich der farnüberwucherte Wanderweg fort (an der Gabelung nach 2 Minuten rechts – links unser späterer Rückweg). Er ist *weiß-gelb* markiert (*PR LP 5.1*) und führt gemütlich, teilweise geländergesichert durch den großartigen Urwaldbarranco bergan. Nach 20 Minuten wechselt er auf die rechte Talseite über, um wenige Minuten später wieder auf die linke Talseite zurückzukehren und kurz

Der herrliche Wanderweg im Cubo de La Galga.

darauf in eine Forststraße einzumünden (710 m). Auf dieser verlassen wir links leicht ansteigend den Barranco de La Galga und erreichen nach einer guten Viertelstunde die Kammhöhe mit dem **Mirador de la Somada Alta**, 770 m (Einmündung in den Wanderweg *PR LP 5*, der rechts über die Pistenstraße zur Fuente de La Vizcaína hinaufführt). Von dem großzügig angelegten Aussichtsplatz genießen wir einen herrlichen Blick auf La Galga sowie San Andrés y Sauces – und direkt unter uns auf den Cubo de La Galga.

Vom Mirador aus wandern wir nun auf dem teilweise geländergesicherten Wanderweg *PR LP 5* (*weiß-gelb*) hinab in Richtung La Galga. Er trifft nach gut 5 Minuten auf einen Fahrweg (geradeaus), der gleich darauf wieder in einen hohlwegartigen Camino übergeht und nach 10 Minuten in eine Betonstraße einmündet (gegenüber Abstiegsmöglichkeit auf PR LP 5 nach La Galga, ca. ½ Std.). Wir folgen der Straße mit *PR LP 5.1* nach links und biegen nach knapp 5 Minuten an der Wandertafel links ab auf einen Weg, der an einer Rohrleitung (Kanal) entlangführt (geradeaus →Variante zum Ausgangspunkt). Er steigt nach 100 m links an und senkt sich nach einigen Minuten hinab zum **Cubo de La Galga**, wo wir oberhalb des Wasserkanals wieder auf unseren Aufstiegsweg treffen. Auf diesem rechts, durch das Tor, zurück zur Hauptstraße.

11 Marcos y Cordero

3.10 Std.

Abenteuerliche Tunnel-Kanal-Wanderung über dem Barranco del Agua

Die Wanderung entlang dem Wasserkanal zu den Marcos- und Cordero-Quellen ist ein Erlebnis für sich: Der Weg verläuft sehr aussichtsreich hoch oben in der Steilwand über dem Barranco del Agua, außerdem passieren wir nicht weniger als 13 Tunnels. Eine gute Taschenlampe ist für die hin und wieder sehr engen und niedrigen Felsdurchbrüche unabdingbar (häufiger muss man gebückt gehen, stets Acht geben auf die Vorsprünge an der Decke), des Weiteren benötigt man einen Regenschutz.
Die Anfahrt von Las Lomadas zur Casa del Monte ist problematisch: Die ersten Kilometer sind meist gut befahrbar, dann jedoch kann die Piste ruppiger werden. Am besten fährt man dann so weit wie möglich und geht das letzte Stück zu Fuß hinauf zur Casa del Monte (unterwegs zweigt auch rechts ein Fußweg zur Casa del Monte ab).

Talort: Verada de Las Lomadas, 240 m (Haltestelle der Buslinie 2), 1 km vor Los Sauces an der Hauptstraße LP 1.
Ausgangspunkt: Casa del Monte, 1300 m. Zufahrt von Las Lomadas: Am Ortsausgang Richtung Los Sauces zweigt links eine steile Betonstraße ab (Tafel ›Casa del Monte / Nacientes Marcos y Cordero‹ – Achtung: noch im Ort geht es links ab; geradeaus über die steile Betonstraße führt der Wanderweg PR LP 6 in 3½ Std. zur Casa del Monte hinauf!), die nach 2 km in eine Piste übergeht, auf der man nach weiteren 10 km die Casa del Monte am Kanal erreicht (sehr ruppig und schlaglochträchtig). Man kann auch mit Allrad-Taxis von Los Sauces oder Las Lomadas zur Casa del Monte fahren, außerdem von 8 bis 13 Uhr Taxi-Transfer von Los Tilos (ab Abzweig Forststraße, 15 Euro pro Person).
Höhenunterschied: Gut 100 m ab Casa del Monte (ab Asphaltende bzw. Las Lomadas zusätzlich 900 bzw. 1150 m).
Anforderungen: Leichte Wanderung entlang einem Wasserkanal. Für die Tunnel (teils stockdunkel, einer ist 400 m lang!) sind leuchtstarke Taschenlampe und Regenumhang notwendig.
Wichtiger Hinweis: Die Wanderung ist kostenpflichtig (17 Euro mit Führung, 8 Euro ohne Führung).
Kombinationsmöglichkeit mit Tour 12 (Auf-/Abstieg von/nach Los Tilos).

An der **Casa del Monte** wenden wir uns links dem Wasserkanal zu (*PR LP 6, weiß-gelb*). Nach knapp 10 Minuten erreichen wir den ersten Tunnel, dessen Eingang mit einem offenen Gittertor versehen ist. 5 Minuten später folgt ein weiterer kurzer Tunnel, nach insgesamt 25 Minuten dann der längste (400 m). Nach einer weiteren halben Stunde – wir haben mittlerweile noch sechs Tunnels passiert – erreichen wir ein Bassin mit Blick zur Marcos-Quelle. Wir durchqueren nochmals zwei Tunnels, dann muss man sich gut einpacken, will man nicht nass werden: Im letzten (12.) Tunnel vor der Marcos-Quelle erwartet uns eine Dusche. Die zahlreichen Kaskaden der **Marcos-Quelle** bieten ein fantastisches Naturschauspiel – sie sind die ertragreichsten Quellen außerhalb der Caldera.

Nun führt der Pfad ein kurzes Stück steiler bergauf, kurzzeitig abseits des Wasserkanals. Das Steilstück ist rasch überwunden; noch ein Tunnel, und schon sind wir an den kaum minder eindrucksvollen Kaskaden der **Cordero-Quelle** angelangt. Hier endet der Weg. Rechts besteht eine Abstiegsmöglichkeit durch den Barranco del Agua nach Los Tilos (→Tour 12).

12 Von Los Tilos zur Cordero-Quelle

7.00 Std.

Durch den Nebelurwald zu den Quellen palmerischen Wohlstands

Die tagesfüllende Wanderung von Los Tilos zur Cordero-Quelle gehört zu den abenteuerlichsten und eindrucksvollsten La Palmas. Sie führt tief hinein in die Schluchten- und Lorbeerwaldwildnis des Nordostens – zumeist durch die Steilhänge über dem Barranco del Agua, teilweise auch direkt am Grund des mit Felsblöcken übersäten Barrancos. Konditionsstarke Wanderer sollten an der Cordero-Quelle nicht kehrtmachen und wenigstens noch der Marcos-Quelle einen Besuch abstatten. Der Weiterweg der hier beschriebenen Rundtour dagegen wird nur für hartgesottene, erfahrene Bergwanderer ein Vergnügen sein, da der Kanalarbeiter-Pfad von der Casa del Monte nach Los Tilos sehr steil und abschüssig ist (→Wichtige Hinweise). Wem dieser großartige, abenteuerliche Urwaldabstieg nicht geheuer ist, der kann auch von der Casa del Monte nach Las Lomadas hinabwandern.

Talort: Los Sauces, 266 m (Haltestelle der Buslinien 2, 12).
Ausgangspunkt: Los Tilos, 500 m, Abzweig der Forststraße ca. 500 m vorher.
Höhenunterschied: 1100 m.
Anforderungen: Lange, anstrengende Tour, die Trittsicherheit und Schwindelfreiheit voraussetzt (kurze Wegstücke können evtl. schmal und abgerutscht sein). Für den Weg Cordero-Quelle – Casa del Monte sind eine leuchtstarke Taschenlampe und ein Regenschutz notwendig. Der Abstiegspfad von der Casa del Monte ist sehr steil und abschüssig (kurze Kletterpassagen, aber nie ausgesetzt, meist guter Halt an den Bäumen). Die Wanderung sollte nur bei sicherem Wetter und nicht nach Regenfällen durchgeführt werden.
Einkehr: Bar-Restaurant Los Tilos.
Variante: Abstieg von der Casa del Monte über PR LP 6 nach Las Lomadas (2 Std.; Haltestelle der Buslinie 2).
Tipp: Wer eine bequeme Abstiegswanderung bevorzugt, dem empfohlen sich von Los Tilos (Start am Abzweig der Forststraße) per Taxi-Transfer zur Casa del Monte bringen zu lassen und von dort in Gegenrichtung zu unten stehender Tourenbeschreibung über Marcos y Cordero nach Los Tilos zurückzuwandern.
Wichtige Hinweise: Die Wanderung ist kostenpflichtig. – Der Abstieg von der Casa del Monte nach Los Tilos ist offiziell erlaubt, allerdings wird überall davon abgeraten. Lassen Sie sich also von geschäftstüchtigen Taxifahrern und Wanderführern (am Ausgangspunkt wie an der Casa del Monte) nicht von diesem eindrucksvollen Urwaldabstieg abhalten. Wir können zwar keine Garantie dafür übernehmen, aber unsere langjährige Erfahrung hat gezeigt, dass der Steig stets gut passierbar ist, wenn man einkalkuliert, dass auch einmal ein quer liegender Baum oder ein kleiner Bergrutsch überwunden werden muss.

500 m vor **Los Tilos** zweigt von der Straße links die Forststraße ›Monte El Canal y Los Tilos‹ ab (*PR LP 6, weiß-gelb*; Parkmöglichkeit an der Straße).

Sie durchquert einen Tunnel, passiert ein Steinhaus und erreicht nach einer knappen Stunde eine erste große Wegverzweigung (scharf links führt ein Pfad in 5 Min. zum aussichtsreichen **Espigón Atravesado** von Tour 13). Wir verbleiben auf der Forststraße, bis nach gut 10 Minuten rechts ein Weg abzweigt (Tafel ›Sendero de Marcos y Cordero‹), der zu einer bereits von oben sichtbaren **Holzbrücke** hinabführt.

Auf der anderen Seite steigt der Weg links stetig an, bald hoch über dem Barranco del Agua. Hin und wieder, bei der Querung von Steilhängen und (zumeist trockenen) Seitenbächen, muss man mit schmalen, eventuell sogar mit leicht abgerutschten bzw. verschütteten Wegpassagen rechnen – für trittsichere Bergwanderer aber in der Regel kein großes Problem. Nach einer Dreiviertelstunde mischen sich mächtige Kiefern in den nun lichter werdenden Lorbeerwald, der uns bisher ein zuverlässiger Schattenspender war. Auch Ginster, Zistrosen und zahllose andere Blütengewächse kommen hinzu. Nach insgesamt knapp 2½ Stunden dann ein Lichtblick: Es erwartet uns ein geländergesicherter Aussichtsplatz mit Blick hinab in den tief eingeschürften, grün ummantelten Barranco. Einige Minuten danach eine Abzweigung nach links. Wir verbleiben aber rechts auf dem Treppenweg, der gleich darauf über eine **Holzbrücke** die Talseite wechselt.

Sofort nach der Brücke geht es hinein ins Bachbett und in diesem (nicht rechts den Pfad hinauf, er ist sehr steil und abschüssig!) etwa eine Viertelstunde hinauf. Die folgende Felsstufe im Barranco wird auf dem markierten Pfad nach rechts umgangen (Abzweig 50 m vor der Felsstufe ist durch roten Querstrich auf Felsblock im Bachbett markiert). Nach 10 Minuten kreuzt der Pfad das Bachbett und verläuft – teilweise steil und abschüssig – auf der linken Talseite (man kann auch direkt durch das Bachbett aufsteigen, was aber

Die Casa del Monte.

mühsamer ist). 10 Minuten später kehrt der markierte Wanderweg ins Bachbett zurück, verlässt dieses aber nach 40 m wieder nach rechts. Nach wenigen Minuten, kurz vor dem Talschluss, ignorieren wir einen rechts abzweigenden Pfad (*SL SAS 30*) und steigen links haltend durch das Bachbett und durch den Hang vollends hinauf zur **Cordero-Quelle**. Gleich mehrere Quellen schießen hier direkt vor unseren Augen aus der Wand und schütten ihr kostbares Nass in einen Kanal, der auf seinem Weg auch noch die Marcos-Quellen mitnimmt und die Region von San Andrés y Sauces mit Wasser versorgt.

Links am Wasserkanal entlang setzt sich der markierte Wanderweg fort. Er führt nach einigen Minuten durch einen Tunnel und wendet sich später links vom Kanal ab, um steil, meist über Stufen, zu den herrlichen Kaskaden der **Marcos-Quelle** hinabzuführen (20 Min.). Der Weg verläuft nun wieder neben dem Wasserkanal und durchquert in der Folge nicht weniger als zwölf bis zu 400 m lange Tunnel, für die eine leuchtstarke Taschenlampe unbedingt erforderlich ist (immer gut auf Felsvorsprünge an der Decke achten!). Vor dem ersten Tunnel sollten Sie zudem einen Regenumhang anlegen, wollen Sie nicht allzu nass werden, denn hier erwartet uns eine regelrechte

Aufstieg im Barranco del Agua.

Zahlreiche Kaskaden stürzen an den Marcos-Quellen in den Kanal.

»Dusche«. Nach einer guten Stunde lassen wir den letzten Tunnel (Gittertor) hinter uns und treffen knapp 10 Minuten später auf eine von Las Lomadas kommende Pistenstraße. Auf dieser erreichen wir links nach 50 m die **Casa del Monte**, 1300 m, bei der man vor dem mühsamen Steilabstieg nach Los Tilos nochmals eine Rast einlegen sollte.

Vor dem Haus halten wir uns links, vorbei am Grillplatz, und gehen hinüber zum linken Ende der Terrasse. Hier beginnt der deutliche Pfad, der sich zunächst links haltend, dann in Serpentinen durch den dicht bewaldeten Hang hinabschraubt. Nach 15 Minuten erwartet uns eine leichte Kletterstelle, gut 5 Minuten später überschreiten wir einen kleinen felsigen Rücken. In der Folge müssen weitere, teilweise etwas heikle Kletterpassagen bewältigt werden. Nach insgesamt 30 Minuten treffen wir auf einen abgedeckten Wasserkanal, dem wir nach rechts folgen, sogleich mit fantastischem Tiefblick auf den Barranco del Agua. Kaum tritt der Wasserkanal wieder in den Lorbeerwald ein, zweigt halb links der weiter steil abwärts führende Kanalarbeiter-Pfad ab (teilweise heikle Passagen ohne Halt). Nach 20 Minuten gelangen wir auf einen schmalen Bergrücken mit senkrechtem Tiefblick auf den Barranco del Agua, von dem sich der Weg bald rechts abwendet. Der Weg senkt sich nun – teilweise gestuft – vollends hinab zur Forststraße ›Monte El Canal y Los Tilos‹ (100 m links eine ehemalige Materialseilbahn), die uns rechts in einer Stunde zurück zur Straße nach **Los Tilos** bringt (nach 10 Min. Vereinigung mit dem Aufstiegsweg).

13 Monte El Canal y Los Tilos

1.50 Std.

Gemütliche Waldwanderung im UNESCO-Biosphärenreservat

Ein Spaziergang auf der Forststraße ›Monte El Canal y Los Tilos‹ ist ein absolutes Muss für jeden Wanderer – ganz besonders aber für den botanisch interessierten Naturfreund. Der Lorbeerurwald, von der UNESCO 1983 zum Biosphärenreservat erklärt, befindet sich in einer der regenreichsten Regionen der Insel und bietet eine äußerst üppige Flora, die von riesigen Farnen und lianenartig von den Felswänden und Bäumen herabhängenden Rankengewächsen geprägt ist. Am Ende der Wanderung erwartet uns ein schöner Aussichtspunkt, der einen grandiosen Überblick über die Schluchtenwildnis des Barranco del Agua bietet.

Talort: Los Sauces, 266 m (Haltestelle der Buslinien 2, 12).
Ausgangspunkt: Los Tilos, 500 m, bzw. Abzweig der Forststraße ca. 500 m vor Los Tilos.
Höhenunterschied: Gut 300 m.
Anforderungen: Durchgehend leichte Wanderung auf Forststraße.
Einkehr: Bar-Restaurant Los Tilos.
Wichtiger Hinweis: Die Wanderung ist kostenpflichtig (7 Euro mit Führung, 4 Euro ohne Führung).
Kombinationsmöglichkeit mit den Touren 12 und 14.

Der Wanderweg zum Espigón Atravesado beginnt etwa 500 m vor **Los Tilos**. Hier zweigt von der Straße bergaufwärts eine für den Verkehr gesperrte Forststraße ab (Tafel ›Monte El Canal y Los Tilos‹; *PR LP 6, weiß-gelb*). Nach 5 Minuten durchqueren wir auf ihr einen etwa 100 m langen Tunnel (gleich danach links eine Baumschule des Forstamts), dann befinden wir uns auch schon inmitten der paradiesischen Urwaldwelt. Nur selten lichtet sich der dichte Lorbeerwald, der selbst die steilsten Felswände noch bedeckt – Kletterpflanzen ranken sich bis zur Forststraße herab. Rechts unter uns rauschen Wasserkanäle im Barranco del Agua, in den ein schmaler, glitschiger Treppensteig hinabführt (für die Öffentlichkeit gesperrt). Nach einer halben Stunde passieren wir ein Steinhaus. Die Forststraße führt nun etwas steiler bergan und erreicht 20 Minuten später eine breite Wegverzweigung (Umkehrplatz). Hier zeigt scharf links ein geländergesicherter Treppenweg ab, der über einen schmalen Bergrücken in 5 Minuten zu einem schönen Aussichtspunkt führt (**Espigón Atravesado**, 754 m, Messstation). – Botanisch Interessierte sollten der Forststraße noch bis zum Ende vor einer ehemaligen Materialseilbahn folgen (25 Min.; 100 m vor dem Ende des zuletzt verwilderten Forstweges, 10 m nach Queren eines kleinen Barrancos, links Aufstiegsmöglichkeit zur Casa del Monte, →Tour 12).

Links: Blick über den Barranco del Agua, in Bildmitte der Espigón Atravesado.
Rechts: Am Espigón Atravesado.

14 Barranco del Agua

1.00 Std.

Kurzes, aber eindrucksvolles Schluchtabenteuer

Der Barranco del Agua ist eine der imposantesten Schluchten La Palmas und vermittelt einen guten Eindruck von der Wildheit und der üppigen, urwaldartigen Flora des Nordostens der Insel. Bei unsicherem Wetter und nach stärkeren Regenfällen sollte man allerdings unbedingt auf diese abenteuerliche Kurzwanderung verzichten – nicht nur wegen des anschwellenden Baches in der bis zu zwei Meter schmalen Klamm, sondern vor allem wegen der nicht zu unterschätzenden Steinschlaggefahr unterhalb der überhängenden, von Farnen und Rankengewächsen überwucherten Felswände.

Seit Sommer 2005 gibt es im Barranco del Agua eine neue Attraktion, die Cascada de Los Tilos. Der künstliche Wasserfall, den man bereits nach 5 Minuten auf dem Schluchtwanderweg erreicht, ist in den Sommermonaten (ca. Juni–Oktober) täglich von 10–14 / 15–18 Uhr in Betrieb (2 € Eintritt) – beachten Sie bitte, dass der Weiterweg im Barranco während dieser Betriebszeiten nicht möglich ist.

Talort: Los Sauces, 266 m (Haltestelle der Buslinien 2, 12).
Ausgangspunkt: Los Tilos, 500 m.
Höhenunterschied: Gut 100 m.
Anforderungen: Leichte Schluchtwanderung, die jedoch an einer heiklen Kletterstelle auf halber Strecke Trittsicherheit und Schwindelfreiheit erfordert (evtl. Leiter) – wegen Steinschlaggefahr sollte man den Ausflug nur bei sicherem Wetter, keinesfalls bei Regen durchführen!
Einkehr: Bar-Restaurant Los Tilos.
Kombinationsmöglichkeit mit den Touren 13 und 15.

Vom Besucherzentrum **Los Tilos** gehen wir eine Minute (100 m) auf der Straße zurück und biegen vor der Linkskurve rechts auf einen Wanderweg ab, der an einem Wasserkanal entlangführt. Vor einem Wasserbecken steigen wir hinab ins Bachbett des **Barranco del Agua** und wandern mehr oder weniger weglos über Geröll und Felsblöcke bachaufwärts, immer wieder die Bachseite wechselnd. Nach 5 Minuten verengt sich die Schlucht auf wenige Meter, hier stürzt während der Betriebszeiten die **Cascada de Los Tilos** herab. Es folgt eine weitere, extrem überhängende Felswand (schleunigst den Steinschlagbereich verlassen!). Einige Minuten später erreichen wir eine Felsstufe, die mit Hilfe einer Leiter bewältigt wird (alternativ kann man auch wenige Meter vor der Felsstufe rechts über heikle, rutschige Trittstufen zu einem Felsband hinaufklettern, über das man die Felsstufe umgeht; wer nicht trittsicher und schwindelfrei ist, sollte hier umkehren!). Die Schluchtwände rücken nun wieder nahe zusammen, kurz nacheinander müssen zwei weitere Felsstufen überwunden werden. Dann geht es gemütlich im Barrancobett dahin, unter herrlichen Efeugirlanden hindurch. Nach 10 Minuten erreichen wir einen großartigen **Felskessel** mit zahllosen Steinmännchen. Hier endet die Wanderung vor einer gut 10 m hohen, unüberwindbaren Felsstufe (Wasserfall). Rechts davon kann man noch zu einem Tunneleingang hinaufsteigen.

Attraktion im Barranco del Agua: Cascada de Los Tilos.

15 Von Los Tilos zum Mirador de las Barandas und nach Los Sauces

3.00 Std.

Vom Lorbeerwald zum »Bananenstädtchen« des Nordostens

Der Reiz dieser Wanderung liegt nicht nur in den herrlichen Ausblicken, sondern vor allem auch in der Vielfalt der landschaftlichen Eindrücke, die sich vom Lorbeerwald bis hin zu den Bananenplantagen spannen.

Talort: Los Sauces, 266 m (Haltestelle der Buslinien 2, 12).
Ausgangspunkt: Los Tilos, 500 m. Bei Anfahrt mit dem Bus beginnt man die Tour in Los Sauces.
Höhenunterschied: 500 m.
Anforderungen: Bis auf den steilen Aufstieg zum Mirador bequeme Wege.
Einkehr: Bar-Restaurant in Los Tilos, Bars und Restaurants in Los Sauces.
Variante: Von Los Sauces zum Charco Azul (¾ Std.): Am Südostrand der großen Plaza auf der steilen Straße Camino La Calzada (*GR 130, weiß-rot*) immer geradeaus zwischen Häusern, Plantagen und Barrancos hinab (nach knapp 5 Min. rechts). Sie mündet nach ½ Std. in eine Querstraße (auf dieser rechts 10 Min. nach San Andrés, Haltestelle der Buslinie 12). Gegenüber setzt sich ein Zementfahrweg fort. Er verläuft bald links entlang der Küste und geht kurz vor dem Charco Azul in einen Pfad über – zuletzt rechts auf breitem Fußweg hinab zu den Meeresschwimmbecken.
Kombinationsmöglichkeit mit den Touren 9, 13 und 17.

Direkt hinter dem Parkplatz am Besucherzentrum in **Los Tilos** beginnt der ausgeschilderte Wanderweg (*PR LP 7.1, weiß-gelb*). Er hält zunächst kurz nach links und schraubt sich dann, nur von wenigen Quergängen unterbrochen, steil durch den Lorbeerwald nach oben. Nach einer knappen Dreivier-

telstunde – der Wald hat sich mittlerweile ein wenig gelichtet – teilt sich der immer genügend breite, an rutschgefährdeten Passagen mit Holzstufen versehene Weg. Hier halb links weiter hinauf zum nahen **Mirador de las Barandas**, 700 m (Unterstand, Wasserstelle), der uns einen prachtvollen Ausblick auf den Barranco del Agua und auf San Andrés y Sauces beschert.

Wer nicht auf demselben Weg nach Los Tilos zurückkehren will, dem sei der Abstieg auf der Forststraße nach Los Sauces empfohlen. Also auf dem Fahrweg vom Aussichtsplatz hinüber zur Forstpiste (*PR LP 7, weiß-gelb*), die sich sanft und knieschonend in Richtung Los Sauces hinabschwingt. Nach einer knappen halben Stunde zweigt in einer Linkskurve rechts ein Pflasterweg ab, der ein paar Schleifen abkürzt und am **Mirador de Llano Clara** (Wasserstelle) wieder in die Piste einmündet – von hier spektakulärer Tiefblick auf den Barranco del Agua, in den ein steiler, abschüssiger Pfad hinabführt. Kurz danach geht die Piste in eine Straße über (entweder geradeaus steil oder links bequem, die Straße vereint sich bald wieder), die uns mit Blick auf ein großes Staubecken in das hübsche, blumengeschmückte »Bananenstädtchen« **Los Sauces** hinunterbringt. Im Ort passieren wir das Wassermühlen- und Gofio-Museum ›El Regente‹ (vom Wasserturm schöner Ausblick, aber Vorsicht: sehr niedriges Geländer!) und halten wenige Minuten später an der Gabelung halb rechts auf der steilen Straße direkt auf die große Plaza mit der Kirche zu (5 Min., Bars, Taxistand; Abstiegsmöglichkeit zum Charco Azul bzw. nach San Andrés →Variante).

Nun rechts auf der Hauptstraße (am Ortsende rechts) bis zum Abzweig der Straße nach Los Tilos (20 Min.). Vor der Brücke am Abzweig zweigt rechts ein Camino ab, der immer parallel zum Talgrund, etwas oberhalb davon, durch Plantagen bergan führt (nach knapp 10 Min. an Gabelung links, an Felswand entlang). Er trifft nach 20 Minuten auf einen Fahrweg, der 5 Minuten später neben einer Brücke in die Straße nach **Los Tilos** mündet. Auf dieser in einer halben Stunde zurück zum Ausgangspunkt – eine durchaus reizvolle Straßenwanderung.

Im Bananenstädtchen Los Sauces.

16 Vom Pico de la Cruz nach Los Sauces

4.15 Std.

Langer Abstieg durch nahezu alle Vegetationszonen der Insel

Dieser 2000-Höhenmeter-Abstieg führt durch Heidelandschaft sowie Kiefern- und Lorbeerwald und bietet großartige Blicke über den Nordosten mit dem Barranco del Agua.

Ausgangspunkt: Km 31,1 der Höhenstraße Santa Cruz – Roque de los Muchachos (LP-4), 2280 m, am Fuß des Pico de la Cruz (1 km nördlich der Straßenmirador an der Degollada de Franceses). Keine Busverbindung!
Endpunkt: Plaza von Los Sauces, 266 m (Haltestelle der Buslinien 2, 12).
Höhenunterschied: 2000 m im Abstieg.
Anforderungen: Sehr langer, meist bequemer, nur selten steiler Abstieg über Wanderwege und Forststraßen.
Einkehr: Bar-Restaurants in Los Sauces.
Varianten: Vom Mirador de las Barandas Abstiegsmöglichkeit nach Barlovento (→Tour 17) bzw. Los Tilos (→Tour 15).
Kombinationsmöglichkeit mit den Touren 17, 20, 58, 60 und 63.

Ausgangspunkt der Wanderung ist die **Höhenstraße** bei Km 31,1 (große Wandertafel), unmittelbar am Fuß des Pico de la Cruz, 2351 m.
Wer noch einen Abstecher auf diesen schönen Aussichtsberg unternehmen will, der steigt über den deutlichen Camino hinauf zum Kammweg (*GR 131*, *weiß-rot*), über den man links zum Gipfelhäuschen gelangt (10 Min. ab Höhenstraße). Wieder zurück an der Höhenstraße, folgen wir dieser etwa 50 m in südlicher Richtung und biegen links auf den breiten, von Steinen eingefassten Camino ab (*PR LP 7, 8*; *weiß-gelb*). Er führt gemütlich über einen Bergrücken hinab. Nach einer knappen halben Stunde tritt er in lockeren Kiefernwald ein. Der Bergrücken verschmälert sich nun allmählich (rechts schöner Blick auf Marcos y Cordero) und gabelt sich nach etwa 20 Minuten – hier halb rechts auf dem Bergrücken am Rand des steil abfallenden Barranco del Agua weiter, mit schönem Blick nach Barlovento. 15 Minuten später gabelt sich der Bergrücken abermals – hier auf

dem halb links hinabführenden Bergrücken weiter. Der Weg wird nun etwas steiler, Los Sauces kommt in Sicht. Nach weiteren 15 Minuten kreuzt der Wanderweg *PR LP 7* eine Forststraße (links Abstiegsmöglichkeit mit *PR LP 8* nach Barlovento). In der Folge kreuzt der Camino nochmals eine Forststraße, kurz darauf geht er in einen schönen Waldweg über, um nach 15 Minuten in eine Forststraße einzumünden. Wir folgen dieser nun weiter bergab und halten uns an der Gabelung nach 25 m rechts. Die Forststraße durchschreitet einen kleinen Taleinschnitt und gabelt sich nach 25 Minuten – hier halb links weiter. Gut 5 Minuten später biegt scharf rechts ein Camino ab (Tafel), der nach einigen Minuten wieder auf die Forststraße trifft. In der Folge bieten sich zwei weitere Abkürzungsmöglichkeiten an (Riesentaginasten am Weg!), man kann aber auch auf der Forststraße weiterwandern (stets rechts halten). Nach 1¼ Stunden auf der Forststraße zweigt links eine Forststraße Richtung Barlovento ab (*PR LP 7.1*, →Tour 17). 10 Minuten später zweigt rechts ein breiter Weg ab zum nur 100 m entfernten **Mirador de las Barandas**, 700 m (Tafel) – wir verbleiben aber auf der abwärts gerichteten Forststraße, die nach 45 Minuten in eine Asphaltstraße übergeht – in **Los Sauces** dann geht man direkt rechts über die steile Straße zur Kirche hinab (vgl. Tour 15).

17 Von Los Sauces nach Barlovento

5.00 Std.

Abwechslungsreiche Rundwanderung durch den Nordosten

Die schöne, abwechslungsreiche Rundtour zwischen Los Sauces und Barlovento verläuft auf dem Hinweg überwiegend im Schatten spendenden Lorbeerwald und zeigt uns zahllose, im Frühsommer (Mai/Juni) violett blühende Riesentaginasten – die Blütenstände erreichen eine Höhe von über fünf Metern und sind damit die höchste kanarische Natternkopfart. Nach einem Besuch des Picknickplatzes am Kraterstausee Laguna de Barlovento kehren wir über den »Küstenweg« nach Los Sauces zurück – wer will kann auch von Barlovento mit dem Bus zurückfahren.

Ausgangspunkt: Plaza von Los Sauces, 266 m (Haltestelle der Buslinien 2, 12).
Höhenunterschied: Knapp 1000 m.
Anforderungen: Etwas lange, anstrengende Rundtour, überwiegend auf Forststraßen und gut ausgebauten Wegen.
Einkehr: Bar-Restaurants in Los Sauces, Barlovento und Laguna de Barlovento.

Varianten: Beginn der Tour in Los Tilos (¾ Std. bis Mirador Barandas, →Tour 15).
Vom Picknickplatz Laguna de Barlovento nach Barlovento: Man folgt der Straße und zweigt gut 100 m hinter dem Stausee rechts ab auf Fahrweg (*PR LP 8, weiß-gelb*), der sich sofort gabelt. Hier rechts und an der Gabelung nach 5 Min. halb links zur Hauptstraße. Dieser folgt man nach rechts, passiert das Hotel La Palma Romántica (Bar) und biegt 200 m danach rechts auf den weiß-gelb markierten Wanderweg ab, der wenig später Barlovento, 548 m, erreicht. Bei der Casa Forestal (50 m nach dem Linksabzweig der Hauptstraße nach Gallegos) rechts abbiegend gelangt man zum Ortszentrum an der Hauptstraße.
Kombinationsmöglichkeit mit den Touren 15, 16, 18 und 19.

In **Los Sauces** gehen wir rechts neben der großen Plaza die steile Dorfstraße hinauf (*PR LP 7, weiß-gelb*). Wir folgen dieser immer geradeaus bergan und passieren nach 10 Minuten das Gofio-Museum ›El Regente‹, das in einer restaurierten Wassermühle eingerichtet wurde. 50 m danach halten wir uns an der Gabelung rechts (Tafel). 5 Minuten später gehen wir an einer weiteren Gabelung links steil bergan (man kann auch rechts etwas gemütlicher weitergehen). Kurz nach einem Fußballplatz verflacht sich die Straße, um nach 10 Minuten am **Mirador de Llano Clara** vorbeizuführen (Wasserstelle; Tiefblick auf den Barranco del Agua). Hier verlassen wir die Piste und steigen geradeaus auf dem breiten Camino weiter an. Er mündet knapp 10 Minuten später wieder in die Forststraße, der wir nun immer geradeaus folgen. Sie führt überwiegend gemütlich über den Höhenrücken durch Nebelwald bergan und passiert mehrere Kreuzstationen. Nach einer guten halben Stunde erreichen wir eine große Gabelung, an der links ein ausgeschilderter Weg zum 100 m entfernten **Mirador de las Barandas**, 700 m (Wasserstelle), abzweigt. Hier sollten Sie eine Verschnaufpause einlegen und den großartigen Ausblick über den Barranco del Agua zur Cumbre genießen.

Nach dem Abstecher gehen wir zurück zur Forststraße und wandern auf dieser weiter bergan. Nach etwa 10 Minuten biegen wir rechts ab auf einen breiten Forstweg (*PR LP 7.1, weiß-gelb*). Er zieht etwa höhehaltend durch den Hang, in dem wir mit etwas Glück ganze »Wälder« von Riesentaginasten bewundern können. Rechter Hand genießen wir einen schönen Blick zur Laguna de Barlovento.

Riesentaginaste (Pininana).

Nach 20 Minuten quert unser Forstweg einen kleinen Taleinschnitt und führt durch einen wunderschönen Lorbeerwald mit stattlichen Bäu-

men hinein in den Barranco de la Herradura, eine der eindrucksvollsten Schluchten der Insel. Vorbei an ein paar in den Fels geschlagenen Höhlen senkt sich der Forstweg in einer scharfen Rechtskurve hinab zum Barrancogrund, um dort zu enden (½ Std.). Wir verlassen den Forstweg etwa 50 m nach der scharfen Rechtskurve auf dem links abzweigenden, weiß-gelb markierten Wanderweg, der zu einem Steinhaus hinüberführt. Links vom Haus, entlang den Schienen, gelangt man zum Eingang der **Galería Meleno**, ein etwa 4,5 km langer Wasserstollen.

Geradeaus am Haus vorbei setzt sich unser Weg fort, der rechts haltend durch den Lorbeerwald ansteigt und dann in stetem Auf und Ab durch den Hang führt. Er ist durch ein Geländer bestens zum Abgrund hin abgesichert und quert nach einer Viertelstunde ein Seitental mit einem Katarakt. Anschließend geht es 10 Minuten steil hinauf zum Bergrücken oberhalb der Schlucht. Oben angekommen wandern wir über einen Feldweg an Apfelbäumen vorbei hinab und treffen nach wenigen Minuten auf einen quer führenden Fahrweg, dem wir nach rechts folgen, bald mit Blick zur Laguna de Barlovento. Nach 5 Minuten erreichen wir eine Fahrwegkreuzung vor einem Schweinepferch. Hier steigen wir links auf dem schmalen, gestuften Weg durch den Buschwald hinab. Er mündet nach 5 Minuten neben einem Walnussbaum in einen Fahrweg, der uns rechts zu einem Plateau mit Terrassenfeldern hinaufbringt. An der nächsten Gabelung (5 Min.) wenden wir uns rechts dem Zementfahrweg zu, um diesen bereits nach 50 m vor der Rechtskurve auf einem geradeaus hinabführenden Weg zu verlassen. Er mündet wenige Minuten später in die Asphaltstraße an der **Laguna de Barlovento**, 730 m. Rechter Hand befindet sich das weitläufige Gelände des Parque recreativo Laguna de Barlovento – der schön angelegte Picknickplatz mit Grillhäuschen, Tischen und Bänken, Wasserstelle, Fußball- und Zeltplatz ist ein beliebtes Ausflugsziel der Palmeros; vorbei am einladenden Bar-Restaurant (Dienstag Ruhetag) lohnt ein Abstecher zu einem Aussichtsplatz mit Blick auf Los Sauces.

Wir folgen nun der Straße in Richtung Barlovento, am abgezäunten Kraterstausee entlang. Nach knapp 5 Minuten zweigt scharf rechts eine Straße ab. Hier muss man sich entscheiden: Wer nach Barlovento wandern will, geht geradeaus auf der Straße weiter (→Variante) – außerdem lockt ein kurzer, 10-minütiger Abstecher auf die **Montaña La Laguna** (Montaña del Calvario), 800 m, von der sich ein schöner Blick über den See zur Cumbre ergibt (rechts über den Fahrweg, dann beim Hochspannungsmast scharf links über Pfad zum Gipfel). – Wir aber steigen scharf rechts auf der Straße in Richtung Los Sauces ab (*PR LP 7.1, weiß-gelb*). Nach wenigen Minuten biegen wir rechts auf die Betonstraße ab und folgen dieser an der Gabelung

Blick über die Laguna de Barlovento zur Cumbre.

nach 50 m links abwärts. Sie führt steil durch Buschwald hinab und passiert nach einigen Minuten eine große Zisterne. Etwa 100 m danach zweigt in einer Rechtskurve links ein Pfad ab, der mitunter stark verwachsen ist (in diesem Fall weiter auf der Straße, an der Gabelung nach wenigen Minuten bei ersten Häusern geradeaus, 50 m danach rechts) und nach 5 Minuten wieder in die Straße einmündet. Sie führt nun äußerst steil durch den malerisch auf einem Bergrücken gelegenen Weiler La Florida hinab und kreuzt nach 10 Minuten in **Las Cabezadas**, 475 m, bei einem Bushäuschen eine breite Straße. Wenige Minuten später mündet unsere Wanderroute neben der Plaza de Las Cabezadas in den *weiß-rot* markierten Küstenweg *GR 130*, mit dem wir weiter über die Straße hinabwandern. Nach 10 Minuten halten wir uns an der Gabelung geradeaus, 2 Minuten später setzt sich an einem Umkehrplatz ein Camino fort. Der alte Königsweg führt gemütlich, in weiten Kehren durch die eindrucksvolle, von zahllosen Höhlen zerfressene Steilwand hinab in den Barranco de la Herradura (nach einigen Minuten häufig stark verwachsen, in diesem Fall gut auf den seitlich sehr abschüssigen Weg achten) und kreuzt nach einer guten Viertelstunde die Hauptstraße nach Los Sauces. Kurz darauf treffen wir im Talgrund auf einen Fahrweg, den wir bereits nach 10 m wieder nach links verlassen, um auf der anderen Talseite steil zwischen Bananenplantagen anzusteigen. Der Camino kreuzt abermals die Hauptstraße und mündet nach 20 Minuten auf der Hochfläche von Los Sauces im Ortsteil Hoya Grande in eine Straße (Calle El Poiso). Auf dieser wandern wir immer geradeaus (nach 50 m Linksknick) durch das Bananenstädtchen. Nach gut 5 Minuten mündet die Straße an einer Plaza (Cruz de la Lana) in die steil abwärts führende Calle Abraham Martin – auf dieser rechts bergan und nach 5 Minuten links auf der Calle Ciro Gonzalez hinab zur Plaza von **Los Sauces** (5 Min.).

Der Norden

Wilde Barrancos und eine archaische Naturlandschaft

Still und abgeschieden, weder verspielt noch glanzvoll, so präsentiert sich uns der herbe Norden. Eine licht- und nebeldurchflutete Landschaft, zersägt von wilden Barrancos und rauen Bergrücken, die nur wenigen Siedlungen Platz bietet. Touristische Attraktionen sind hier Mangelware, einzig ein Meeresschwimmbecken (La Fajana bei Barlovento) und die malerisch gelegenen Dörfer La Tosca, Gallegos und El Tablado locken hier die Besucher. Und auch die Laguna de Barlovento entpuppt sich bei näherem Hinsehen als (immerhin wassergefüllte) Betonschüssel.

Eine der besten Möglichkeiten zum Kennenlernen des Nordens bietet – neben der gut ausgebauten Hauptstraße – die wunderschöne Straße von Barlovento über Las Mimbreras nach Roque Faro. Sie lässt der wilden, tief bewaldeten Berglandschaft freie Hand. Nur selten ergeben sich richtige Ausblicke, aber wenn, dann sind sie gigantisch: Die mächtigen, von Wolken eingehüllten Barrancos und die Bergrücken mit den leuchtend weißen Häusern, dahinter der tiefblaue Ozean, der sich in der Ferne verliert. Hier reduziert sich die Natur auf das Wesentliche, ist noch ganz und gar den Gesetzen von Wind

Die Ermita San Antonio del Monte mit der Cumbre.

Alte Mühle bei Santo Domingo.

und Wetter unterworfen. Man muss ihn gesehen haben, dann wird einem bewusst, wie unendlich reich dieser Landstrich ist.

Barlovento, durch die Hauptstraße nach Santa Cruz noch recht gut angebunden an das Straßennetz der Insel, ist ein eher verschlafenes, zudem häufig von Passatwolken eingehülltes Bergdorf. In der Umgebung bieten sich einige schöne, überwiegend markierte Wanderungen auf Forststraßen und Pfaden. Weiter nach Westen reihen sich die verträumten Dörfer *Gallegos*, *Franceses* und *El Tablado* aneinander – Bergrücken neben Bergrücken, nur durch mächtige, teils fast bis zur Küste hin lorbeerwaldbedeckte Barrancos voneinander getrennt. Ein großartiger alter Königsweg verbindet diese Dörfer und Santo Domingo miteinander; am eindrucksvollsten sind das Wegstück vom Weiler La Tosca bei Barlovento (wunderschöner Drachenbaumhain) nach Gallegos und der Barranco Fagundo, aber auch die anderen Abschnitte bezaubern durch großartige Landschaftsbilder. Sehr schöne Wandermöglichkeiten bietet auch *Roque Faro* – der kleine Ort liegt in gut 1000 m Höhe am Fuß herrlicher Kiefernwälder. Die Gemeinde *Garafía* schließlich ist berühmt für ihre zahlreichen Petroglyphen-Fundstätten, allen voran La Zarza und La Zarcita (Besucherzentrum), und ihre Windmühlen. Der hübsche Hauptort Santo Domingo besitzt eine gemütliche Plaza und einen romantischen Puerto, der über eine Stichstraße erreichbar ist.

18 Von Barlovento nach La Fajana

2.40 Std.

Gemütliche Halbtageswanderung mit Badegelegenheit

Der Wanderweg zu den schön angelegten Meeresschwimmbädern von La Fajana an der Nordostspitze der Insel bietet kaum Highlights, fasziniert aber durch den steten herrlichen Blick auf das Meer und durch die karge Landschaft mit einzelnen eingestreuten Drachenbäumen und Fincas.

Ausgangspunkt: Kirche in Barlovento, 548 m (Haltestelle der Buslinie 2).
Höhenunterschied: Knapp 600 m.
Anforderungen: Leichte, jedoch bei Hitze anstrengende Wanderung.
Einkehr: Bar-Restaurants in Barlovento und La Fajana.
Hinweis: Badesachen nicht vergessen!

Neben der Tourist Info in **Barlovento** (schräg gegenüber der Kirche) zweigt von der Hauptstraße LP-1 in südlicher Richtung eine Straße ab, von der nach 20 m links ein anfangs betonierter, dann steingepflasterter Weg abzweigt (Tafel ›Fuente del Llano‹). Er quert einen Barranco (hier halb links, scharf links die Fuente del Llano) und steigt zum nächsten Bergrücken an, auf dem wir auf einen Betonweg treffen. Diesem folgen wir links steil hinab (*SL BL 41, weiß-grün*), vorbei an einem Drachenbaumhain und mit herrlichem Blick zum Leuchtturm an der Punta Cumplida. Nach 5 Minuten kreuzt unser Wanderweg in **Las Paredes** die Hauptstraße LP-1 – hier schräg links gegenüber auf dem meist betonierten Camino weiter bergab. Er passiert nach einigen Minuten ein Kreuz (Cruz de Madril), eine knappe Viertelstunde später kreuzt er eine quer führende Betonstraße und führt zwischen Bananenplantagen weiter hinab. Nach 10 Minuten geht der Weg neben einem Hochspannungsmast in einen Pfad über, der kurz darauf wieder auf einen Betonfahrweg trifft – dieser bringt uns rechts in 3 Minuten zur Straße nach La Fajana. Dieser folgen wir links hinab und ignorieren nach 5 Minuten eine rechts zum Faro de Punta Cumplida abzweigende Straße, wenige Minuten später eine links zur Fuente de La Fajana abzweigende Piste (unser Rückweg). Einige Minuten später erreichen wir die **Piscinas de La Fajana** – drei Meeresschwimmbecken und ein Bar-Restaurant erwarten uns, entlang der Küste laden Wege zu Streifzügen beiderseits der kleinen Strandsiedlung ein.

Während des Abstiegs genießen wir einen herrlichen Blick zur Küste mit dem Faro.

Wer einen anderen Rückweg bevorzugt, biegt nach 5 Minuten rechts auf die Piste zur **Fuente de La Fajana** ab. 30 m nach einem Trafoturm zweigt halb links ein Weg ab, der in Serpentinen ansteigt (sogleich an Gabelung links oder rechts, kurz darauf an der Wegvereinigung vor einer breiten Felswand links; etwas verwachsen). Nach 15 Minuten wechselt der Camino auf die rechte Kammseite des Bergrückens – nun mit Blick auf La Fajana. Kurz darauf führt er zwischen ersten Plantagen hindurch. Hier zweigen wir links auf einen Fahrweg ab. Der Fahrweg knickt nach wenigen Minuten nach rechts und steigt – nun betoniert – am Rand eines kleinen Barrancos an. Nach wenigen Minuten stoßen wir auf eine kleine Straße, auf der wir weiter ansteigen, links an einem Haus vorbei. Gut 10 Minuten später, 50 m vor einer scharfen Rechtskurve, zweigt halb links entlang einem kleinen Wasserkanal und Rohrleitungen ein alter Camino ab. Er mündet knapp 10 Minuten später in eine Straße, die nach gut 10 Minuten in die Hauptstraße LP-1 nach **Barlovento** einmündet. Links gegenüber bringt uns ein Camino vollends hinauf zur Kirche.

19 Von Barlovento nach Gallegos

Barrancotour durch den verträumten Norden

Vom Mirador La Tosca können wir bereits weite Teile des Wanderweges nach Gallegos überblicken: Direkt unter uns liegt der verträumte Weiler La Tosca mit seinen berühmten Drachenbaum-Hainen und in der Ferne blicken wir über Gallegos hinweg bis hinüber nach El Tablado. Lassen Sie sich vom ersten (und allzu zahmen) Eindruck nicht täuschen: Die zahlreichen Barrancos, die den alten Camino real kreuzen, sieht man von hier oben kaum. Noch ein Tipp: Wer über eine gute Kondition verfügt, kann auf dem Weiterweg nach Franceses und El Tablado weitere großartige Landschaftseindrücke sammeln – nicht ganz so abwechslungsreich hingegen ist der Rückweg von La Palmita über Barlovento, der teilweise auf Straßen verläuft.

Talort: Barlovento, 548 m (Haltestelle der Buslinie 2).
Ausgangspunkt: Mirador La Tosca, 570 m (Halt der Buslinie 2), Aussichtsplatz mit Palme an der Hauptstraße LP-1 Barlovento – Gallegos, Parkmöglichkeit (knapp 2 km ab Kirche Barlovento).
Höhenunterschied: Etwa 850 m.
Anforderungen: Leichte, aber etwas anstrengende Wanderung auf Fahrwegen und Caminos.
Einkehr: Bar in Gallegos, Bar-Restaurants in Barlovento.
Variante: Von Gallegos nach Franceses und El Tablado (3½ Std.; *GR 130*, weiß-rot): In Gallegos ¼ Std. auf der Dorfstraße hinab, bis diese in einem Knick nach links ansteigt. Hier zweigt scharf rechts der gepflasterte Camino real nach Franceses ab. Er führt nach 50 m links durch Terrassen und senkt sich dann weiter hinab. Nach 10 Min. biegt geradeaus ein stark verfallener Weg zum Puerto von Gallegos ab (¼ Std.), hier links weiter hinab. Nach etwa ¾ Std. ist der Barranco de Franceses erreicht, den der Weg fast auf Meereshöhe kreuzt. Jenseits steigt er steil hinauf zur Straße in Franceses. Folgt man dieser nach rechts, so gelangt man in ¼ Std. zur Plaza im Ortsteil Los Machines (1¾ Std. ab Gallegos; nächste Haltestelle der Buslinie 2 an der Hauptstraße Barlovento – Roque Faro). 300 m danach biegt man an der Gabelung halb rechts in Richtung La Fajana ab (Tafel). Die Straße windet sich schon bald hinab in den Barranco de los Hombres, eine der eindrucksvollsten Schluchten der Insel (nach etwa 25 Min. Abkürzungsmöglichkeit auf Camino), und führt dort talauswärts nach La Fajana. Kurz vor dem Weiler (1 Std.) biegt scharf links ein Fahrweg in den Barranco de los Hombres ab. Nach ¼ Std. geht er am Bachbett in einen Weg über, der nach etwa 50 m rechts über einen steilen Bergrücken, vorbei an einem Felstor, nach El Tablado ansteigt (1¾ Std. ab Franceses; Bar, keine Busverbindung).

Am **Mirador La Tosca** wenden wir uns der Betonpiste zu, die rechts vom Aussichtsplateau hinabführt. Sie geht bald in einen Weg über, der uns in wenigen Minuten direkt nach **La Tosca** bringt. Er mündet in einen Betonfahrweg, auf den wir links abzweigen (*GR 130, weiß-rot*). Nach 10 Minuten geht der Betonweg in einen schönen Camino über. Auf diesem durchqueren wir den von Lorbeerbäumen, Baumheide und Farnen besiedelten Barranco Topaciegas. Auf dem nächsten Bergrücken, nach einer kurzen Hangquerung, mündet der Pflasterweg in die Betonstraße nach **Topaciegas**, die er nach 25 m aber wieder nach rechts verlässt. Sogleich geht es hinab in die nächste Schlucht, den Barranco de la Vica. Beim Aufstieg aus dem Barranco kommen wir an einem Felsüberhang vorbei, der als Ziegenstall dient.

Gleich zu Beginn führt der Wanderweg durch den Weiler La Tosca.

```
La Tosca                          Barlovento  La Tosca
570 m            Gallegos         El Cerco    590 m    570 m
     La Palmita  340 m  La Palmita
     420 m                 420 m
500 m
250 m
     195 m       195 m
0    0.55        1.55    3.00  3.35  4.35  4.50 Std.
```

Das Ziel der Wanderung – der schön gelegene Ort Gallegos.

Kurz darauf teilt sich der Weg, hier links geradeaus weiter. Wieder mündet der Camino in einen Betonfahrweg, den wir bis zur nächsten Kreuzung weiterverfolgen (**La Palmita**; links unser späterer Rückweg über Barlovento). Hier geradeaus weiter auf dem weiß-rot markierten Camino, der durch einen Mini-Barranco leitet. Auf dem jenseitigen Bergrücken angekommen, gehen wir geradeaus auf dem mittleren, hangquerenden Fahrweg weiter. Zistrosen und Gartenterrassen begleiten uns (immer dem geraden, leicht abwärts gerichteten Fahrweg folgen), bis nach wenigen Minuten links ein deutlicher Pfad abzweigt (Tafel). Am nächsten Geländerücken sehen wir bereits Gallegos – also hinab in den Barranco de Gallegos. Zu den Zistrosen gesellen sich wieder vereinzelte Lorbeerbäume, Baumheidebüsche und Agaven. Wir passieren ein Gatter, dann geht es endgültig hinab in diese mächtigste Schlucht des gesamten Weges. Nach einem weiteren Gatter ist der Weg mitunter etwas verwachsen (Farne, Brombeerranken). Eine knappe halbe Stunde dauert es, dann ist der Barrancogrund erreicht – durch den Barranco könnte man in einer Stunde zum Meer absteigen (nach ½ Std. Kletterstelle). Eine weitere Viertelstunde, dann haben wir auch den steilen Aufstieg zu den ersten Häusern von **Gallegos** hinter uns gebracht. Hier mag man seinen Augen nicht trauen: noch ein Barranco – zugegeben, ein kleiner – trennt uns vom eigentlichen Ort. In gut 10 Minuten ist auch dieses Hindernis überwunden, dann befinden wir uns schon inmitten des malerischen, geruhsamen Dorfes – der Wanderweg mündet direkt gegenüber der Bar Gallegos in die Dorfstraße (nächste Haltestelle der Buslinie 2 an der Hauptstraße Barlovento – Roque Faro).

Wir wandern nun wieder auf demselben Weg zurück zur Kreuzung in **La Palmita**. Wer sich den Rückweg über Barlovento ersparen will (¾ Std. länger), geht auf dem Hinweg zurück nach La Tosca. Wir aber gehen rechts auf der Betonstraße mit *SL BL 40* (*weiß-grün*) hinauf zur Hauptstraße (10 Min., Haltestelle der Buslinie 2). Dieser folgen wir gut 10 Minuten nach links bis zum Barranco de la Vica, in dem rechts ein Fahrweg abzweigt. Auf diesem immer geradeaus barrancoaufwärts, bald durch schönen Nebelurwald. Nach knapp 15 Minuten passiert der Fahrweg die **Galería del Cerco**. Hier verlässt die Wanderroute den Fahrweg (dieser endet gut 5 Min. später bei einer weiteren Galería) und steigt links am Gebäude vorbei sehr steil an. Nach 5 Minuten trifft der Weg auf einen Fahrweg. Diesem folgen wir rechts bergan, bald darauf an der Gabelung abermals rechts (nun betoniert). Nach 10 Minuten erreichen wir einen quer führenden Fahrweg – auf diesem nach links und in der Folge an Gabelungen immer geradeaus. Er führt nach 15 Minuten links an einem lang gestreckten Gebäude vorbei und passiert bald darauf den Friedhof von Barlovento. Etwa 200 m danach trifft die Straße auf die Hauptstraße nach Barlovento. Dieser folgen wir wenige Minuten links hinab, bis links eine Straße abzweigt (*PR LP 8*, *weiß-gelb*), die sogleich am Fußballplatz vorbeiführt. Nach 10 Minuten kreuzen wir die Hauptstraße und folgen immer geradeaus einem Fahrweg, der nach wenigen Minuten abermals die Hauptstraße kreuzt. Kurz darauf in **Barlovento** auf der Hauptstraße weiter. Nach 50 m zweigt links die Hauptstraße nach Gallegos ab, auf der wir nach 15 Minuten den **Mirador La Tosca** erreichen.

Am Ortsbeginn von Franceses – im Inselnorden begegnet man häufig Ziegenherden.

Von Roque Faro auf den Pico de la Cruz, 2351 m

Großartiger, aber beschwerlicher Anstieg zur Cumbre-Höhenstraße

Die Umgebung von Roque Faro gehört zu den reizvollsten Wanderregionen La Palmas: Ausgedehnte Kiefernwälder mit stattlichen Bäumen, saftige Wiesen und weit zur Küste hinabreichende Lorbeerwälder prägen diese Landschaft. Und hoch oben locken die Caldera-Randberge, die dank der Höhenlage Roque Faros von konditionsstarken Bergwanderern problemlos innerhalb eines Tages erstiegen werden können.

Ausgangspunkt: Bar-Restaurant Los Reyes in Roque Faro, 1010 m (Haltestelle der Buslinie 2), an der Hauptstraße Santo Domingo – Barlovento (LP-1).
Höhenunterschied: 1350 m (Pico de la Cruz zusätzlich 100 m).
Anforderungen: Der steile Auf- und Abstieg erfordert eine sehr gute Kondition und Trittsicherheit. Nur bei sicherem Wetter – im Winter bei Schneelage in den Hochlagen nicht zu empfehlen.
Einkehr: Bar-Restaurants in Roque Faro.
Kombinationsmöglichkeit mit den Touren 16, 21, 58, 60 und 63.
Hinweis: Wer die Wanderung nur im Abstieg begehen will, fährt mit dem Taxi bis zur Degollada de Franceses an der Höhenstraße LP-4 (Km 32,6, keine Busverbindung).

Vom Bar-Restaurant Los Reyes in **Roque Faro** (Wandertafel) gehen wir mit *PR LP 9* (*weiß-gelb*) gut 5 Minuten die Dorfstraße hinauf. Bei den ersten großen Kiefern zweigt der Wanderweg links auf eine steingepflasterte Forststraße ab und wendet sich nach 50 m halb links einem Camino zu. Er verläuft etwa

Auf dem Bergrücken Lomo los Corraletes – links im Bild der Ausgangsort Roque Faro.

höhehaltend durch den Hang und steigt nach 5 Minuten steil, in direkter Linie zum nächsten Bergrücken an. Hier treffen wir wieder auf die Forststraße. Wir nehmen diese nach links und gehen nach 100 m rechts auf einer Forststraße weiter bergan zu einer Forststraße (5 Min.), der wir nach links folgen. Nach gut 10 Minuten zweigt links ein Weg ab, der an einem Gebäude vorbei in den **Barranco de los Hombres** hinabführt, diesen quert und jenseits zu einem Fahrweg ansteigt (knapp 5 Min.). Diesem folgen wir rechts bergan, verlassen ihn jedoch bereits nach etwa 2 Minuten in einer scharfen Rechtskurve auf einem halb links abzweigenden Pflasterweg. Dieser führt in herrlicher Manier über einen Rücken bergan, trifft nach 10 Minuten auf einen

Kurze Verschnaufpause auf dem Lomo los Corraletes – beim Felskopf.

Fahrweg, setzt sich aber nach 50 m rechts fort und steigt sogleich wieder in Serpentinen bergan. Gut 5 Minuten später erreichen wir einen sonnigen, von Farn und Zistrosen bewachsenen Bergrücken, den **Lomo los Corraletes**, der den weiteren Aufstiegsweg vorgibt: immer die steile, waldfreie Feuerschneise auf der Kammhöhe des Bergrückens hinauf (sogleich einen quer führenden Forstweg kreuzend) – ein sehr anstrengendes Wegstück. Erst nach einer knappen Stunde verflacht sich der Bergrücken – der Weg führt nun sogar ein kurzes Stück leicht hinab und erreicht gleich nach einem kleinen Felskopf einen **Sattel**, 1792 m (10 Min.). Hier sollten Sie sich eine Verschnaufpause gönnen und die mächtige Steilwand der Cumbre auf sich wirken lassen.

Über diese geht es dann weiter hinauf, bald in Serpentinen. Knapp 10 Minuten ab dem Sattel gabelt

Fuente de la Tamagantera.

sich der deutliche, von Steinen eingefasste Weg – hier weiter auf dem ansteigenden Camino (links zieht ein Pfad durch die Steilwand und den hier ansetzenden Barranco de Franceses). Auch an der Gabelung 5 Minuten darauf verbleiben wir auf dem links ansteigenden Camino (nicht rechts abzweigen). Er führt, unterbrochen von einem kurzen Linksquergang am Fuß einer Felswand, weiterhin

Im Frühsommer blüht in den Hochlagen der Teide-Ginster.

recht steil bergan und lässt allmählich die letzten windzerzausten Kiefern hinter sich. Eine knappe Stunde nach dem Sattel kommen wir links an einer schönen Lavamauer vorbei; die Höhenstraße und die Observatorien rücken nun immer näher. 5 Minuten später passieren wir eine kleine, zu einem Lager- und Rastplatz umfunktionierte Höhle und die Fuente de la Tamagantera. Gut 10 Minuten danach mündet der Camino in eine von Barlovento heraufkommende Forststraße, die uns rechts in 5 Minuten zur Höhenstraße LP-4 bringt. Auf dieser sind es (rechts) nur mehr 100 m bis zur **Degollada de Franceses**, 2297 m, die einen großartigen Blick in die Caldera und zur Nordküste eröffnet. Wer noch weiter will zum **Pico de la Cruz**, der folgt dem Wanderweg *GR 131* (*weiß-rot*), der links über den Kamm der Cumbre ansteigt (½ Std. einfach).

Wetterstation auf dem Gipfel des Pico de la Cruz.

21 Von Roque Faro nach El Tablado

Mühsamer Abstieg am Rand des Barranco de los Hombres

Ausgangspunkt: Bar-Restaurant Los Reyes in Roque Faro, 1010 m (Haltestelle der Buslinie 2), an der Hauptstraße Santo Domingo – Barlovento (LP-1).
Höhenunterschied: Gut 700 m.
Anforderungen: Die Wanderung erfordert Trittsicherheit und gute Kondition – der Rückweg ist evtl. stark verwachsen.
Einkehr: Bar-Restaurants in El Tablado und in Roque Faro.
Varianten: Rückweg über Franceses (*PR LP 9.1*, 3½ Std.; nur bis Franceses empfehlenswert, danach teilweise sehr steile Betonstraßen und zuletzt Hauptstraße): Vorbei am Mirador El Topo setzt sich ein Camino fort, der nach 5 Min. auf den *GR 130* (*weiß-rot-gelb*) trifft. Die steingepflasterte Königsweg führt rechts hinab in den gewaltigen Barranco de los Hombres. Er passiert nach gut 5 Min. ein großes Felstor, etwa 20 Min. später erreicht er den Grund der Schlucht. Man folgt nun dem Bachbett ein kurzes Stück nach links und trifft auf einen Fahrweg, der auf der rechten Talseite weiter in Richtung Meer führt (nach 20 m rechts Abkürzungsmöglichkeit auf steilem Pfad). Nach ¼ Std. mündet der Fahrweg in eine Straße, der man rechts bergan folgt (links die nahe Strandsiedlung La Fajana). Nach knapp 10 Min. zweigt links der markierte Wanderweg ab (Tafel). Er führt steil, in Serpentinen bergan und trifft nach 25 Min. wieder auf die Straße. 25 Min. später zweigt der *GR 130* links ab eine Betonstraße ab. Sie geht nach 5 Min. in einen Fahrweg über, den man nach 50 m halb rechts auf einem Camino verlässt. Er durchschreitet einen kleinen Barranco mit zahlreichen Dragos und mündet nach 5 Min. in die breite Dorfstraße von Franceses, 460 m, ein (1¾ Std. von El Tablado; Telefon links an der Plaza des Ortsteils Los Machines, nächste Haltestelle der Buslinie 11 an der Hauptstraße Barlovento – Roque Faro). Der *PR LP 9.1* (*weiß-gelb*) setzt sich gegenüber auf der Betonstraße fort. Nach 50 m geradeaus weiter auf dem Camino, ein paar Minuten später auf der geradeaus steil ansteigenden Betonstraße (nach 10 Min. nicht rechts abzweigen), die nach 15 Min. auf die Hauptstraße LP-1 trifft. Nach 50 m rechts auf Camino über steilen Rücken durch Buschwald bergan, in den sich zunehmend Kiefern mischen. Nach gut 15 Min. auf Forstweg weiter bergan. Dieser trifft wenige Minuten später wieder auf die Hauptstraße LP-1, der man 50 m nach rechts folgt, um scharf links auf der Forststraße anzusteigen. Auf dieser immer geradeaus bergan bis zu einer Linkskurve mit Holzkreuz neben einem Haus (20 Min.) – hier halb rechts auf dem leicht abwärts führenden Weg weiter. Er quert einen Barranco, gleich danach halb links auf Camino hinauf zur Straße LP-109 (Pista de las Mimbreras, 10 Min.). Dieser folgt man nach rechts zur Hauptstraße LP-1 (gut 5 Min.), die links in gut 15 Min. nach Roque Faro führt (1¾ Std. ab Franceses).
Abstieg in den Barranco Carmona / Barranco del Pinalejo (1¼ Std. hin und zurück ab Wanderweg): Die Piste führt in 25 Min. hinab zum Grund der Schlucht. Talaufwärts setzt sich ein Weg fort, der nach einigen Minuten in einem großartigen Talschluss mit einer Galería und mit weit über 10 m hohen Efeugirlanden endet.
Kombinationsmöglichkeit mit den Touren 19, 20, 22, 23 und 25.

Der alte Verbindungsweg zwischen Roque Faro und dem malerischen Dorf El Tablado verläuft häufig durch den Wald und eröffnet zum Abschluss weite Ausblicke auf die Nordküste. Nicht ganz so eindrucksvoll ist der Rückweg, auf dessen zweiter Hälfte wir stetig die Cumbre vor Augen haben – er war im Sommer 2007 so stark verwachsen, dass er nur noch bedingt empfohlen werden kann. Konditionsstarke Wanderer können in El Tablado auch eine Durchquerung des eindrucksvollen Barranco de los Hombres zum Nachbardorf Franceses anhängen und von dort nach Roque Faro zurückkehren.

Wir gehen vom Bar-Restaurant Los Reyes in **Roque Faro** mit PR LP 9.1 (*weiß-gelb*) hinab zur Hauptstraße, überqueren diese und wenden uns rechts dem Fahrweg zu, der auf dem Bergrücken hinausführt (nicht rechts abwärts abzweigen). Der Weg passiert einen Dreschplatz und 100 m danach einen Trafoturm, anschließend senkt er sich – nun teilweise steingepflastert – steil über den Rücken hinab zu einem zementierten Fahrweg (10 Min.), dem wir weiter abwärts folgen. Er geht kurz darauf beim letzten Haus in einen Feldweg über, führt 200 m rechts durch den Hang und dann wieder links weiter abwärts. Nach gut 5 Minuten heißt es aufgepasst: 15 m nach einer scharfen Rechtskurve zweigt scharf links ein Fahrweg ab. Er führt in einem dicht bewaldeten Taleinschnitt hinab und kommt nach wenigen Minuten rechts von einer Quelle vorbei. 30 m nach der Quelle gabelt sich der Fahrweg – hier halb rechts weiter. Knapp 5 Minuten später treffen wir auf ein allein stehendes **Haus**. Hier gabelt sich der Fahrweg abermals. Wir gehen links – rechts am Haus vorbei – weiter und erreichen nach etwa 100 m eine scharfe Linkskurve, in der scharf rechts ein alter Camino in den Wald abzweigt. Er verläuft leicht absteigend durch den Hang und ist mitunter etwas verwachsen, aber gut zu begehen. Bald senkt sich der Weg spürbar, in Serpentinen, ab,

Der Weg führt meist durch Buschwald.

um nach einigen Minuten in einen quer führenden Fahrweg einzumünden. Wir folgen dem Fahrweg gut 50 m nach links und biegen vor der Linkskurve rechts auf einen Weg ab. Dieser tritt nach 30 m links in den Wald ein und leitet gemütlich, meist ansteigend durch den Hang – stellenweise ist er etwas farnverwachsen. Zuletzt verläuft unser Camino auf einem breiten, etwas stärker verwachsenen Band durch die Steilwand oberhalb des Barranco de los Hombres und trifft nach einigen Minuten auf dem nächsten Bergrücken neben einer kleinen Zisterne auf einen Fahrweg. Diesem folgen wir rechts über den Bergrücken hinab. Er ist alsbald zementiert und geht wenig später in einen schönen Pflasterweg über, der nach wenigen Minuten an einem Steinhaus vorüberführt. Gleich danach wendet sich der Weg links dem Barranco zu. Im Talgrund (oberhalb eine Quelle) führt er kurz talwärts und verläuft wieder links durch den Hang. Nach 10 Minuten schließlich mündet der Weg in die Straße nach El Tablado, die nun die weitere Abstiegsrichtung vorgibt.

Nach 100 m, bei einem kleinen Steinhaus, kreuzt ein deutlicher Weg die Straße (links unser späterer Rückweg), dem wir rechts hinabfolgen. Er passiert sogleich ein kleines Wasserreservoir und verläuft immer am Rand des Barranco de los Hombres, wobei er zweimal die Straße berührt. Ab der dritten Straßenkehre (10 Min.) wandern wir auf der Straße weiter hinab, bald vorbei am Bar-Restaurant Mirador El Moral (Dienstag Ruhetag; fantastischer Aussichtsplatz mit Blick auf den Barranco Fagundo). Nach etwa 10 Minuten gabelt sich die Straße im Zentrum von **El Tablado**, 338 m (keine Busverbindung, Taxi Tel. 922 400103). Links könnte man zum Barranco Fagundo absteigen (→Tour 22). Wir gehen geradeaus weiter in Richtung Mirador El Topo, passieren die Dorfbar und erreichen kurz darauf die kleine Aussichtsplattform auf dem Dach des letzten Hauses, von der man einen großartigen Blick über den Barranco de los Hombres zum benachbarten Dorf Franceses genießt.

Nach einer ausgiebigen Rast gehen wir zurück zum kleinen Steinhaus an der Straße (1,5 km ab Ortszentrum) und wandern auf dem schönen, mitunter stärker verwachsenen Pflasterweg weiter bergan (falls der Weg verwachsen ist, folgt man besser knapp 10 Min. der Straße bis zum Fahrwegabzweig zum Friedhof; sollte der Weg auch hier verwachsen sein, so kehrt man besser auf dem Abstiegsweg zurück nach Roque Faro – alternativ

Das malerische Dorf El Tablado.

kann man natürlich auch auf der wenig befahrenen Straße aufsteigen). Er trifft nach 5 Minuten wieder auf die Straße, der wir nun für wenige Minuten folgen, bis rechts ein betonierter Fahrweg zum Friedhof (Cementerio) abzweigt. Von diesem setzt sich nach 30 m scharf links der alte, hohlwegartige Pflasterweg fort. Er trifft nach 5 Minuten abermals auf die Straße, verlässt sie aber nach 50 m, vor der nächsten Rechtskurve, wieder nach links. Wenige Minuten später kreuzt er bei einem Haus nochmals die Straße. Der Camino geht hier in einen verwilderten Fahrweg über und mündet nach 20 Minuten in eine Piste (rechts Abstiegsmöglichkeit in den Barranco Carmona, →Varianten), die uns in knapp 10 Minuten wieder zur Straße hinaufbringt (Km 2,3; 868 m). Wir wandern nun auf der wenig befahrenen Straße weiter bergan. Nach einer guten Viertelstunde – mittlerweile haben wir den Buschwald verlassen – biegen wir links auf einen Fahrweg ab. Er ist etwas verwachsen und führt leicht ansteigend durch den Hang (immer dem Hauptweg folgen). Nach insgesamt gut 10 Minuten vereint sich unser Fahrweg bei großen Kiefern mit einem anderen Fahrweg. Wir folgen diesem rechts bergan, am Rand eines Taleinschnitts entlang, und treffen nach einigen Minuten bei einem Haus auf einen Fahrweg, den wir nach 10 m wieder auf einem links durch das Tal abzweigenden Fahrweg verlassen (*PR LP 9, weißgelb*; rechts führt der Wanderweg über La Zarza nach Santo Domingo de Garafía). Dieser bringt uns in gut 10 Minuten durch herrlichen Kiefernwald zur Hauptstraße in **Roque Faro** (Schulhaus), die wir kreuzen. Nach weiteren 150 m ist das Bar-Restaurant Los Reyes erreicht.

22 Von El Tablado nach Don Pedro

4.15 Std.

Durchquerung des vielleicht schönsten Barrancos La Palmas

El Tablado, malerisch auf einem breiten Geländerücken zwischen den tiefen Schluchten des Barranco Fagundo und des Barranco de los Hombres gelegen, ist eines der schönsten und ursprünglichsten Dörfer La Palmas. Hier nimmt eine der eindrucksvollsten Touren der Insel ihren Anfang: die Wanderung durch den Barranco Fagundo.

Ausgangspunkt: Ortszentrum von El Tablado, 338 m (nächste Haltestelle der Buslinie 2 an der Hauptstraße LP-1, von dort 6 km auf guter, jedoch steiler Straße; Parkplatz am Ortsanfang beim Bar-Restaurant Mirador El Moral, von dort gut 5 Min. zur Straßengabelung im Ortszentrum).
Höhenunterschied: Insgesamt 850 m.
Anforderungen: Anstrengende, im Sommer schweißtreibende Wanderung auf teilweise steilem, aber gutem Camino real. Evtl. Badesachen mitnehmen.
Einkehr: Bar-Restaurant Mirador El Moral in El Tablado (Dienstag Ruhetag).
Variante: Abstecher zum Porís de Don Pedro (¾ Std. einfach): Nach dem Gehöft mit dem großen Drago (s.u.) rechts auf Fahrweg hinab, der zu einem allein stehenden Haus führt. Gut 50 m vor dem Haus bzw. 20 m nach der Rechtskurve zweigt links ein deutlicher Pfad ab, der sich über den Wiesenrücken hinabschlängelt. Er geht nach 5 Min. am Rand der Hochfläche in einen etwas verwilderten Pflasterweg über, der teilweise luftig, mit herrlichem Blick auf die Küste, zu der Landspitze hinableitet, um auf ihrer Rückseite vollends zum Meer hinabzuführen.
Kombinationsmöglichkeit mit den Touren 21, 23 und 25.

Wir wandern an der Straßengabelung im Ortszentrum von **El Tablado** links die Betonstraße hinab, zwischen Gärten und Häusern hindurch, passieren einen Waschplatz und gehen geradeaus weiter, bis links ein Pflasterweg abzweigt (*GR 130*, weiß-rot). Er führt zunächst weiter auf dem Rücken hinab, um sich dann links dem **Barranco Fagundo** zuzuwenden. Die steileren Passagen des kurvenreichen Königsweges sind etwas unangenehm zu gehen. Nach einer Dreiviertelstunde ist der Barrancogrund erreicht – wir befinden uns hier nur wenige Meter über dem Mee-

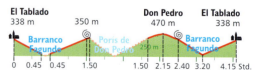

Der Camino durch den Barranco Fagundo verwöhnt den Wanderer mit einer üppigen Trockenvegetation und grandiosen Ausblicken auf das Meer.

resspiegel, zur Mündung der Schlucht ins Meer sind es nur gut 5 Minuten (ein abenteuerlicher Abstecher: die letzte Felsstufe zum schmalen Sandstreifen überwindet man mit Hilfe einer primitiven Holzleiter).
Auf der anderen Seite geht es wieder steil nach oben. Der Weg biegt in ein Seitental mit einer unbeschreiblichen Vielfalt an Trockengewächsen ein, um dann in einem weiten Bogen und mit fantastischen Tiefblicken zur Steilküste den Bergrücken zu erklimmen. Sobald wir den Barrancorand erreichen, folgen wir diesem nach oben, bis schließlich nach einer Stunde (ab Barrancogrund) eine mannshohe Steinsäule mit eingemauerter Felsgravierung – ein großartiger Aussichtsplatz! – und 50 m danach ein erstes allein stehendes Bauernhaus erreicht sind. Von hier führt eine Betonstraße weiter aufwärts in Richtung La Zarza (→Tour 23) – wir aber verbleiben auf dem *GR 130*, der dem rechts abzweigenden Fahrweg folgt. Nach knapp 5 Minuten passiert er ein Gehöft mit einem großen Drago (hier zweigt rechts ein Fahrweg in Richtung Porís de Don Pedro ab, →Variante), 10 Minuten später zweigt der *weiß-rot* markierte Wanderweg rechts ab auf einen Camino, der uns in 10 Minuten zur Plaza von **Don Pedro**, 470 m, hinüberführt.

23 Von La Zarza nach Don Pedro

4.30 Std.

Großartiger, abenteuerlicher Abstieg durch Urwald-Barrancos

Die Wanderung durch die noch nahezu unberührten Lorbeerwälder des Barranco de La Zarza und des Barranco Magdalena ist ein Tipp für abenteuerlustige Naturfreunde. Sie verspricht ein Urwalderlebnis allererster Güte und ist eine der schönsten, eindrucksvollsten Touren auf der Insel.

Ausgangspunkt: Parque Cultural La Zarza, 1000 m (Haltestelle der Buslinie 2), an der Hauptstraße Santo Domingo – Roque Faro (LP-1), beim Weiler San Antonio del Monte.
Höhenunterschied: Knapp 800 m.
Anforderungen: Überwiegend guter, weitgehend unschwieriger Wanderweg. Er verläuft teilweise in einem Bachbett und sollte daher nach Regenfällen gemieden werden (Bach führt mitunter Wasser).
Einkehr: Bar-Restaurant in La Mata.
Variante: Rundtour über El Tablado und Roque Faro (nur für konditionsstarke Wanderer, insgesamt 7 Std.): Im östlichen Ortsteil von Don Pedro mit Tour 25 durch den Barranco Fagundo nach El Tablado (1½ Std.). Mit dem Aufstiegsweg von Tour 21 weiter, bis sich dieser 10 Min. vor Roque Faro mit dem weiß-gelb markierten Wanderweg *PR LP 9* vereint (2¼ Std.). Diesem folgt man nach rechts, nach 5 Min. die Straße nach El Tablado kreuzend. Bald darauf geht der Fahrweg in einen Camino über. Er kreuzt nach 5 Min. den Barranco Carmona und steigt zu einem Fahrweg an. 2 Min. später an Gabelung bei Haus links und immer geradeaus weiter (nach gut 5 Min. für wenige Minuten auf Camino), nach 15 Min. durch den Barranco Capitán. Wenige Minuten später lohnt rechts ein kurzer Wegabstecher zur Fuente del Capitán (idyllischer Urwald-Taleinschnitt), bald darauf mündet die Piste in La Mata in die Hauptstraße LP-1. Gegenüber weiter auf der Straße, vorbei am Bar-Restaurant La Mata, und 50 m danach auf Weg hinab zur Hauptstraße LP-1 (gut 5 Min.), von der nach 50 m links ein Treppenweg zum Centro de Visitantes hinabführt (1¼ Std. ab Roque Faro).
Kombinationsmöglichkeit mit den Touren 22 und 25.
Hinweise: Der Parque Cultural La Zarza ist täglich 11–17 Uhr (Winter) bzw. 11–19 Uhr (Sommer) geöffnet. Don Pedro ist nicht an das Busnetz angeschlossen.

Wir wenden uns vor dem Gebäude des **Parque Cultural La Zarza** dem Fahrweg zu, der in einem Tunnel die Hauptstraße unterquert (*PR LP 9.2 / 9.3, weiß-gelb*). Kurz nach dem Tunnel folgt eine Linkskurve des Fahrweges (Schautafel ›Las Cuevas‹, kleine Felswand mit Höhlen), vor der links ein Wanderweg abbiegt, der am Bachbett des Barranco de La Zarza entlangführt. Er passiert einen mit Steinen eingefassten Guanchen-Wohnsitz (auf der rechten Talseite) und Petroglyphen (Spiralen, links über dem Weg) und trifft nach 5 Minuten auf einen Fahrweg. Wir folgen diesem nach rechts und verlassen ihn in der folgenden Rechtskurve wieder auf dem links abzweigenden Treppenweg. Er führt hinab in einen fantastischen Talkessel, wie er von der Natur nicht schöner modelliert werden könnte: Urwald pur, mit Efeu, der aus dem dichten Blätterdach bis in den Barrancogrund herabrankt; am Talschluss nach Regenfällen ein kleiner Wasserfall! Der Taleinschnitt gibt nun den weiteren Wegverlauf vor. Nach einigen Minuten tritt der Weg vorübergehend aus dem Urwald heraus – Apfelbäume begleiten uns –, dann wechselt er über auf die rechte Talseite und senkt sich bald darauf hinab in einen weiteren, noch eindrucksvolleren Talkessel (Caboco La Catedral). Bevor der Weg vollends zum Barrancogrund absteigt, führt er im Halbkreis durch die Felswand auf der Rückseite des Kessels. Anschließend überquert er das Bachbett, um auf der rechten Talseite oberhalb des tief eingeschnittenen Barrancos weiter talwärts zu führen. Nach kurzem Auf und Ab senkt sich der Weg hinab in einen dritten, nicht minder schönen Talkessel, um auf die linke Talseite überzuwechseln (im Talschluss Wasserfall und -stollen). 20 m nach der Brücke gabelt sich der Weg (der gerade Hauptweg führt nach San Antonio del Monte, →Tour 24). Wir verbleiben mit *PR LP 9.2* rechts im gele-

Einstieg in das Urwaldabenteuer.

gentlich Wasser führenden Bachbett und passieren gleich darauf eine gefasste Quelle (**Caldera de Agua**). Ohne größere Hindernisse wandern wir nun im bzw. neben dem Bachbett des Barranco Magdalena weiter. Nach gut 10 Minuten ignorieren wir einen halb links entlang einer Wasserleitung abzweigenden Wanderweg (*SL VG 50*), 15 Minuten später lichtet sich plötzlich für ein paar Meter der Wald. Der Weg umgeht nun eine unangenehme Felsstufe und senkt sich hinab zum Bachbett. 5 Minuten danach endet die Schluchtpartie: unser Weg steigt auf der rechten Talseite steil an. Nach knapp 10 Minuten passieren wir eine Quellhöhle (Charca) rechts des Weges, wenige Minuten später die **Fuente La Vica**. Knapp 5 Minuten später erreichen wir die Straße nach Don Pedro (Einmündung neben einer Plaza mit einem Oratorium des San Miguel, 2,5 km von La Zarza).

Im eindrucksvollen Talkessel Caboco La Catedral.

Wir folgen der Straße links hinab (nach 50 m ignorieren wir die rechts abzweigende Straße, unser späterer Rückweg) und biegen nach 100 m neben dem Wasserverteiler geradeaus (rechts) auf den Fahrweg ab, der parallel zur Straße abwärts führt. Er geht bald in einen breiten Pflasterweg über und kreuzt nach 10 Minuten einen Fahrweg (links die Straße). Knapp 10 Minuten später kommen wir an einem Wasserverteiler vorbei. Gut 5 Minuten danach mündet der Camino in einen Fahrweg, den wir nach 50 m auf dem geradeaus weiterführenden Weg verlassen. An der Gabelung nach 10 m verbleiben wir auf dem geraden Weg (schöner Rastplatz mit Blick über den Barranco Fagundo zur Cumbre und nach Franceses und Gallegos). Er führt auf der linken Kammseite gemüt-

Blick vom Abstiegsweg nach Don Pedro und zu den Windrädern von Juan Adalid.

lich durch den Hang und leitet nach wenigen Minuten nach rechts auf einen Bergrücken, der uns den Barranco Fagundo zu Füßen legt. Nun ist es nicht mehr weit hinab zu den ersten Häusern von Don Pedros östlichem Ortsteil. Kurz nach dem ersten Haus treffen wir auf einen Fahrweg, der uns (nach 50 m zementiert) zu einem Gehöft hinabbringt. Hier wenden wir uns links dem Fahrweg zu (*GR 130, weiß-rot-gelb*; geradeaus Abstiegsmöglichkeit in den Barranco Fagundo und weiter nach El Tablado, →Tour 25). Nach einer Viertelstunde verlassen wir den Fahrweg auf einem rechts abzweigenden Camino – gut 10 Minuten später, zuletzt über Stufen, erreichen wir die Plaza von **Don Pedro**, 470 m, mit dem ehemaligen Schulhaus.

Wer nicht auf demselben Weg nach La Zarza zurückkehren will, der kann auch mit dem Wanderweg *PR LP 9.2* (*weiß-gelb*) die Straße hinaufwandern. Nach 10 Minuten mündet eine steile Betonstraße von Don Pedros westlichem Ortsteil ein, eine gute halbe Stunde später (50 m vor dem Oratorium des San Miguel) zweigt die Wanderroute links auf eine Straße ab. Nach knapp 10 Minuten, 50 m vor einem Gehöft, biegen wir scharf rechts auf einen betonierten Fahrweg ab, der über einen Bergrücken emporführt, bald vorbei an einem Haus (Riesenaginasten!). Gleich danach verschmälert sich der Fahrweg – er führt nun durch Buschwald und kann mitunter stärker verwachsen sein. Nach 20 Minuten mündet er in einen Fahrweg, den wir weiter aufwärts verfolgen (nach 4 Min. links). Er mündet nach einer knappen Viertelstunde in ein Sträßchen, das 10 Minuten später in die Hauptstraße LP-1 einmündet. Dieser folgen wir 200 m nach rechts (nach 50 m mündet die Straße von Don Pedro ein) und gelangen links über Treppen hinab zum Parkplatz vor dem **Parque Cultural La Zarza**.

24 Von La Zarza zur Ermita San Antonio

2.10 Std.

Kleine, gemütliche Rundtour durch den großartigen Barranco de La Zarza

Für Wanderer, die nicht den langen, anstrengenden Abstieg nach Don Pedro auf sich nehmen und dennoch den reizvollen Barranco de La Zarza kennen lernen wollen, bietet sich diese schöne, gemütliche Rundtour an.

Ausgangspunkt: Parque Cultural La Zarza, 1000 m (Haltestelle der Buslinie 2), an der Hauptstraße Santo Domingo – Roque Faro (LP-1), beim Weiler San Antonio del Monte.
Höhenunterschied: Etwa 250 m.
Anforderungen: Leichte Wanderung, die etwas Trittsicherheit voraussetzt – unterwegs gut auf Abzweigungen achten!
Variante: Von der Ermita San Antonio nach Santo Domingo oder nach Llano Negro: 50 m gegenüber dem Kapelleneingang zweigt von der Zufahrtsstraße in westlicher Richtung ein Fahrweg ab. Er führt unter dem Sendemast-Gipfel des San Antonio vorbei zu einer Anhöhe hinauf (5 Min.; an Kreuzung geradeaus) und jenseits bergab. Gut 10 Min. später zweigt in scharfer Linkskurve rechts ein von einer Wasserleitung begleiteter, weiß-gelb markierter Camino ab. Er kreuzt den Fahrweg und trifft bei Häusern abermals auf den Fahrweg, dem man links durch den Barranco de la Luz (links Fuente de la Hiedra) folgt. Am nächsten Bergrücken (40 Min. ab Ermita) mündet links eine Forststraße ein (SL VG 51, weiß-grün, →Tour 26), die direkt nach Llano Negro hinaufführt (gut ½ Std., zwischendurch Camino; Haltestelle der Buslinie 2). Wer nach Santo Domingo will, biegt an dieser Stelle rechts ab und folgt →Tour 26.
Kombinationsmöglichkeit mit Tour 23.

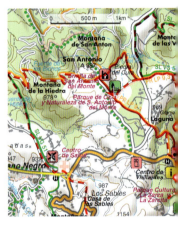

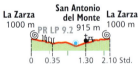

Tipp: Besuch des Parque Cultural La Zarza (tägl. 11–17 Uhr [Winter] bzw. 11–19 Uhr [Sommer] geöffnet): Durch den Archäologischen Park führt ein schöner Wanderweg, der in 15 Min. zu den Petroglyphen von La Zarza (oberhalb der Fuente de la Zarza) und von La Zarcita (im Seitental rechts der Quelle) leitet.

Der Wanderweg vom **Parque Cultural La Zarza** durch den Barranco de La Zarza ist zunächst identisch mit →Tour 23 (siehe dort). An der Weggabelung im dritten Talkessel verbleiben wir auf dem geraden Hauptweg

(*PR LP 9.3*), der nun auf der linken Talseite verläuft. 20 m danach gabelt sich der Camino abermals – hier rechts. Der Weg führt durch den Hang bergan und trifft nach 10 Minuten auf einer Anhöhe auf einen Fahrweg. Wir folgen diesem nach links, halten uns an der Gabelung nach 100 m rechts und an der nächsten Gabelung nach weiteren 100 m links (Vereinigung mit *SL VG 50, weiß-grün*). 30 m danach eine Wegekreuzung. Wir gehen hier geradeaus weiter (nach 10 m halb links) auf dem markierten Camino. Er trifft nach gut 5 Minuten auf die Straße nach Juan Adalid (hier verabschiedet

Caldera de Agua.

sich *SL VG 50* nach rechts, eine etwa 1-stündige Rundtour um die Montaña de las Varas mit Abstiegsmöglichkeit zur Caldera de Agua). Auf der anderen Seite setzt sich eine Pistenstraße zur Ermita San Antonio fort, die wir jedoch nach 40 m nach rechts verlassen, um nach 20 m mit dem Wanderweg links in den Buschwald abzubiegen (Tafel). Nach 5 Minuten senkt sich der Pfad etwas steiler über einen kleinen Bergrücken hinab, 5 Minuten später trifft er auf einen quer führenden Weg. Wir folgen diesem links hinab und halten uns an der folgenden Gabelung links taleinwärts, um kurz darauf bei einer gefassten Quelle (Fuente del Río) auf die andere Talseite überzuwechseln. Rechts haltend gelangen wir auf einen Fahrweg, dem wir links bergan folgen. Nach wenigen Minuten kann man halb links einen 2-minütigen Abstecher entlang dem Bachbett zu einem kleinen Talschluss mit einem großen Felsblock (Piedra del Cura) unternehmen, 10 Minuten später erreichen wir auf dem Fahrweg die **Ermita San Antonio del Monte**, 915 m.

Wir wandern nun links mit *PR LP 9 (weiß-gelb)* an der Kirche und am großen Freizeitpark (Parque de Ocio y Naturaleza de San Antonio del Monte) vorbei weiter. Nach 5 Minuten kreuzen wir eine breite Pistenstraße und gehen geradeaus auf dem Fahrweg in Richtung La Zarza weiter. Nach wenigen Minuten gabelt sich der Fahrweg – hier geradeaus weiter. 2 Minuten später zweigt halb links ein Camino ab, der uns in 5 Minuten zur Straße nach Juan Adalid hinüberbringt. Gegenüber setzt sich, rechts vorbei an ein paar Häusern, eine Straße fort, die wir nach 5 Minuten in einer Rechtskurve auf einem geradeaus abzweigenden Fahrweg verlassen (man kann auch mit *PR LP 9* auf der Straße weitergehen, nach 5 Min. an der Hauptstraße links). Er senkt sich hinab in den Barranco de La Zarza. Nach 5 Minuten erreichen wir eine scharfe Linkskurve im Barrancogrund. Hier zweigt scharf rechts der bereits vom Hinweg bekannte Camino ab, der uns durch das Tal und den Tunnel in 10 Minuten zum **Parque Cultural La Zarza** zurückbringt.

25 Von Santo Domingo nach El Tablado

5.30 Std.

Küstenwanderung auf der »Ruta Verde« durch den einsamen Nordwesten

Dieser Wanderweg durch den äußersten Nordwesten La Palmas ist ein absoluter Klassiker und wird allen Ansprüchen gerecht: Wer nur einen gemütlichen Spaziergang im Sinn hat, der wird es mit einem Ausflug in das einsame Nest El Palmar bewenden lassen. Konditionsstarke Wanderer hingegen werden sich den Königsweg bis nach El Tablado nicht nehmen lassen.

Ausgangspunkt: Plaza / Kirche von Santo Domingo de Garafía, 356 m (Haltestelle der Buslinie 2).
Endpunkt: El Tablado, 338 m (nächste Haltestelle der Buslinie 2 an der Hauptstraße LP-1, 6 km).
Höhenunterschied: Gut 800 m im Auf- und im Abstieg.
Anforderungen: Lange, aufgrund der zahlreichen Barranco-Durchquerungen sehr anstrengende Streckenwanderung. Der Weg wird immer wieder freigeschnitten, aber dennoch können manche Passagen stärker verwachsen sein (Stöcke empfehlenswert).
Einkehr: Bar-Restaurants in Santo Domingo und El Tablado.
Kombinationsmöglichkeit mit den Touren 19, 21 und 23.

Wir gehen über die Plaza von **Santo Domingo** geradeaus an den Rand des Barranco de la Luz heran. 25 m nach rechts, dann zweigt links ein Camino real ab (*GH 130, weiß-rot*), der steil in den Grund des Barrancos hinab- und auf der anderen Seite wieder hinaufführt – abseits des Weges einige Drachenbäume und Höhlen. Dort trifft der Camino bei einem Haus auf einen Fahrweg, den wir nach

50 m nach rechts verlassen. Kurz darauf kreuzt unser Camino abermals den Fahrweg (nach 20 m Gatter bitte wieder schließen, ebenso das Gatter einige Minuten später!). Vorbei an allein stehenden, meist verlassenen Gehöften, trifft unser Camino nach einer halben Stunde wieder auf einen Fahrweg, den wir nach 100 m wieder geradeaus auf dem Camino verlassen. Er mündet nach 5 Minuten wieder in den Fahrweg (leichte Kletterstelle), den

Nahezu verlassen – der Weiler El Palmar.

wir nach links verfolgen. Wir passieren nun einen malerischen Mini-Barranco mit mehreren Höhlen. Nach wenigen Minuten – wir befinden uns vor einem Gehöft – zweigt der Wanderweg rechts ab und führt unmittelbar oberhalb von **El Palmar** vorbei: eine pittoreske Ansammlung von Häusern, verwildert und nur teilweise bewohnt (Verkauf von Ziegenkäse).

Gleich nach den letzten Häusern führt der Camino real hinab in den Grund des Barranco El Palmar, um auf der Gegenseite wieder steil anzusteigen und zu einem allein stehenden Haus hinüberzuführen. 15 m vor dem Haus wendet sich der Camino nach rechts, führt nach 100 m rechts von einem Gehöft mit Palme vorbei und vereint sich wenig später mit einem Fahrweg, den wir aber bereits in der folgenden Rechtskurve wieder auf dem links abzweigenden Weg verlassen. Er trifft kurz darauf abermals auf einen Fahrweg, mit dem wir den folgenden Barranco durchqueren. Oberhalb des Weilers **El Mudo** gabelt sich der Fahrweg. Wir halten uns hier rechts und wenden uns in der nächsten Rechtskurve wieder dem links abzweigenden Pflasterweg zu. Er führt nach wenigen Minuten an einer gefassten Quelle (Charco) vorbei. Bald darauf baut sich vor uns die bisher eindrucksvollste Schlucht der Wanderung auf, der Barranco de Domingo Díaz – darüber, auf dem nächsten großen Bergrücken, sehen wir bereits die Windräder von Juan Adalid, unserem nächsten Etappenziel. Nach knapp 10-minütiger Hangquerung erreichen wir den Grund der Schlucht (Gatter). Anschlie-

Bei El Tablado – Rückblick auf den Barranco Fagundo und zum Porís de Don Pedro.

Bend steigt der Camino in Serpentinen hinauf zur nächsten Hochfläche (¼ Std.). Oben angekommen, durchschreiten wir das Gatter und folgen dem von Baumheide eingefassten Weg. Er kreuzt alsbald einen Fahrweg und führt hinüber zum Geländerücken von **Juan Adalid**. Am ersten Haus gehen wir rechts vorbei, kreuzen die von San Antonio del Monte kommende Zufahrtsstraße und folgen geradeaus dem Fahrweg zwischen den Windrädern hindurch. Nach 10 Minuten führt der Fahrweg oberhalb eines allein stehenden Hauses vorbei. Hier zweigt halb rechts der markierte Camino real ab. Er führt zwischen Baumheidebüschen durch den Hang und durchquert in der Folge zwei kleine Barrancos, die mitunter etwas verwachsen sein können. Nach gut 10 Minuten gabelt sich der Weg vor einem Leitungsmast. Wir verbleiben auf dem geraden, ebenen Weg und gelangen so zu einem Bergrücken (Kreuz), auf dem ein von San Antonio del Monte herabkommender Weg einmündet. Vor uns sehen wir nun bereits Don Pedro, nach oben reicht der Blick bis zum Roque de los Muchachos. Wir gehen geradeaus weiter auf dem Camino, der jetzt in den Barranco de Valle Rey hineinführt. Nach gut 5 Minuten kommen wir an ein paar Häuschen vorüber. Wir lassen diese links liegen und steigen vollends hinab in den Grund der Schlucht (¼ Std.). Vereinzelt sehen wir hier Lorbeerbäume, Brombeeren ranken von den Bäumen und den Felswänden herab. Der Weg kann hier mitunter ziemlich stark verwachsen und abschüssig sein. Er steigt nun auf der anderen Talseite kurz steil an und führt dann links auf einem Band durch die Felswand hinüber zu den ersten Häusern von **Don Pedro**, 470 m (20 Min.). Hier kreuzen wir einen Betonfahrweg und folgen dem hangquerenden Fahrweg, der uns in 5 Minuten zur Straße mit der Plaza und dem Schulhaus bringt.

25 m vor dem ehemaligen Schulhaus zweigt von der Plaza rechts der ausgeschilderte Camino real nach El Tablado ab. Er führt kurz über Stufen hinab und verläuft anschließend gemütlich durch den Hang, um nach 10 Minuten in einen Fahrweg einzumünden. Dieser leitet uns in 15 Minuten hinüber zu einem letzten Gehöft am Rand des Barranco Fagundo, an dem sich der Fahrweg gabelt (rechts Aufstiegsmöglichkeit mit PR LP 9.2 nach La Zarza, →Tour 23). Hier wandern wir links über den Bergrücken auf dem breiten Weg hinab und passieren nach 50 m eine mannshohe Steinsäule mit eingemauerter Felsgravierung – ein großartiger Aussichtsplatz mit schönem Blick nach El Tablado und auf den weiteren Wegverlauf. Knapp 10 Minuten später befinden wir uns direkt oberhalb der senkrecht abfallenden Steilküste. Der Camino wendet sich jetzt rechts dem Barranco Fagundo zu. In zahlreichen Serpentinen windet sich der Weg hinab in die gewaltige Schlucht. Nach etwa 20 Minuten kommen wir an einem großen dunklen Felsüberhang mit zahlreichen Höhlen vorbei. Einige Minuten später erreichen wir den Barrancogrund. Hier lohnt ein kurzer, abenteuerlicher Abstecher zur Playa (¼ Std. hin und zurück): Der Weg verläuft direkt im schmalen, beiderseits von Felswänden eingefassten Barrancobett; die letzte Felsstufe zum schmalen Sandstreifen überwindet man mit Hilfe einer primitiven Holzleiter. Anschließend steigen wir auf dem Camino real hinauf nach **El Tablado**. Im Ort folgen wir immer dem geraden Hauptweg zur Dorfstraße (5 Min.; der GR 130 zweigt hier links ab, wir gehen rechts bergauf), die sich 5 Minuten später gabelt. Folgt man hier der Straße links in Richtung Mirador El Topo (Tafel), so gelangt man zu einer Bar (Haus Nr. 59) – folgt man der Straße weiter bergauf, so gelangt man nach knapp 10 Minuten zum Bar-Restaurant Mirador El Moral. Hier kann man sich ein Taxi (Tel. 922 400103) rufen lassen.

26 Von Santo Domingo zum Puerto und nach Cueva del Agua

5.00 Std.

Gemütliche, abwechslungsreiche Runde durch den stillen Nordwesten

Die kurzweilige Rundwanderung führt vorbei an mehreren Petroglyphen zum alten Hafen von Santo Domingo und anschließend hinauf in den idyllischen Weiler Cueva del Agua. Hier kann man entscheiden, ob man zu einem Sandstrand absteigt (und später eventuell auf der Hauptstraße nach Santo Domingo zurückkehrt) oder ob man die Rundtour auf schönen alten Caminos via Llano Negro vollendet.

Ausgangspunkt: Plaza / Kirche von Santo Domingo de Garafía, 356 m (Haltestelle der Buslinie 2).
Höhenunterschied: 1000 m.
Anforderungen: Überwiegend leichte, aber etwas anstrengende Wanderung, häufig auf alten Caminos.
Einkehr: Bar-Restaurants in Santo Domingo.
Kombinationsmöglichkeit mit Tour 24.
Hinweis: Badesachen nicht vergessen!

Euphorbien säumen den Abstiegsweg zum Hafen von Santo Domingo.

Von der Plaza in **Santo Domingo** folgen wir der Hauptstraße in Richtung Las Tricias. 200 m nach dem ethnografischen Museum (an der Hauptkreuzung) zweigt gegenüber dem Bar-Restaurant El Bernecal rechts eine Piste ab, an der man nach 40 m links mehrere umzäunte Felsblöcke mit Petroglyphen bewundern kann. Anschließend gehen wir noch gut 100 m an der Hauptstraße weiter und biegen vor dem Sportplatz rechts ab auf die Stichstraße zum Puerto (*PR LP 9.4, weiß-gelb*). Nach 10 Minuten kommen wir am Friedhof vorbei, gut 100 m danach zweigt der markierte Wanderweg rechts auf einen Pfad ab. Er führt nach wenigen Minuten an einer Petroglyphenfundstätte vorüber (mehrere Steine mit Felsgravierungen), wohl ein Versammlungsplatz der Guanchen. Der Weg führt halb rechts weiter bergab und kreuzt wenige Minuten später die Straße. Bald darauf mündet er wieder in die Pistenstraße ein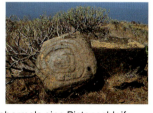
(nach wenigen Minuten kürzt der Wanderweg abermals eine Pistenschleife ab). Während des Pistenspaziergangs genießen wir einen schönen Blick auf die vorgelagerten Felsinseln des Roque de Santo Domingo und des noch mächtigeren Roque de las Tabaibas, den ein großes Felstor ziert. Nach insgesamt 45 Minuten (ab Santo Domingo) endet die Piste an einem Kiosco. Ein Camino setzt sich fort. An der Gabelung nach 10 Minuten halten wir uns rechts (links unser späterer Weiterweg), gut 5 Minuten später erreichen wir den **Porís de Santo Domingo** mit einigen Fischerhütten – links befindet sich der Bootsanleger, rechts ein Badeplatz (nur bei ruhiger See).

Wir gehen nun wieder gut 5 Minuten auf dem Weg zurück bis zur Weggabelung und halten uns diesmal mit dem markierten Wanderweg rechts in Richtung Cueva del Agua. Der Camino quert links haltend den Barranco de Fernando Porto, steigt zum nächsten Bergrücken an (10 Min., herrlicher Blick zum »Puerto«) und durchschreitet gut 10 Minuten später ein Ziegengatter (wieder schließen!). Gut 5 Minuten danach erreichen wir ein felsiges Plateau mit riesigen Feigenkakteen. Kurz danach schwenkt der markierte Weg nach rechts – man verbleibt aber besser auf dem geraden Weg (Steinmännchen), der nach ein paar Minuten ebenfalls nach rechts schwenkt und sich mit dem markierten Wanderweg vereint (dieser ist mitunter stark verwachsen). 20 Minuten nach dem Plateau, direkt vor einem Gehöft, folgen wir einem Fahrweg nach rechts, der nach 5 Minuten in die Hauptstraße Santo Domingo – Las Tricias (LP-114) mündet (von dieser zweigt rechts nach 150 m eine Straße zu den Stränden an der Mündung des Barranco del Atajo und des Barranco de Briestas ab, →Tipp Tour 28). Schräg gegenüber setzt sich ein Zementfahrweg fort, der vorbei an einzelnen Häusern über einen idyllischen Bergrücken hinaufführt. Er passiert bald ein großes ockerfarbenes Haus (zur Rechten). Danach folgt eine Linkskurve mit einem kleinen Häuschen – unmittelbar danach zweigt rechts ein Camino ab (Tafel ›Cueva del Agua‹), der links vorbei am Häuschen zur riesigen, etwa 20 m tiefen **Cueva del Agua** (350 m) führt, die als Ziegenstall genutzt wird. Der Weg endet gleich darauf an einer weiteren Höhle mit Zisterne und Viehtränke.

Nach dem Abstecher wandern wir auf dem Fahrweg weiter bergan. Er geht kurz darauf in einen schönen Pflasterweg über und kreuzt nach einigen Minuten bei einer winzigen Kapelle den Camino Real de la Costa (*GR 130, weiß-rot*; dieser führt links in 50 Min. nach Santo Domingo, nach 10 Min. rechts auf der Hauptstraße LP-114, knapp 3 km). Hier endet die weiß-gelbe Markierung. Gleich nach der Kapelle treffen wir auf eine Straße, die wir nach wenigen Metern wieder links liegen lassen, um auf dem Camino weiter anzusteigen. Er passiert nach wenigen Minuten einen Drago – hier links, rechts am Wasserreservoir vorbei weiter und die Straße kreuzend auf dem breiten Weg bergan. 10 Minuten später trifft der Weg abermals auf die Straße, die uns in wenigen Minuten zur Kapelle im Zentrum des bezaubernden, touristisch noch völlig unberührten Weilers **Cueva del Agua**, 500 m, bringt. Wir verbleiben noch etwa 5 Minuten auf der Straße, bis nach den letzten Häusern rechts ein breiter Pflasterweg abzweigt. Er trifft kurz darauf auf einen Fahrweg (geradeaus bergan), verlässt diesen aber nach 100 m in der Linkskurve wieder geradeaus, gleich darauf einen weiteren Fahrweg mit Wasserkanal kreuzend (geradeaus bergan!). Einige Minuten später berührt der Camino nochmals die Straße (geradeaus bergan), anschließend tritt er in lichten Kiefernwald ein und steigt über einen flachen Bergrücken an. Nach einer knappen halben Stunde mündet der Pflasterweg auf einer von Wiesen, Feigen- und Mandelbäumen geprägten Hochfläche wieder in die

Die Kapelle des beschaulichen Dorfes Cueva del Agua.

Straße. Eine knappe Viertelstunde später, nach einem Kiefernwald und vor einigen Häusern, zweigt von der Straße links ein Fahrweg ab, der allmählich in den Barranco de Fernando Porto hinabführt, zuletzt in einer scharfen Linkskurve (hier zweigt geradeaus barrancoaufwärts ein Camino ab, der aber stark verwachsen ist) und durch ein Gatter (wieder schließen!). Gut 100 m nach dem Gatter zweigt gegenüber von einem kleinen Wasserhäuschen (zur Linken) halb rechts ein Camino ab, der uns in 5 Minuten zur Hauptstraße Llano Negro – Santo Domingo (LP-112) hinaufbringt. Dieser folgen wir nach rechts, mit schönem Blick auf die Cumbre, und erreichen nach gut 5 Minuten eine Straßenkreuzung. Hier biegen wir links ab in die Dorfstraße von **Llano Negro**, 900 m (Haltestelle der Buslinie 2).

An der nächsten Kreuzung (rechts ein Lebensmittelladen) halten wir uns abermals links und wandern auf der anfangs steilen, dann flacheren Straße hinab (*SL VG 51*, *weiß-grün*). Nach knapp 5 Minuten ignorieren wir einen rechts abzweigenden Fahrweg. 50 m danach zweigt in einer schwachen Linkskurve halb rechts ein Fahrweg ab, den wir nach wenigen Minuten auf dem geradeaus abzweigenden Camino verlassen. Der breite Pflasterweg verläuft in leichtem Auf und Ab durch Buschwald am Rand des Barranco de la Luz und geht nach 5 Minuten in eine Forststraße über. Diese führt bequem durch schönen Kiefernwald hinab und mündet nach gut 5 Minuten in eine quer führende Forststraße. Hier geradeaus weiter auf dem Camino, der sich rasch wieder als breiter Pflasterweg erweist. Nach einer Viertelstunde geht der Camino bei ersten Häusern in einen steilen Zementfahrweg über, der einige Minuten später vor einem Waschplatz in eine Pflasterstraße mündet. Auf dieser vollends hinab zur Plaza von **Santo Domingo**.

Der Westen

Idyllische Strände, Plantagen und eindrucksvolle Lavalandschaften

»La Palmas Sonnenseite«, mit diesem Slogan wird gerne für den Inselwesten geworben. Tatsächlich weist die Region zwischen Puerto de Tazacorte und Puerto Naos die meisten Sonnenstunden der Insel auf, und – was den Urlauber vielleicht am meisten freut – hier erwarten uns auch die schönsten Strände. Das beständige, regenarme Klima im Windschatten der Cumbres hat aber auch seine Schattenseiten: die Vegetation ist nicht so üppig wie auf der Ostseite, die Küstenregionen sind zudem geprägt von einer Monokultur ohnegleichen – Bananenplantagen, so weit das Auge reicht.

Das fruchtbare und stark zersiedelte Valle de Aridane mit den Städten *Los Llanos de Aridane* und *El Paso* bildet das wirtschaftliche Rückgrat der Insel. Nicht von ungefähr wird Los Llanos häufig als »heimliche Hauptstadt« La Palmas bezeichnet. Weniger wegen der Sehenswürdigkeiten – außer der einladend hübschen Plaza España hat die Stadt nicht viel zu bieten –, aber in der Region befinden sich die ertragreichsten Plantagen, und auch die touristischen Perspektiven stimmen. Dafür steht vor allem *Puerto Naos*, neben Los Cancajos der bedeutendste und wohl auch attraktivste Badeort der Insel, wenn man einmal von den wahllos hochgezogenen Appartement-Anlagen hinter der Strandpromenade absieht. Gleich südlich des Ortes befinden sich zwei der schönsten Sandbuchten La Palmas: Playa de las Monjas (einziger FKK-Strand der Insel) und Charco Verde. Dem steht übrigens auch die Playa Nueva nördlich von Puerto Naos kaum nach. Ein weiterer Glanzpunkt in der Runde ist das reizvolle Städtchen *Tazacorte* mit seiner lauschigen Plaza. Das gilt auch für *Puerto de Tazacorte* – der Bade- und Hafenort liegt einzigartig an

Puerto Naos ist das touristische Zentrum der Westküste.

Die Playa de la Veta an der spektakulären, steil abfallenden Nordwestküste.

der Mündung der gewaltigsten Schlucht der Insel, dem aus der Caldera de Taburiente herabziehenden Barranco de las Angustias, und wurde in den letzten Jahren hübsch herausgeputzt und mit einem schönen Sandstrand versehen.

Fast 600 Meter weiter oben, unmittelbar am Steilabfall der Felswand, legt uns der Mirador del Time noch einmal das gesamte Aridane-Tal und die Westküste zu Füßen. Allein schon der Blick am Barranco de las Angustias entlang hinein in die Caldera de Taburiente ist einen Stopp an diesem Aussichtspunkt wert. Die Landschaft wandelt sich nun – zahlreiche Barrancos zerschneiden die Caldera-Hänge, die Küste wird zerklüfteter und unzugänglicher. Auch die Plantagen werden rarer, stattdessen prägen zumeist verwilderte Gartenterrassen mit Mandelbäumen und zusehends auch die immer weiter herabreichenden Kiefernwälder das ansonsten eher karge Landschaftsbild. Vorbei an *Tijarafe*, das mit der Felsenbucht Porís de Candelaria den wohl spektakulärsten natürlichen »Puerto« der Insel besitzt, gelangen wir nach *Puntagorda* – der weit verstreute Ort ist berühmt für sein Mandelblütenfest, das meist Anfang Februar gefeiert wird; am Puerto erwartet den Besucher ein kleiner Strand mit einem Naturbadebecken. Jenseits des Barranco de Izcague mit dem beschaulichen Drachenbaumhain-Dorf *Las Tricias* geht es an satt-grünen Weidehängen vorbei nach Hoya Grande und damit in den Nordteil der Insel.

27 Von Las Tricias nach Buracas

1.55 Std.

Gemütliche Runde durch Drachenbaumhaine und blühende Gärten

In der Umgebung von Las Tricias erlebt man ein La Palma wie aus dem Bilderbuch: Üppige Gärten, liebliche Drachenbaumhaine und der stete Blick hinaus auf den weiten Ozean prägen diesen von der Natur so gesegneten Landstrich – und mitten durch dieses Paradies führt unser Wanderweg.

Ausgangspunkt: Kirche am Ortsbeginn von Las Tricias, 790 m (Haltestelle der Buslinie 2), 1 km von der Hauptstraße Puntagorda – Hoya Grande an der LP-114 nach Santo Domingo de Garafía.
Höhenunterschied: Gut 400 m.

Anforderungen: Gemütliche Dorfwege.
Einkehr: Kiosco El Rincón bei der Kirche.
Variante: Von Buracas zur Punta de Hiscaguán (¾ Std.): Vorbei an den Höhlen/Petroglyphen setzt sich der weiß-rot markierte Camino fort. Er passiert ein Höhlenhaus (hier an Gabelung links) und mündet nach 10 Min. in eine Piste. Auf dieser links, in weitem Rechtsbogen, hinab zu einem einsamen Gehöft (20 Min.; Abkürzungsmöglichkeit auf Pfad). Links, entlang der Abbruchkante zum Barranco de Izcagua (Vorsicht!), setzt sich ein Pfad fort. Er durchschreitet sogleich ein Gatter und führt durch einen wildromantischen Landstrich mit riesigen, wenigstens 3 m hohen Feigenkaktus-Bäumen. Nach gut ¼ Std. sollte man sich links hinüber zu einem schwach ausgeprägten Felssporn halten, von dem man einen großartigen Blick zur Steilküste genießt.
Kombinationsmöglichkeit mit den Touren 28 und 29.

Vor der **Kirche** zweigt von der Hauptstraße links abwärts ein Betonsträßchen ab (Tafel ›Buracas‹), von dem nach 40 m links ein Camino zum nächsten Bergrücken hinüberführt. Über diesen wandern wir gemütlich hinab, vorbei an hübschen Häuschen und Gärten. Nach 5 Minuten erreichen wir eine Wegkreuzung – hier rechts mit dem *GR 130* (*weiß-rot*) hinüber zur nahen Hauptstraße und auf dieser weiter hinab. Nach 5 Minuten, 50 m nach der Straßenverengung, zweigt in der scharfen Rechtskurve geradeaus der *GR 130* auf einen breiten Pflasterweg ab (nach 100 m links, gleich darauf rechts auf breitem Pfad ›R.T. Traviesa‹). Der Weg trifft bald wieder auf eine Straße, die wir

Lustwandeln zwischen Drachenbäumen und tiefblauem Ozean – Las Tricias.

nach 30 m auf einem Camino nach rechts verlassen. Kurz darauf treffen wir abermals auf die Straße, die wir in der nachfolgenden Rechtskurve wieder nach links verlassen. Der *GR 130* biegt hier rechts ab, wir gehen aber auf dem breiten Weg über den Bergrücken hinab, sogleich vorbei an einem runden Dreschplatz. Der Weg leitet hinab zu einer Straße, die nach 2 Minuten links an einer alten Gofiomühle auf einer Geländekuppe vorbeiführt. Wir verbleiben auf der Straße, die nun zu einem kleinen Barranco hinabzieht. Nach knapp 15 Minuten verzweigt sie sich 10 m vor einem Wasserreservoir – hier halb rechts weiter zu den Drachenbäumen im Talgrund, zwischen denen ein schöner Pfad weiterführt. An der nächsten Verzweigung halten wir uns links bergab (*weiß-rot durchgestrichen*) und sogleich wieder auf dem Pfad nach rechts (anschließend beim Café Finca Aloe geradeaus). Er bringt uns in wenigen Minuten zu den **Cuevas de Buracas**, 400 m. Die Höhlen selbst sind wenig spektakulär, interessanter dagegen die Felszeichnungen: dem Weg links an den Höhlen vorbei etwa 30 m folgen, bis rechts über Blockwerk ein Pfad zu den oberen Höhlen abzweigt; hier an einigen Felsen Petroglyphen.

Von den Höhlen gehen wir wieder auf dem Pfad zurück auf den Bergrücken (5 Min.) und folgen links dem *weiß-rot* markierten *GR 130* nach oben, der uns nochmals einen Blick auf den Barranco mit den Höhlen beschert. Schon bald kommen wir an einem Drachenbaumhain vorbei, knapp 5 Minuten später mündet von links die Hauptroute des *GR 130* ein (→Tour 28). Wir verbleiben stets auf dem geradeaus ansteigenden Pflasterweg, der bald eine Piste und kurz darauf eine Straße überquert. Zuletzt geht er in einen Pfad über, der beim Dreschplatz in unseren Abstiegsweg mündet – auf diesem, nach 5 Minuten dann direkt über die Hauptstraße zurück zur Kirche (zwei Straßenschleifen können auf Fahrwegen abgekürzt werden).

28 Von Las Tricias zur Lomada Grande

5.30 Std.

Langer, faszinierender Abstieg zum »Puerto« von Las Tricias

Vor allem im Frühjahr – aber nicht nur dann – ist diese Wanderung eine der bezauberndsten Touren La Palmas überhaupt. Sie führt uns zunächst durch das idyllische Dorf Las Tricias, später folgt sie einem alten Camino, der immer diagonal durch den von einzelnen Kiefern besiedelten Hang, mehrere Taleinschnitte querend, zum alten Hafen von Las Tricias hinabführt.

Ausgangspunkt: Kirche am Ortsbeginn von Las Tricias, 790 m (Haltestelle der Buslinie 2), 1 km von der Hauptstraße LP-1 an der Nebenstraße LP-114 nach Santo Domingo de Garafía.
Höhenunterschied: Etwa 850 m.

Anforderungen: Leichte Wanderung auf meist deutlichem, aber nicht markiertem Weg, daher etwas Orientierungsvermögen erforderlich. Bei Hitze mühsam!
Einkehr: Kiosco El Rincón bei der Kirche von Las Tricias.
Variante: Von der Lomada Grande Aufstiegsmöglichkeit über Piste zur Straße LP-114 Las Tricias – Santo Domingo de Garafía (gut ¾ Std.; auf dieser 5,5 km zur Kirche von Las Tricias).
Kombinationsmöglichkeit mit den Touren 27 und 29.
Hinweis: Weidegatter unterwegs bitte wieder schließen!
Tipp: Zwischen der Lomada Grande und der Punta del Puerto Viejo, an der Mündung des Barranco del Atajo und des Barranco de Briestas, befinden sich zwei schöne Sandstrände, die auch vom Schlussabstieg zu sehen sind (→Foto links). Sie sind allerdings nur von der Straße Las Tricias – Santo Domingo aus erreichbar: Nach 8,5 km zweigt meerwärts eine schmale, steile Straße ab. Sie endet nach 1,5 km an einem kleinen Parkplatz. Von dort führt ein steiler, steiniger Weg in 15 Min. zum östlichen der beiden Strände hinab. Am Strand ein paar Wochenendhäuschen und Höhlen.

Schlussabstieg mit Strandblick (→Tipp).

Wir gehen von der Kirche in **Las Tricias** die nur schwach befahrene Hauptstraße LP-114 hinab und biegen nach gut 10 Minuten in der Rechtskurve nach der Fahrbahnverengung mit dem *weiß-rot* markierten *GR 130* halb links ab. Er mündet bald wieder in eine Asphaltstraße, die sich nach 5 Minuten scharf rechts vom Bergrücken abwendet. Hier biegen wir links auf einen Fahrweg ab, den wir nach wenigen Metern, noch vor dem runden Dreschplatz, mit dem rechts abzweigenden *GR 130* verlassen. Der Weg führt zwischen Mandelbäumen hinab, passiert nach wenigen Minuten einen Drachenbaum und kreuzt gleich darauf eine Straße. Kurz darauf kreuzt er abermals eine Piste. Etwa 2 Minuten später – etwa auf Höhe des ersten Drachenbaumes – gabelt sich der Pflasterweg. Geradeaus, vorbei am Drachenbaumhain, könnte man mit einer *Variante des GR 130* zu den nahen Cuevas de Buracas absteigen. Wir aber zweigen mit der Hauptroute des *GR 130* rechts ab und wandern sanft absteigend in einen Taleinschnitt hinein. Er quert diesen direkt unterhalb einer Wasserleitungsbrücke und führt auf der anderen Talseite hinaus zum nächsten Bergrücken, auf dem wir eine Straße kreuzen. Der alte, teilweise steingepflasterte Camino taucht nun in lichten Kiefernwald ein und quert nach wenigen Minuten einen Taleinschnitt. Anschließend verläuft der Weg für kurze Zeit am folgenden Bergrücken, um sich rechts dem nächsten, von Gärten geprägten Tal zuzuwenden. In diesem führt der Camino nun für ein paar Minuten abwärts, um sich zu gabeln. Hier mündet von links die *Variante des GR 130* ein (geradeaus weiter). Am nächsten Bergrücken verlassen wir den *GR 130*, der an einer Mauer entlang nach rechts abknickt, und wandern geradeaus auf dem deutlichen, unmarkierten Pfad über den Rücken hinab (teilweise *weiße* Strichmarkierung, Steinmännchen). Am nächsten Bergrücken durchschreiten wir ein Weidegatter und gehen rechts der drei Kiefern durch das Gatter leicht rechts haltend hinab, auf eine Finca zu. Direkt vor dem abgestorbenen Eukalyptusbaum quert der Camino den Taleinschnitt, um auf

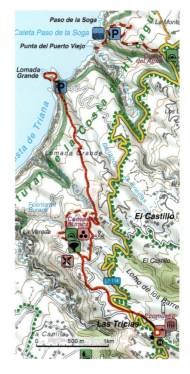

Im oberen Teil der Wanderung prägen mächtige Kiefern das Landschaftsbild.

dem nächsten Bergrücken neben der Finca in einen Fahrweg einzumünden. Vom Haus zieht ein Fahrweg weiter hinab, den wir nach etwa 100 m (oberhalb von Kiefern) auf einem rechts in den Talgrund hinabführenden Weg verlassen (hier Gatter wieder schließen). Auf dem nächsten Bergrücken verbleiben wir an der Gabelung auf dem linken Weg, der am linken Rand des Bergrückens – abseits des großen Anwesens mit kläffenden Hunden – hinabführt (*weiß*) und auf einen verwilderten Fahrweg trifft, dem wir gut 50 m hinabfolgen, bis sich rechts der alte, stellenweise verwachsene bzw. verfallene Camino fortsetzt. Er führt immer über den Bergrücken hinab, Orientierungsprobleme sind daher ausgeschlossen. Kurz nach dem Fahrwegende durchschreiten wir ein Weidegatter, von dem sich ein grandioser Blick auf die Steilküste und zur vor uns liegenden Landspitze der Lomada Grande ergibt. 10 Minuten später führt der Camino rechts an einem Zaun entlang. Unter uns sehen wir nun eine Pistenstraße, von der ebenfalls ein Weg zur Lomada Grande hinabführt. Unser Weg verbleibt zunächst noch auf dem Bergrücken und wendet sich erst kurz vor dem Steilabbruch zur Lomada Grande rechts dem Hang zu (treten Sie nicht zu nahe an den Abgrund heran, die Steilwand ist teils überhängend und stark abrutschgefährdet!), um sich kurz darauf neben einer Zisterne mit dem von der Piste kommenden Weg zu vereinen. Der Camino zieht nun in weiten Serpentinen, teilweise geländergesichert, durch die Steilwand hinab zur **Lomada Grande**. Er passiert mehrere in den Fels hineingebaute Häuser und endet schließlich in einer geräumigen Höhle, in der im Winter die Boote gelagert werden. Bei hohem Wellengang bietet sich ein grandioses Naturschauspiel, besonders in den Felstöpfen auf der flachen Lavalandzunge, in

Beim Schlussabstieg bietet sich ein überwältigender Blick zur Lomada Grande.

denen das Wasser auf und nieder kocht. Bei ruhiger See kann man in einem der Naturschwimmbecken oder in der geschützten Bucht vor der Höhle ein erfrischendes Bad nehmen.

Bei rauer See kocht und brodelt es überall an der Landspitze der Lomada Grande.

29 Von Puntagorda auf den Tricias, 1209 m, und nach Briestas

5.15 Std.

Traumrunde durch Mandelhaine und Kiefernwälder – mit Gipfelglück

Die Bergregion oberhalb von Puntagorda und Las Tricias ist eine zwar etwas raue, aber äußerst malerische Kultur- und Naturlandschaft: Sie ist geprägt durch liebliche Kiefernwälder und durch Fincas und Wochenendhäuschen mit Mandelhainen, Obstgärten und Weinbergen – besonders von Januar bis März zur Mandelblüte ein unvergessliches Erlebnis! – Wer die Tour verkürzen will kann auf den einstündigen Abstecher nach Briestas verzichten – allerdings entgeht Ihnen dann eine urige Einkehrmöglichkeit.

Ausgangspunkt: Puntagorda, Parkplatz an der Hauptstraße LP-1, am Abzweig der Straße nach El Fayal, 800 m (1,4 km nördlich der Tankstelle, Haltestelle der Buslinie 2). – Oder Kirche am Ortsbeginn von Las Tricias, 700 m (Haltestelle der Buslinie 2), 1 km von der Hauptstraße Puntagorda – Hoya Grande an der Nebenstraße LP-114 nach Santo Domingo de Garafía.
Höhenunterschied: Gut 900 m.
Anforderungen: Leichte, aber etwas anstrengende Rundwanderung auf Caminos und Forststraßen.
Einkehr: Bar-Restaurants in Puntagorda, Las Tricias und Briestas.
Variante: Von Mataburros zum Refugio de Tinizara (1¾ Std., *PR LP 10, weiß-gelb*): Der Camino verläuft oberhalb der Piste und quert nach 15 Min. den Barranco de Izcagua, um steil zu einem Fahrweg auf dem nächsten Rücken anzusteigen. Diesem folgt man nach links, an der Gabelung nach wenigen Minuten abermals links, zu einer Forststraße (10 Min.), die nach 40 m in eine Forstpiste einmündet – auf dieser links. Gut 5 Min. später (2 Min. nach Barranco Juanianes) zweigt links ein Camino ab. Er kreuzt nach wenigen Minuten den Camino de la Rosa (*PR LP 11*), 10 Min. später geht er in eine Straße über, der man immer geradeaus folgt. Nach 10 Min. wieder geradeaus auf Piste, die sich 5 Min. später vor einem Tal teilt – hinter der Gabelung geradeaus auf breitem Camino durch das Tal und auf dem nächsten Rücken geradeaus weiter auf Zementfahrweg, der nach 10 Min. in eine Straße mündet. Auf dieser geradeaus (nicht links / rechts, sogleich Forststraße) zum Refugio de Tinizara (hier Anschluss an Touren 30 und 32).

Kombinationsmöglichkeit mit den Touren 27 und 28.

Im Januar beginnt die Blütezeit der Mandelbäume.

Am nördlichen Ortsende von **Puntagorda**, 50 m nach dem Abzweig der Straße zum Ortsteil El Fayal, zweigt von der Hauptstraße halb links ein Waldweg ab. An der Wegkreuzung nach 3 Minuten halten wir uns scharf rechts (*weiß-grün*), um zu einem Heiligenschrein anzusteigen. Hier vereint sich unser Weg mit dem *GR 130* (*weiß-rot*; oberhalb an der Hauptstraße eine Wandertafel) und führt halb links hinab in den Barranco de Izcagua (sogleich Gatter, wieder schließen). Nach 5 Minuten ignorieren wir einen links abzweigenden Weg (zur Fuente de los Dornajos, knapp 5 Min.), 5 Minuten später quert er den Barrancogrund. Eine Viertelstunde später trifft der *GR 130* auf dem nächsten Rücken auf einen Zementfahrweg, den er nach 15 m auf einem rechts abzweigenden Weg verlässt, der durch einen kleinen, idyllischen Taleinschnitt, zuletzt zwischen Häusern hindurch, zur Stra-

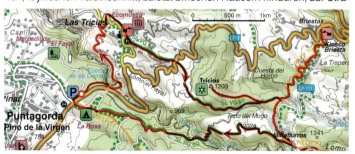

Bei den ersten Häusern von Las Tricias.

ße LP-114 in **Las Tricias** hinüberführt. Hier verlassen wir den *GR 130* und gehen mit *SL VG 55* (*weiß-grün*) die Straße hinauf. Nach knapp 10 Minuten erreichen wir die Kirche (dazwischen Abkürzung auf Zementweg; rechts der Kirche Kiosco El Rincón).

Der Wanderweg *SL VG 55* steigt nun geradeaus auf einem Sträßchen (links vom Bushäuschen) weiter an. Nach etwa 25 Minuten treffen wir bei einigen Häusern auf die Hauptstraße LP-1 (30 m vorher an Gabelung rechts). Gegenüber setzt sich ein schöner Camino fort, der gemütlich durch Mandelhaine ansteigt. Er führt nach knapp 15 Minuten an einem allein stehenden Haus vorbei, gleich darauf mündet der Camino vor einem Wasserhaus in einen Fahrweg. Wir folgen diesem nach rechts, passieren nach wenigen Minuten ein weiteres Anwesen und treten anschließend in lichten Kiefernwald ein. Etwa 10 Minuten später quert der Fahrweg den Taleinschnitt – 10 m davor zweigt halb links der Wanderweg ab. Er verbleibt auf der linken Talseite und steigt bald steiler an zu einem Rücken, auf dem er in einen Fahrweg mündet. Rechts (sofort an der Gabelung links) setzt sich unser späterer Weiterweg fort – zuvor allerdings gehen wir links, vorbei an einem Haus hinauf zum Gipfel des **Tricias**, auf dem ein Brandwachturm und Funkmasten stehen (gut 10 Min. einfach). Der Blick auf Puntagorda und Las Tricias sowie auf den Barranco de Izcagua ist großartig, auf der anderen Seite grüßt die Cumbre. Auch Briestas, das nächste Etappenziel, können wir bereits ausmachen.

Wir gehen auf dem Fahrweg zurück und halten uns an der Gabelung nach dem Haus nach gut 10 Minuten links. Nach 4 Minuten zweigt links ein breiter Weg ab, der 2 Minuten später in den Wanderweg *PR LP 10* einmündet (*weiß-gelb*, Tafel; rechts unser späterer Weiterweg). Mit diesem steigen wir links zu einem Rücken an und gehen geradeaus auf dem Fahrweg hinüber zur Pista del Cabildo, der wir nach links folgen. Die Straße führt in leichtem Auf und Ab durch eine sanft hügelige Wiesenlandschaft mit einzelnen Häuschen und Mandelhainen und mündet nach 20 Minuten in **Briestas**, 1200 m, neben dem Kiosco Briesta in die Hauptstraße LP-1 (unterwegs drei markierte Abkürzungsmöglichkeiten auf Caminos). Das urgemütliche, stilvolle Restaurant ist an Wochenenden ein beliebtes Ausflugsziel der Palmeros.

Alte Weinpresse im idyllischen Mataburros.

Wir gehen nun auf demselben Weg zurück und verbleiben am Abzweig des *SL VG 55* (35 Min.) links auf dem Wanderweg *PR LP 10*. Er verläuft unterhalb bzw. auf der Pista del Cabildo und erreicht nach gut 10 Minuten bei den herrlich gelegenen, alten Häusern von **Mataburros**, 1230 m, eine große Wegkreuzung – ein schöner Rastplatz.
Hier verlassen wir den *PR LP 10*, der sich vor einem alten Haus mit einer Weinpresse links einem Camino zuwendet (→Variante), und biegen rechts auf den ersten Fahrweg mit dem Wanderweg *SL PG 60* ab (*weiß-grün*; 10 m danach zweigt von der Piste halb rechts *SL PG 61* ab). Er verläuft gemütlich über den bewaldeten Rücken und passiert nach gut 10 Minuten eine Zisterne und ein paar verfallene Häuser in einem schönen Mandelhain. Gut 10 Minuten danach passieren wir abermals ein Haus und 3 Minuten später ein weiteres (zur Rechten schöner Blick auf den Tricias). 100 m danach knickt der Fahrweg scharf nach rechts – hier biegen wir scharf links ab auf den Camino. Der schöne Pflasterweg führt bequem, in Serpentinen hinab in den Barranco de Izcagua (15 Min., schöner Rastplatz) und auf der anderen Seite kurz bergan, um rechts am Fuß einer Felswand mit kleinen Höhlen entlang zu führen und nach 10 Minuten in eine Forststraße einzumünden. Diese mündet rechts nach 10 Minuten (nach einem großen Wasserreservoir zur Rechten) in eine breite Forstpiste, über die wir gemütlich hinabwandern. In der folgenden scharfen Rechtskurve (gut 5 Min.) treffen wir auf den Camino de la Rosa (*PR LP 11*, *weiß-gelb*), der uns vorbei am Camping La Rosa in 5 Minuten zur Hauptstraße in **Puntagorda** hinabbringt – auf dieser rechts 150 m zum Parkplatz.

30 Von Tinizara auf den Roque Palmero, 2306 m

5.30 Std.

Großartiger, aber etwas mühsamer Aufstieg zum Calderakamm

Diese lange, anstrengende Wanderung führt durch herrlich duftende Kiefernwälder und zuletzt durch Codesofelder auf einen zwar eher unbedeutenden, aber aussichtsreichen Calderagipfel. Überrascht stellt man fest, dass sich an der Waldgrenze in knapp 2000 m Höhe Dreschplätze befinden.

Ausgangspunkt: Tinizara, 890 m (Haltestelle der Buslinie 2), Ortsteil der Gemeinde Tijarafe an der LP-1 nach Puntagorda. Von Tinizara führt eine schmale, kurvenreiche Straße, die vor dem Mirador de Garome (500 m nördlich dem Bar-Restaurant Tinizara) von der Hauptstraße LP-1 abzweigt, hinauf zum Refugio de Tinizara, 1335 m: immer geradeaus bergauf (nach 2,4 km rechts Picknickplatz Hoya del Lance), nach 4,8 km an der Gabelung rechts auf Forststraße zum 400 m entfernten Schutzhaus (5,2 km ab LP-1).
Höhenunterschied: 1100 m (ab Tinizara zusätzlich 450 m).
Anforderungen: Leichte, aber anstrengende Bergtour, überwiegend auf schönem Camino, zuletzt jedoch mehr oder weniger weglos über Feuerschneise (bei Wolken/Nebel evtl. Orientierungsprobleme).
Einkehr: Bar-Restaurant Tinizara.
Variante: Von Tinizara zum Refugio de Tinizara (1¼ Std.): Vom Bar-Restaurant Tinizara folgt man etwa 200 m der Hauptstraße in südlicher Richtung, bis links ein Camino zum Refugio de Tinizara abzweigt (*PR LP 12.1, weiß-gelb*). Er geht sogleich in einen Fahrweg über, der wenige Minuten später in eine Straße einmündet, die ebenfalls zum Refugio de Tinizara hinaufführt. Nach 200 m biegt der Wanderweg halb links auf einen Camino ab, der nochmals die Straße kreuzt. Er passiert bei den letzten Häusern einen Heiligenschrein (50 m danach an Gabelung halb rechts) und einige Minuten später den Picknickplatz Hoya del Lance, 1090 m. In der Folge berührt der Camino zweimal die Straße, bevor er nach 15 Min. in diese einmündet – nun begleitet von Weinfeldern und Mandelbäumen. 10 Min. später zweigt in einer schwachen Linkskurve geradeaus ein Camino ab, der in 10 Min. zum Refugio de Tinizara, 1335 m, hinaufführt (hier kreuzt der Wanderweg *PR LP 10*, →Tour 32).
Kombinationsmöglichkeit mit den Touren 32, 62 und 63.

Links neben dem **Refugio de Tinizara** wandern wir mit *PR LP 12.1* (*weiß-gelb*) den zementierten Fahrweg hinauf. Er führt in direkter Linie über einen Bergrücken bergan, bald zwischen Weinterrassen und Mandelbäumen, und mündet nach 20 Minuten in eine breite Forststraße. Geradeaus setzt sich ein Weg fort, der nach gut 5 Minuten in lichten Kiefernwald eintritt. Er führt weiter gemütlich über den Rücken bergan und durchquert nach einigen Minuten ein lang gestrecktes Blockfeld mit einladenden Rastplätzchen. Eine knappe Stunde ab der Forststraße passieren wir einen runden Dreschplatz. Der Kiefernwald lichtet sich nun zusehends, Codesogestrüpp macht sich breit. Wenige Minuten später mündet unser Camino in 1800 m Höhe in den quer führenden Wanderweg Tijarafe – Roque de los Muchachos (*PR LP 12, weiß-gelb*, →Tour 62).

Wir folgen dem Wanderweg rechts hinab und treffen nach 10 Minuten auf dem nächsten Bergrücken auf einen Fahrweg. Hier verlassen wir den *PR LP 12* (geradeaus unser späterer Rückweg, prägen Sie sich den Abzweig gut ein für den Rückweg!) und wenden uns dem links ansteigenden Fahrweg zu. Er führt steil, in direkter Linie, über den Rücken (breite Feuerschneise) bergan und passiert nach gut 10 Minuten einen Dreschplatz. Eine gute halbe Stunde später endet der Fahrweg an einem Umkehrplatz. Wir wandern nun immer geradeaus über die Feuerschneise bergan (nahezu weglos) und treffen so nach einer guten halben Stunde auf den quer füh-

121

Vom Gipfel des Roque Palmero genießt man einen weiten Blick auf die winterlich überzuckerten Caldera-Randberge.

renden GR 131 (*weiß-rot*). Diesem folgen wir 50 m nach links, bis rechts ein deutlicher Pfad abzweigt, der uns in 10 Minuten zur Vermessungssäule auf dem **Roque Palmero** hinaufbringt (Steinmännchen). Von hier genießen wir einen herrlichen Blick auf die Caldera und deren Randberge sowie über den Bejenado hinweg zur Cumbre Vieja, in der Ferne grüßen Teneriffa, La Gomera und El Hierro.

Wir gehen nun wieder zurück bis zum Wanderweg PR LP 12 (*weiß-gelb*; 1 Std.). Wer will kann rechts auf dem Hinweg zurückkehren – wir aber wandern mit PR LP 12 links hinab Richtung Tijarafe. Er trifft nach 10 Minuten wieder auf den Fahrweg, verlässt ihn jedoch nach 50 m nach scharf links. Gut 15 Minuten später zweigt bei einer Wegtafel und einem großen Steinmann links der Wanderweg SL TJ 70 ab (*PR LP 12* führt kurz danach links an der Kuppe der **Montaña Bermeja**, 1583 m, vorbei) – hier, beim großen Steinmann, biegen wir rechts ab auf den deutlichen unmarkierten Pfad, der nach 15 m an einem großen Steinmann vorbeiführt. Er verläuft in leichtem Auf und Ab durch den Hang und trifft nach knapp 15 Minuten auf einem breiten Rücken auf einen Fahrweg. Auf diesem links hinab, sogleich rechts vorbei an einer winzigen Kuppe. Wenige Minuten später an der Gabelung halb rechts über den Rücken hinab. Nach 100 m (30 m vor der Kuppe des **Tabladita**, 1504 m, Vermessungssäule) wendet sich der Fahrweg rechts hinab, um nach knapp 10 Minuten in eine Forststraße einzumünden. Auf dieser links hinab, links abzweigende Fahrwege ignorierend. Nach 20 Minuten mündet die Forststraße in eine quer führende Forststraße, die rechts in 10 Minuten am **Refugio de Tinizara** vorüberführt.

Playa de Garome 31

1.45 Std.

Kurzer, bequemer Abstieg zur Strandsiedlung von Tinizara

Jeder Ort an der Nordwestküste hat seinen Puerto und Strand. Tinizaras Strand liegt an der Mündung des Barranco de Garome, der unmittelbar nördlich des kleinen Ortes zum Meer hinabzieht, und weist sogar einen schmalen Sandstreifen auf, an dem man bei ruhiger See recht gut baden kann. In die senkrechten Felswände beiderseits der Barrancomündung sind mehrere einfache Wochenendhäuschen hineingebaut, die z.T. über hübsche Vorgärten verfügen.

Talort: Tinizara, 890 m (Haltestelle der Buslinie 2), Ortsteil der Gemeinde Tijarafe an der LP-1 nach Puntagorda.
Ausgangspunkt: Von der Hauptstraße in Tinizara zweigt neben dem Supermarkt Celia, etwa 100 m nördlich des Bar-Restaurants Tinizara, eine schmale Straße ab (sie führt nach 50 m an der Kirche vorbei). Nach 7 km (bzw. 1½ Std. zu Fuß), in ca. 300 m Höhe, geht die Straße zwischen Bananenplantagen in einen Fahrweg über, an dem man das Fahrzeug abstellt.
Höhenunterschied: 300 m.
Anforderungen: Kurze, leichte Wanderung auf streckenweise etwas schmalem, steilem Weg, der Trittsicherheit erfordert.
Einkehr: Unterwegs keine. In Tinizara Bar-Restaurant.

Gut 10 Minuten ab Asphaltende endet der steile, teils zementierte Fahrweg an einem kleinen **Umkehrplatz** vor einer Plantage (in ca. 200 m Höhe). Hier setzt sich rechts ein geländergesicherter Fußweg fort, der in den Barranco de Garome hinabführt. Nach etwa 20 Minuten durchschreitet er ein Felstor und kommt an einer überhängenden Felswand vorbei. Etwas oberhalb des Strandes dann quert der Weg den Barranco, um auf der anderen Talseite vollends zur **Playa de Garome** hinabzuführen.

Vor dem steinigen Strand gabelt sich der Weg. Rechts, vorbei an den letzten Höhlenbehausungen, kann man einen Abstecher zur Playa Camariño unternehmen (gut 10 Min.; nur für geübte, schwindelfreie Wanderer, Steinschlaggefahr!). Links, unmittelbar am Strand entlang, führt ein zementierter Weg hinüber zu einem Tiefbrunnen (Pozo de Garome) und zu weiteren Wochenendhäuschen. Dahinter befindet sich der schmale Sandstrand, der je nach Jahreszeit erst mittags oder nachmittags in der Sonne liegt und stark steinschlaggefährdet ist.

32 Von Tinizara nach Tijarafe

2.00 Std.

Gemütliche Streckenwanderung durch den lieblich-herben Westen

Diese Wanderung bietet keine großen landschaftlichen Glanzlichter, bezaubert aber durch weite Ausblicke über die ruhige, von Fincas geprägte Region zwischen Tijarafe und Tinizara. Konditionsstarken Wanderern wird eine Rückkehr über das Refugio de Tinizara empfohlen.

Ausgangspunkt: Bar-Restaurant Tinizara in Tinizara, 890 m (Haltestelle der Buslinie 2).
Endpunkt: Ortszentrum von Tijarafe, 663 m (Haltestelle der Buslinie 2).
Höhenunterschied: 150 m im Aufstieg und gut 350 m im Abstieg.
Anforderungen: Überwiegend gemütliche Wanderung.
Einkehr: Bar-Restaurants in Tinizara und in Tijarafe.
Variante: Rundtour: In Tijarafe gegenüber dem Supermarkt die Calle General Franco hinauf, nach der Pfarrkirche rechts und an der übernächsten Gabelung mit *PR LP 12* (*weiß-gelb*) links in 15 Min. aufwärts zur Fuente de la Candelaria, 780 m. 10 m nach der großen Zisterne biegt der Wanderweg halb rechts auf einen Camino ab. Er mündet nach einigen Minuten wieder in das Sträßchen ein, dem man rechts bergan folgt. Nach 20 Min. passiert man einen Weinberg, wenige Minuten später biegt scharf links

Das Refugio de Tinizara.

ein Fahrweg mit einer Eisensperre ab – er führt nach 30 m scharf rechts bergan und geht nach 5 Min. in einen Camino über, der über den Rücken ansteigt und gut 5 Min. später auf eine Forststraße trifft. Auf dieser links mit *PR LP 10* (*weiß-gelb*) weiter, nach 25 Min. durch den Barranco de La Caldereta (oberhalb Galería Calderetas). Gut 10 Min. später zweigt 50 m nach einer großen Zisterne halb links ein Camino ab, der in leichtem Auf und Ab durch den Hang leitet. Er kreuzt nach einer guten ¼ Std. eine Forststraße und trifft einige Minuten später auf einen Fahrweg, der halb links einen kleinen Barranco durchquert und zum nächsten großen Rücken ansteigt, auf dem man einen Fahrweg kreuzt. Im folgenden Barranco an der Gabelung links und auf dem Wanderweg hinauf zum nächsten Rücken, auf dem man nach 50 m eine Finca passiert – hier geradeaus weiter auf dem Weg. Er mündet kurz darauf in einen Fahrweg, der sich nach 30 m gabelt – hier links. Im nächsten Barranco biegt man links auf den Camino ab, der zum nächsten Rücken hinaufführt und 30 m vor dem Refugio de Tinizara in eine Forststraße mündet. Direkt nach dem Schutzhaus kreuzt der Wanderweg *PR LP 12.1* (*weiß-gelb*) den *PR LP 10* – auf diesem links hinab. Er passiert nach gut ½ Std. den Picknickplatz Hoya del Lance, 1090 m. Knapp ½ Std. später mündet er in Tinizara in die Hauptstraße LP-1 ein (rechts das Bar-Restaurant Tinizara; 4 Std. ab Tijarafe).
Kombinationsmöglichkeit mit den Touren 30, 33 und 34.

Vom Bar-Restaurant **Tinizara** gehen wir etwa 200 m auf der Hauptstraße in südliche Richtung, bis der Wanderweg *PR LP 12.1* (*weiß-gelb*) die Straße kreuzt. Auf diesem steigen wir rechts in wenigen Minuten hinab zu einer Straße mit dem Wanderweg *GR 130* (*weiß-rot*), dem wir nun nach links folgen. Nach 2 Minuten wendet er sich halb rechts einem Pflasterweg zu, der gleich darauf die Straße kreuzt und anschließend über den breiten, terrassierten Rücken hinabführt. Nach einigen Minuten leitet der Camino links durch den eindrucksvollen Barranco de la Baranda – ein wunderschönes, wenn auch etwas steiles Wegstück! Am nächsten Bergrücken passieren wir ein einladendes Rastplätzchen mit Bänken, anschließend senkt sich der Weg sanft hinab, um nach wenigen Minuten ein Sträßchen zu kreuzen, in das er bald darauf einmündet. 5 Minuten später kürzt links ein Camino die Straßenschleife ab, weit vor uns sehen wir nun bereits Tijarafe. 100 m danach zweigt in der scharfen Linkskurve wieder geradeaus der Camino ab. Er steigt bald links durch einen kleinen Taleinschnitt zu einem Sträßchen an, dem wir nach rechts folgen. Nach 50 m gehen wir geradeaus – nun immer etwa höhehaltend – auf dem Fahrweg weiter und 5 Minuten später rechts auf dem Camino. Dieser geht kurz darauf wieder in ein Sträßchen über, das an einzelnen Häusern mit hübschen Gärten vorbeiführt. Nach 5 Minuten zweigt halb links ein Camino ab, der höhehaltend durch den Hang verläuft und durch einen Taleinschnitt zu einem Fahrweg ansteigt – auf diesem rechts. Er passiert einen Heiligenschrein (700 m) und geht nach gut 5 Minuten abermals in ein Sträßchen über, das wir nach wenigen Minuten wieder auf dem geradeaus abzweigenden Camino verlassen. Er kreuzt nach einigen Minuten eine Straße und senkt sich hinab zu einer Straße, auf der wir links ansteigen. An der folgenden Straßengabelung zweigt links ein Pflasterweg ab, der nach 50 m nach rechts schwenkt und wieder in die Straße einmündet. Dieser folgen wir geradeaus zur Hauptstraße in **Tijarafe**, die uns rechts in 5 Minuten in das Ortszentrum bringt.

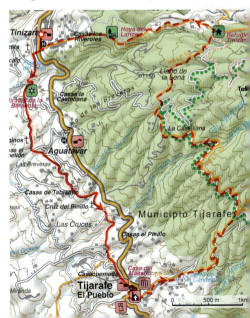

33 Playa de la Veta

1.10 Std.

Kurzer Abstieg zu einem der schönsten Sandstrände La Palmas

Früher einmal war die Playa de la Veta – außer auf dem Seeweg – nur über einen exponierten Felsensteig zugänglich. Seit dem Bau eines Fußgängertunnels aber ist dieser versteckte Traumstrand auch für den »normalen« Wanderer bequem und ohne großes Schweißvergießen erreichbar, wenn man einmal von der extrem steilen und schmalen Zufahrtsstraße absieht, die dem Autofahrer (und auch seinen Beifahrern) starke Nerven abverlangt. So dürfte dem einstigen Geheimtipp eine ähnliche Karriere bevorstehen wie der benachbarten »Piratenbucht«, die in diesem Wanderführer in den 1990er-Jahren ebenfalls erstmals veröffentlicht wurde.

Talort: Tijarafe, 663 m (Haltestelle der Buslinie 2).
Ausgangspunkt: Parkplatz, 150 m, oberhalb der Playa de la Veta. Zufahrt:
a) Vom Ortszentrum in Tijarafe folgt man 300 m der Hauptstraße Richtung Puntagorda, bis links die Calle Acceso al Colegio abzweigt. Diese immer geradeaus hinab, sogleich eine Ortsstraße kreuzend. Nach 1,6 km gabelt sich die Straße vor einem Wasserverteiler – hier rechts am Wasserkanal entlang weiter (die gerade Straße führt in Richtung Playa de las Vinagreras hinab). Nach weiteren 1,6 km zweigt links die äußerst steile, schmale Straße zur Playa de la Veta ab, die nach 2,7 km am kleinen Parkplatz endet.
b) In Aguatavar zweigt bei Km 83,2 der LP-1 Tijarafe – Puntagorda (gegenüber der Bar La Guagua, 830 m; 2,5 km ab Tijarafe; Haltestelle der Buslinie 2) meerwärts eine Straße ab, der man immer geradeaus folgt. Sie verläuft nach 2,8 km links an einem Wasserkanal, 250 m danach zweigt rechts die Straße zum Parkplatz (2,7 km) ab.
Höhenunterschied: 160 m.
Anforderungen: Kurze, leichte Wanderung auf gut ausgebautem Weg, der etwas Trittsicherheit erfordert.
Einkehr: Bar-Restaurants in Tijarafe.
Hinweis: Die Playa de la Veta wird auch von Ausflugsbooten angefahren, die in Puerto de Tazacorte starten.

Ein makelloses Paradies – die Playa de la Veta. Bei hoher Brandung im Winterhalbjahr kann der herrliche Sandstrand auch verschwinden!

Vom **Parkplatz** am Ende der Zufahrtsstraße setzt sich ein breiter, etwas steiniger Wanderweg fort, von dem sich schon bald ein erster schöner Blick auf die Steilküste ergibt. Nach 5 Minuten leitet der Camino durch einen etwa 30 m langen Tunnel (Lichtschalter am Tunneleingang – Achtung, falls das Licht nicht funktioniert: Felsvorsprünge in Kopfhöhe!). Anschließend verläuft der an dieser Stelle geländergesicherte Camino ein kurzes Stück durch die Steilwand oberhalb der Küste, um über Stufen, teilweise auch etwas steiler und zwischen Felsen hindurch, zur **Playa de la Veta** hinunterzuführen. Rund um die herrliche, etwa 100 m lange Badebucht, die beiderseits von riesigen Geröll- und Blockfeldern und auf der Rückseite von einer senkrechten Felswand eingefasst ist, gruppieren sich zahlreiche Häuschen mit farbenfrohen Gärten. Die idyllische Wochenendsiedlung verfügt sogar über eine von großen Gummibäumen beschattete Plaza, an der im Winter die Boote gelagert werden.

Wen der Entdeckungstrieb packt, der kann noch ausschwärmen und die Küste am Fuß der gewaltigen, bis zu 400 m hohen Felswände erkunden – besonders lohnend ist ein Entdeckungstrip nach Norden zur Bootsanlegestelle und weiter zu einem zweiten, etwas kleineren Sandstrand.

34 Von Tijarafe zur »Piratenbucht«

Einzigartig: der gewaltige Felsüberhang mit den Wochenendhäuschen

Es gibt kaum einen gewaltigeren und eindrucksvolleren Platz an den Küsten der »Isla Bonita« als diese einzigartige Felsenbucht: Ein fantastischer, natürlicher Konzertsaal mit einem lang gestreckten Felskoloss in seiner Mitte. In der riesigen, etwa 50 Meter hohen Felsüberhang sind knapp zwei Dutzend Steinhütten hineingebaut, fast schon ein kleines Dorf – reine Zweckbauten für die Fischer und für das Wochenende. Dennoch fehlt es an nichts: Von der Stromleitung in der düsteren Höhle hängen Glühbirnen herab, ein Spülbecken, Toiletten, ein Bootsplatz im hintersten Winkel, alles ist vorhanden, wie es sich für einen palmerischen Puerto eben gehört.

Ausgangspunkt: Ortszentrum von Tijarafe, 663 m (Haltestelle der Buslinie 2).
Höhenunterschied: 900 m.
Anforderungen: Anstrengende Wanderung auf teilweise schmalen, steilen, steinigen Wegen, die Trittsicherheit erfordern. Bei Hitze sehr mühsam!
Einkehr: Bar-Restaurants in Tijarafe.
Variante: Direktabstieg zur »Piratenbucht« (1¼ Std.): Von Tijarafe immer der steil abwärts führenden Calle La Molina folgen (20 Min. nach Bananenplantage an Gabelung rechts halten, ab Straßenende 10 Min. Fußweg); man kann auch nach 10 Min. (kleiner weißer Turm) auf dem Fahrweg rechts zum benachbarten Bergrücken hinübergehen und über den Rücken mit *PR LP 12.2* (weiß/gelb) hinabwandern (teilweise undeutliche Wegführung, gut auf Markierung und Steinmännchen achten; siehe Rückweg).
Hinweis: Besuchen Sie die »Piratenbucht« am besten mittags bis nachmittags, wenn die Sonne den Weg in diesen überdimensionierten Unterschlupf findet – und vergessen Sie nicht die Badesachen!

Im Ortszentrum von **Tijarafe** zweigt neben dem Supermarkt San Antonio eine steile Betonstraße ab (Calle La Molina), die direkt zur Piratenbucht hinabführt (→Variante). Wir aber gehen gegenüber die Calle del General Franco hinauf und biegen nach 100 m, direkt nach der Kirche, rechts ab. Auch an den beiden folgenden Straßengabelungen halten wir uns rechts. Nach insgesamt gut 10 Minuten wenden wir uns mit dem *GR 130* (*weiß-rot*)

links einem Camino zu, der allmählich zur Hauptstraße hinabführt und diese nach 5 Minuten kreuzt. Gut 5 Minuten später gelangen wir in ein wildromantisches, von Felsen flankiertes Bachbett, in dem der Wanderweg weiter abwärts zieht. Nach 5 Minuten, an der Einmündung in den gewaltigen **Barranco del Jorado**, hält sich der *GR 130* links und verlässt das Bachbett nach 30 m auf einem Camino, der rechts zu einer kleinen Felsscharte (Steinschlaggefahr!) und weiter zum nächsten Bergrücken ansteigt. Oben angekommen, treffen wir im Ortsgebiet von **El Jesús** auf eine Straße. Hier verlassen wir den *GR 130* und wandern rechts auf dem Betonsträßchen hinab in Richtung ›Barranco del Jorado‹ (*PR LP 12.2*, *weiß-gelb*). Nach 100 m wendet sich der Wanderweg links einem Camino zu, der bald an einigen Häusern vorbeiführt und nach insgesamt 10 Minuten eine Straße kreuzt. Hier ist es bequemer, rechts auf der Straße weiter hinabzuwandern (*PR LP 12.2* mündet bald wieder ein). Nach 5 Minuten erreichen wir eine erste scharfe Linkskurve, wenige Minuten später eine weitere Linkskurve, in der wir rechts auf eine zu-

Die Playa del Jorado – in unmittelbarer Nähe befindet sich die Cueva Bonita.

nächst zementierte, dann asphaltierte Piste (Pista del Jorado) abzweigen. Sie führt nach wenigen Minuten an einem Paradiesgarten vorüber, der zum Anwesen des berühmten Komponisten Frank Duval gehört. Nach 10 Minuten zweigt der markierte Wanderweg rechts ab und verläuft einige Minuten am Rand des Barranco del Jorado, um wieder auf die Straße zurückzukehren. 5 Minuten später stoßen wir in einer scharfen Linkskurve auf ein großes rundes Wasserreservoir (großartiger Blick zur Steilküste mit der Playa del Jorado). Etwa 40 m vorher zweigt neben einer kleinen Zisterne rechts ein Weg ab, der parallel zur Trasse einer verrosteten Materialseilbahn in den Barranco del Jorado hinabführt. Er passiert nach gut 5 Minuten ein Oratorium, gut 5 Minuten danach wendet sich der unangenehm steile, geröllige Weg von der Seilbahntrasse links ab und senkt sich vollends hinab zum Grund der Schlucht, in dem wir auf ein paar in den Fels hineingebaute Wochenendhäuschen treffen. Bevor wir den Gegenanstieg auf der anderen Talseite in Angriff nehmen, gehen wir noch zur steinigen **Playa del Jorado** – etwas südlich, nicht einsehbar, befindet sich übrigens die bekannteste Meeresgrotte der Insel, die Cueva Bonita, zu der gute, ausdauernde Schwimmer hinüberschwimmen können (nur bei absolut ruhiger See!).

Anschließend gehen wir im Barrancogrund hinauf zum letzten Gebäude, in dem sich ein Tiefbrunnen befindet (Pozo Jorado, das Wasser wurde früher mit der Materialseilbahn zu den Plantagen hinauftransportiert). Vor dem Gebäude führt der markierte Wanderweg links eine Treppe hinauf zu einem letzten Häuschen, an dem vorbei sich ein Geröllweg fortsetzt. Er schraubt

sich steil empor und mündet nach einer knappen halben Stunde auf einem Bergrücken in einen Betonfahrweg, dem wir links abwärts folgen. Nach 10 Minuten endet das Sträßchen. Zwei Wege setzen sich fort (rechts unser späterer Rückweg) – hier links in

Selbst mittags liegen die Hütten in der Bucht noch im Schatten des Felsüberhangs.

gut 5 Minuten hinab zur gewaltigen Felsenbucht **Porís de Candelaria**, deren herrlich türkisfarbener Pool bei ruhiger See zu einem Bad einlädt. Genießen Sie die einzigartige Atmosphäre und warten Sie an sonnigen Tagen mit dem Rückweg, bis die größte Hitze abgeklungen ist. Wir folgen zunächst dem Zugangsweg und biegen nach 5 Minuten (oder am Parkplatz), am Ende der Felswand links des Weges, scharf links auf den oben erwähnten Camino ab (*weiß-gelb*). Er passiert noch ein paar Höhlenbehausungen und zieht auf der linken Talseite des Barranco del Pueblo in der Nähe des Kammrückens steil nach oben. Nach etwa 40 Minuten befinden wir uns auf Höhe erster verwilderter Terrassenfelder. Der Weg wird nun etwas undeutlich – achten Sie daher fortan gut auf die Markierungen und Steinmännchen. Er wendet sich links dem Bergrücken zu, über den er in direkter Linie aufsteigt. Nach etwa 40 Minuten kreuzt der markierte Wanderweg einen quer führenden Fahrweg. 10 Minuten später kreuzt er neben einem Haus einen Betonfahrweg und trifft kurz darauf auf eine Betonstraße, über die wir rechts immer geradeaus aufsteigen. Nach gut 5 Minuten mündet die Straße in eine Querstraße – hier geradeaus weiter auf dem breiten Camino (*weiß-rot*). Er knickt nach 50 m nach rechts und mündet wieder in die Straße, der wir immer geradeaus folgen, bis wir auf die Hauptstraße treffen – auf dieser rechts in 5 Minuten zurück zum Ortszentrum von **Tijarafe**.

35 Hoya Grande und Torre del Time, 1160 m

4.50 Std.

Spektakulärer Aussichtsplatz an der Abbruchkante zur Angustias-Schlucht

Im Januar/Februar (Mandelblüte) und im Frühsommer (Zistrosen- und Ginsterblüte) erfreut uns diese Wanderung mit einer wahren Blütenpracht. Höhepunkt aber ist der Tiefblick vom Aussichtsplateau des Torre del Time auf den Barranco de las Angustias, zur Caldera und auf das Aridane-Tal.

Ausgangspunkt: El Jesús, 610 m, Haltestelle der Buslinie 2 bei Km 67,5 der Hauptstraße LP-1 Los Llanos – Tijarafe (gegenüber, meerseitig, ein gepflasterter Platz, ca. 250 m vorher Picknickplatz Fuente del Toro mit Parkmöglichkeit).
Höhenunterschied: Gut 1000 m.
Anforderungen: Anstrengende Bergwanderung, die Trittsicherheit voraussetzt.
Variante: Abstieg vom Torre del Time zum Mirador del Time oder nach La Punta (jeweils 1½ Std. und Haltestelle der Buslinie 2): 10 Min. unterhalb des Torre del Time beim Rechtsabzweig des Camino La Traviesa geradeaus mit dem *GR 131* weiter zu einem schwach ausgeprägten Geländeeinschnitt an der Kammhöhe. Hier rechts (links haltend) auf dem *GR 131* hinab. Er mündet nach etwa 20 Min. bei einer Rohrleitung in einen Schotterweg – hier nach 50 m links mit *GR 131* zum Mirador El Time (→Tour 63). Wer nach La Punta absteigen will, geht auf dem Schotterweg weiter hinab, kreuzt nach ein paar Minuten eine Pistenstraße und wandert auf dem Fahrweg abwärts zur Hauptstraße in La Punta, 540 m.

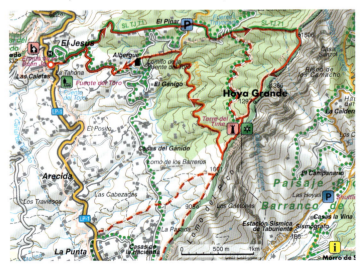

In **El Jesús** führt zwischen dem Bushäuschen und dem Heiligenschrein ein zu Beginn betonierter Fahrweg hinauf, der nach einigen Minuten in eine Straße mündet. Dieser folgen wir gemeinsam mit SL TJ 71 (*weiß-grün*) rechts bergan. Nach 3 Minuten wendet sich der Wanderweg einem halb links abzweigenden Fahrweg zu, der gemütlich über einen Bergrücken durch Mandelhaine und lichten Kiefernwald ansteigt. Er passiert nach 20 Minuten ein großes Wasserhaus und geht kurz darauf in ein Sträßchen über, das – vorbei an ein paar Häuschen des weit verstreuten Weilers **El Pinar** – in direkter Linie über den Rücken ansteigt. Nach gut 20 Minuten mündet unsere Straße neben einem Heiligenschrein in die Straße El Jesús – El Pinar – Torre del Time (hier kreuzt *PR LP 10*), der wir geradeaus nach oben

Aufstieg zum Calderakamm.

folgen. Gut 5 Minuten später passieren wir ein großes Wasserreservoir, 5 Minuten später zweigt der weiß-grün markierte Wanderweg halb links auf einen Camino in den lichten Kiefernwald ab. Er kreuzt in der Folge fünfmal die Straße (beim letzten Mal etwas links halten; die Forststraße führt rechts in ½ Std. direkt zum Torre del Time) und zieht in direkter Linie den Bergrücken hinauf. Etwa eine Stunde nach den letzten Häusern erreichen wir die Kammhöhe, 1500 m. Hier irgendwo sollte man sich ein schönes Rastplätzchen mit Caldera-Blick (u.a. Los Brecitos) suchen, bevor man sich rechts dem Wanderweg Roque de los Muchachos – Torre del Time (*GR 131*, *weiß-rot*) zuwendet. Er führt abseits der Kammhöhe durch die von Ginster, Zistrosen und

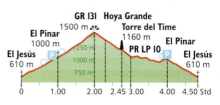

Der Torre del Time.

Auf dem Camino la Traviesa.

lichtem Kiefernwald überzogenen Hänge. Nach einer Viertelstunde verläuft der Wanderweg für ein paar Meter auf dem Kamm (Tafel »Hoya Grande«), 5 Minuten später am oberen Rand von Terrassenfeldern (gleich danach nicht rechts auf Fahrweg sondern links auf Camino weiter). Anschließend zieht der Weg links durch Weinterrassen und trifft auf einen Fahrweg (½ Std. ab Einmündung in den *GR 131*). Von diesem zweigt 20 m nach einer Linksabzweigung rechts ein Pfad ab, der die Schleifen des Fahrweges abkürzt. Wir kreuzen einmal den Fahrweg, beim zweiten Mal (Nationalparktafel) wenden wir uns wieder links dem Fahrweg zu (rechts kürzeste Rückkehrmöglichkeit nach El Jesús) und stehen kurz darauf vor dem Brandwachturm des **Torre del Time**, 1160 m.

Am Turm vorbei, folgen wir dem bergab führenden Fahrweg knapp 10 Minuten, bis in einer Rechtskurve links bergab ein breiter, von Steinmäuerchen eingefasster Weg abzweigt. Er zieht links hinüber in Richtung Kammhöhe und gabelt sich nach gut 5 Minuten. Hier muss man sich entscheiden: Will man weiter zum Mirador del Time oder nach La Punta absteigen, so geht man geradeaus weiter zur Kammhöhe (→Variante). Wir aber wenden uns dem rechts abzweigenden Camino La Traviesa zu (*PR LP 10*,

Rast am Camino la Traviesa nahe El Pinar.

weiß-gelb). Er führt in leichtem Auf und Ab durch den lichten Kiefernwald. Nach 20 Minuten geht der Pfad in einen Fahrweg über, der sich gleich darauf gabelt. Wir halten uns rechts und biegen nach 5 Minuten, vor einer Rechtskurve des Fahrweges, links auf einen schmalen Camino ab. Dieser führt rechts haltend hinab in einen Barranco und führt auf der anderen Seite vorbei an einer Höhle hinauf zum nächsten Bergrücken. In einer Hangquerung geht es weiter. Später quert der Pfad zwei weitere Barrancos und steigt anschließend durch den Hang (zuletzt an Gabelung rechts halten) zu ein paar Häusern an, wo er bei einer alten Zisterne auf einen Feldweg trifft (Tafel). Dieser bringt uns links in gut 5 Minuten zur Straße in **El Pinar**.

Man könnte nun auf der Straße nach El Jesús zurückkehren (4 km). Wir aber biegen 5 m vor der Einmündung des Camino La Traviesa in die Straße links auf einen Camino ab, der über den Bergrücken hinabführt. Er geht schon bald in einen Zementfahrweg über und trifft nach 10 Minuten wieder auf die Straße. Wir folgen dieser 100 m nach rechts und biegen unmittelbar nach der Herberge links auf den Fahrweg ab. Er geht bald in einen Camino über und führt beständig zwischen Häusern und Gärten hinab (stellenweise ein wenig verwildert), um nach gut 10 Minuten abermals in die Straße einzumünden. Auf dieser wandern wir nun gemütlich weiter hinab, bis nach 20 Minuten links wieder der Aufstiegsweg abzweigt, der uns zur Hauptstraße in **El Jesús** zurückbringt.

36 Von Los Llanos nach Puerto de Tazacorte

4.30 Std.

Auf alten Königswegen durch die Steilwände der Angustias-Schlucht

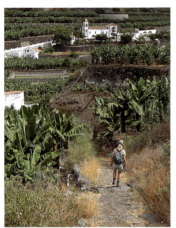

Im Zeitalter der Motorisierung und der intensiven landwirtschaftlichen Nutzung sind die alten Dorfverbindungswege lange in Vergessenheit geraten oder den Straßen und Plantagen zum Opfer gefallen. Heute besinnt man sich dieser herrlichen Königswege und restauriert sie wieder für die Wanderer. Dies gilt auch für den Wanderweg Los Llanos – El Time, der eine schöne abwechslungsreiche Rundtour zwischen Los Llanos und Puerto de Tazacorte eröffnet. – Wem die Tour zu lang ist, der sollte wenigstens von Puerto de Tazacorte zum Mirador El Time aufsteigen – der Camino real durch die eindrucksvolle Steilwand des Barranco de las Angustias ist ein regelrechter Gang zwischen Himmel und Erde!

Ausgangspunkt: Busbahnhof (Estación de Autobuses) von Los Llanos de Aridane, 344 m (Haltestelle der Buslinien 1–4, 21).
Höhenunterschied: 900 m.
Anforderungen: Leichte, aber anstrengende Wanderung auf Pflasterwegen und Straßen.
Einkehr: Bars und Restaurants in Los Llanos, Puerto de Tazacorte und am Mirador El Time.
Variante: Beim Abstieg nach Puerto de Tazacorte kann man auch der Hauptstraße nach links folgen (Abzweig siehe unten), bis nach 5 Min. in der nächsten scharfen Rechtskurve links ein Weg abzweigt – man muss etwa fünf steile, unangenehme Meter unter einem dicken Rohr hindurch hinab, dann geht es wieder gemütlich auf dem teils etwas verwachsenen Pflasterweg weiter, der nach 15 Min., zuletzt rechts haltend, am Steilufer des Bachbettes und bei einer Gittertüre zu einer Plantage anlangt. (Wer die unangenehme Steilpassage unter dem Rohr hindurch meiden will, geht auf der Hauptstraße weiter bis zur nächsten Kurve, an der links eine Piste in die Bananenplantagen abzweigt. Auf dieser gelangt man links haltend ebenfalls zu dem stets geöffneten Tor der Plantage.) 10 m von der Gittertüre findet sich eine Abstiegsmöglichkeit zum Barrancogrund. Nun wandert man im Bachbett oder auf dem Fußweg entlang der Straße nach Puerto de Tazacorte (1¼ Std. ab Los Llanos).

Los Llanos, gesehen von der Montaña Triana.

Wir gehen vom Busbahnhof in **Los Llanos** in Richtung Hauptstraße, biegen jedoch schon in die erste Straße rechts ab – die breite Avenida Enrique Mederos, die weitgehend parallel zur Hauptstraße verläuft. Diese verfolgen wir bis an deren Ende am Abbruch in die Angustias-Schlucht. Hier biegen wir links ab auf eine Teerstraße. An der nächsten Kreuzung halten wir uns rechts (Calle Vázquez Díaz), um nach 100 m abermals rechts abzubiegen auf den asphaltierten Camino Punta de Argual (Straßenschild, *weiß-rot*, bis hierher gut 20 Min.). Nach wenigen Minuten folgt eine Rechtskurve. 30 m danach geht es links auf dem gepflasterten Camino Las Angustias hinab in den Barranco de las Angustias, mit prachtvollem Blick auf weite Teile der Schlucht, von der Caldera de Taburiente bis hin nach Puerto de Tazacorte.

Puerto de Tazacorte mit der eindrucksvollen El Time-Steilwand.

Wir bleiben stets auf dem Pflasterweg, der nach 10 Minuten in die Hauptstraße Los Llanos – Puntagorda (LP-1) mündet. Gegenüber setzt sich ein Pfad fort, der nach kurzem Abstieg auf einen Fahrweg trifft. Dieser mündet rechts nach 50 m in die Hauptstraße (→Variante). Gegenüber setzt sich der fahrwegbreite Camino real fort. Er trifft nach wenigen Minuten wieder auf die Hauptstraße, der wir nun 50 m nach rechts folgen, bis links ein breiter Weg abzweigt, der uns vollends zum **Barranco de las Angustias** hinabbringt. 25 m weiter links führt eine Fußgängerbrücke hinüber zur Straße auf der anderen Barrancoseite (rechts 250 m zur Angustias-Kirche) – hier verlassen wir den *GR 130*, der gegenüber in Richtung El Time ansteigt (unser Rückweg), und wandern links auf der Straße zur Strandpromenade von **Puerto de Tazacorte** hinab (Haltestelle der Buslinien 2, 21; man kann das 1,4 km lange, recht viel befahrene Straßenstück auch meiden, indem man bei nächster Gelegenheit zum Barrancogrund absteigt und durch diesen zum Strand hinabwandert). Der Fischer- und Badeort ist bekannt für seine Fischlokale und den schwarzen Sandstrand, außerdem beeindruckt er durch seine spektakuläre Lage am Ende des Barranco de las Angustias.

Wir gehen nun auf der Strandpromenade nach rechts bis zum ›Kiosco Teneguía‹ am Fuß der Steilwand. Rechts vom Restaurant führt ein breiter Camino auf die im unteren Bereich von Höhlen durchlöcherte Felswand der Angustias-Schlucht zu (*GR 130/131*, weiß-rot). Er steigt in Serpentinen durch die Steilwand an, mit herrlichen Ausblicken auf Puerto de Tazacorte sowie auf Tazacorte und das Aridane-Tal, und mündet nach einer guten halben Stunde bei einem Aussichtsplateau auf eine hier endende Straße. Nach der Lagerhalle setzt sich rechts der Pflasterweg fort (hier verabschiedet sich der *GR 130* nach links, der Straße entlang). Er mündet kurz darauf wieder in eine Straße, der wir nun rechts hinauf folgen, vorbei an mehreren Villen mit verschwenderisch schönen Paradiesgärten. Knapp 5 Minuten später, bei zwei Wasserreservoirs (links der Straße), biegen wir rechts auf ein Sträßchen ab, das zwischen Bananenplantagen hindurchführt. Nach etwa 5 Minuten, gleich nach einem gestuften Mäuerchen rechts, wenden wir uns rechts einem Fahrweg zu. Er hält nach 100 m links bergan und geht gleich darauf in ein steiles Sträßchen über, das uns in einer Viertelstunde zum **Mirador del Time**, 510 m (Haltestelle der Buslinie 2), hinaufbringt.

Schräg links gegenüber setzt sich der *GR 131* auf einem Zementfahrweg fort. Er wendet sich nach gut 5 Minuten rechts einem Camino zu, der 5 Minuten später eine große Wegkreuzung auf der Kammhöhe (580 m) erreicht – hier verlassen wir den *GR 131* und zweigen rechts auf den breiten Pflasterweg ab, eine Variante des *GR 130* (unter Wasserleitungen hindurch). Der Weg passiert sogleich einen kleinen Rastplatz und führt mit herrlichem Blick auf das Aridane-Tal hinab. Nach 10 Minuten kreuzen wir die Hauptstraße LP-1, bald darauf kommen wir an einem weiteren hübschen Rastplatz (kleine Höhle) vorbei. Einige Minuten später gabelt sich der Camino kurz oberhalb der ersten Plantagen von **Amagar**. Wir gehen hier rechts hinab zu einem anfangs zementierten Fahrweg, dem wir durch Plantagen hinabfolgen (nach 5 Min. nicht links zur Hauptstraße hinauf), bis dieser nach 10 Minuten in die Hauptstraße LP-1 einmündet. Bereits nach 50 m, vor der folgenden Linkskurve, zweigt rechts ein deutlicher Pfad ab, der links haltend hinabführt und nach wenigen Minuten die Hauptstraße kreuzt (10 m rechts). Knapp 10 Minuten später trifft der Camino abermals auf die Hauptstraße, schräg gegenüber setzt sich der Weg fort. 10 Minuten später erreichen wir im **Barranco de las Angustias** die Straße nach Puerto de Tazacorte – hier gegenüber über die Fußgängerbrücke auf bekanntem Weg zurück nach **Los Llanos**.

Der Süden und die Cumbres

Cumbre Nueva und Cumbre Vieja – Nebelurwälder und Vulkane

Touristenattraktion – Kamele am Volcán San Antonio bei Fuencaliente.

Lorbeerurwälder an der Cumbre Nueva und lichte Kiefernwälder, weite schwarze Sandlandschaften, wilde Lavaströme und ebenmäßige Vulkankegel an der Cumbre Vieja – das sind die charakteristischen Landschaftsbilder im Südteil der Insel. Abgesehen von der dicht bewaldeten Cumbre Nueva, durch die hindurch der ›Túnel grande‹ die Ost- und die Westhälfte La Palmas miteinander verbindet, ist die Vegetation eher karg. Nur Sukkulenten, in den Lagen ab 700 m auch die Kanarenkiefer sowie Ginster- und Codesogestrüpp, können sich auf den trockenen Lavaböden behaupten.

Der Süden La Palmas ist jüngeren vulkanischen Ursprungs als der Norden. Nicht weniger als 120 Vulkane bilden den 14 km langen Gebirgszug der Cumbre Vieja, die vom Refugio del Pilar bis zur Südspitze an der Punta de Fuencaliente reicht. Auf ihrem Kamm verläuft einer der schönsten Wanderwege der Kanaren, die Ruta de los Volcanes. Sie berührt nicht nur die höchsten Erhebungen (Deseada, 1949 m), sondern auch die bedeutendsten Krater (Hoyo Negro, Duraznero) dieses eindrucksvollen Gebirges.

Mächtige Lavaströme ziehen von den Vulkanen und Kraterspalten der Cumbre Vieja hinab zum Meer – der gewaltigste von ihnen ist der erstarrte Lavafluss des 1949 ausgebrochenen San Juan, der sich über *Las Manchas* bis ins Meer bei Puerto Naos ergoss. Weiter nach Süden, vorbei am Blumendorf *Jedey*, ergeben sich immer wieder herrliche Ausblicke auf die steil abfallende Westküste, an der sich die schönsten Strände der Insel finden – am bekanntesten neben jenen von Puerto Naos die Playa de Zamora bei Las Indias. Dann *Los Canarios* (*Fuencaliente*): Der südlichste Ort der Insel besticht nicht nur durch sein schmuckes Ortsbild, sondern vor allem durch seine malerische Lage zwischen dem sanften, von Kiefernwäldern überzogenen Südabfall der Cumbre Vieja und den weiten Lavaflächen der Vulkane San Antonio und Teneguía (1971 ausgebrochen). Zudem ist er bekannt für seinen ausgezeichneten Wein, den »Teneguía« – er kann in den Bodegas Teneguía probiert werden. Bei der Südspitze mit den beiden Leuchttürmen und den Salinen befinden sich übrigens zwei hübsche Strände, die Playa del Faro und die Playa Nueva. Schön, wenn auch etwas abgelegen, sind auch die kleinen Strände Playa del Río und Playa Martín, die über eine 9 km lange Piste von *Monte de Luna* aus erreicht werden können.

Ausgangspunkte für Wanderungen

Centro de Visitantes de El Paso, 870 m

Nationalpark-Besucherzentrum an der Hauptstraße Los Llanos – Santa Cruz (Haltestelle der Buslinie 1, Abzweig zur Cumbrecita, 3,5 km oberhalb des Ortszentrums von El Paso). Daneben die Casa forestal El Paso, gegenüber das Bar-Restaurant Las Piedras.

Ermita de la Virgen del Pino, 900 m

Kleine Kirche in schöner Lage am Westfuß der Cumbre Nueva, 2 km vom Centro de Visitantes (ausgeschildert: zunächst Richtung Cumbrecita, dann rechts ab; nächste Haltestelle der Buslinie 1 am Centro de Visitantes, von dort zu Fuß entlang der Straße ½ Std.).

Reventón, 1435 m

Ruppige Pistenstraße auf der Kammhöhe der Cumbre Nueva (bis Reventón-Pass). Abzweig beim Refugio del Pilar.

Refugio del Pilar, 1440 m

Großer Picknickplatz mit kleinem Besucherzentrum, Tischen, Bänken und Grillplätzen am Scheitelpunkt der Straße LP-301 San Isidro (10 km) – El Paso (12,5 km). Keine Busverbindung. Zu Fuß am günstigsten erreichbar vom

■ Ost-Eingang zum alten (oberen) Basistunnel der Hauptstraße LP-1 Santa Cruz – Los Llanos (Busstation vor Tunnel = »antes del túnel grande«); von hier auf ebener Forstpiste durch Lorbeerwald zum Rastplatz Pared Vieja (Tafel, 1¾ Std.); von dort wie bei Tour 4 zum Picknickplatz (¾ Std.).

■ Linksabzweig der Straße LP-301 zum Refugio del Pilar kurz vor dem neuen (unteren) Basistunnel der Hauptstraße LP-1 Los Llanos – Santa Cruz (Busstation vor Tunnel = »antes del túnel grande«); entlang der Straße, dann auf *PR LP 14* zum Picknickplatz (1½ Std.).

■ Rechtsabzweig einer Straße am obersten Ortsende von El Paso an der Hauptstraße Los Llanos – Santa Cruz (Busstation ›Fuente Montaña Colorada‹, gut 5 Gehminuten unterhalb des Centro de Visitantes); zunächst auf Straße, später auf Camino zur Sandlandschaft des Llano del Jable und weiter zum Picknickplatz (*PR LP 14*, 2 Std.).

37 Von El Paso nach Breña Alta

3.35 Std.

Überschreitung der Cumbre Nueva auf altem Verbindungsweg

Der Camino real über den Reventón-Pass war früher einmal der wichtigste Verbindungsweg zwischen dem Aridane-Tal und Santa Cruz. Er ist hervorragend ausgebaut und verläuft auf der Ostseite der Cumbre Nueva durch herrlichen Lorbeerwald.

Ausgangspunkt: Centro de Visitantes de El Paso, 840 m (Haltestelle der Buslinie 1), am oberen Ortsende von El Paso, 664 m. Oder Ermita de la Virgen del Pino, 900 m.
Endpunkt: Plaza von San Pedro de Breña Alta, 344 m (Haltestelle der Buslinien 1, 14).
Höhenunterschied: 600 m im Aufstieg und 1100 m im Abstieg.
Anforderungen: Leichte, teilweise etwas steile Wanderung auf guten Caminos (bei Nässe glitschig!).
Einkehr: Bar-Restaurants in San Pedro.
Variante: Von San Pedro de Breña Alta zum Mirador de la Concepción: Von der Plaza weiter auf der Hauptstraße und die erste Straße (Calle El Arco) rechts hinab zur Pfarrkirche. Links neben der Kirche wendet man sich links der Calle Blas Pérez Gonzáles zu (*GR 130, weiß-rot*), die immer parallel zur Hauptstraße verläuft, nach 10 Min. direkt rechts daneben. 5 Min. später kreuzt sie eine Straße und geht in einen Weg über, der wenige Minuten später an einer Kreuzung in die Carretera de la Cumbre einmündet. Nun gegenüber weiter auf der Straße und nach 50 m beim Kreisel rechts die Straße hinauf zum Mirador de la Concepción (½ Std. ab San Pedro; Abstiegsmöglichkeit nach Santa Cruz, →Tour 1).
Kombinationsmöglichkeit mit den Touren 4, 5, 38, 57.

Zu Beginn erwartet uns erst einmal ein halbstündiger Straßentrip: Wir biegen neben dem **Centro de Visitantes** auf die Straße in Richtung Cumbrecita ab und halten uns nach knapp 15 Minuten an der Kreuzung rechts, zur **Ermita Virgen del Pino**. Gleich hinter der schön gelegenen Kapelle führt ein breiter Forstweg in

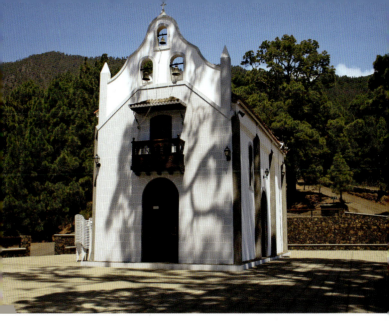

Die Ermita de la Virgen del Pino am Fuß der Cumbre Nueva.

Im Barranco de Aguasencio – Rückblick zur Cumbre Nueva.

den Kiefernwald (*PR LP 1*, *weiß-gelb*). Er hält gerade den schwach ausgeprägten Höhenrücken hinauf. Nach einer guten Viertelstunde befinden wir uns am Fuß der Steilwand. Hier beginnt der steingepflasterte Camino real. Er zieht in Serpentinen entlang einer Feuerschneise nach oben und eröffnet schöne Ausblicke auf das Aridane-Tal sowie auf die Cumbrecita mit ihrer Umrahmung. Nach einer knappen halben Stunde gabelt sich der Camino – wir verbleiben rechts auf dem markierten Hauptweg, der in einer lang gezogenen Hangquerung nach rechts zur Kammhöhe der Cumbre Nueva hinaufführt (**Reventón-Pass**, 1416 m; Wasserstelle), auf der unser Camino eine Piste und den *GR 131* kreuzt.

Schräg links gegenüber (Tafel ›Santa Cruz‹) setzt sich der Camino fort, der nun auf der Ostseite der Cumbre hinabführt. Er verläuft zunächst in leichtem Auf und Ab durch den Hang und senkt sich dann in weiten Schleifen durch den Nebelwald hinab. Nach einer guten halben Stunde treffen wir auf einen Forstweg, dem wir rechts abwärts folgen. Wenige Minuten später, gleich nach der nächsten Linkskurve, zweigt scharf rechts wieder der alte Pflasterweg ab – er mündet kurz darauf wieder in den Forstweg ein, auf dem wir nun gemütlich weiter hinabwandern. Erst nach 10 Minuten, nach vier Wegschleifen, zweigt scharf links wieder der alte Weg ab. Er vereint sich bald wieder mit einem Fahrweg und passiert kurz darauf einen Rastplatz (Steinbank). Gut 10 Minuten später kommen wir an einer weiteren Steinbank vorbei. 5 Minuten danach kreuzt der Canal de Fuencaliente unseren Weg, nach weiteren 5 Minuten treffen wir auf die Hauptstraße (**Carretera de la Cumbre**).

Wir folgen der Hauptstraße etwa 50 m nach links, bis sich rechts, entlang einer Steinmauer, der abwärts führende Camino fortsetzt. Er kreuzt nach knapp 10 Minuten einen Fahrweg und gabelt sich 5 Minuten später, 50 m nach Querung des Barranco de Aguasencio. Der gerade Weg (*PR LP 1*, →Tour 2) führt weiter nach Santa Cruz, wir aber biegen scharf rechts ab auf den Camino in Richtung ›Fuentes de Las Breñas‹ (Tafel). Er führt hinab zum Bachbett und leitet in diesem stetig talabwärts. Nach 5 Minuten kreuzen wir einen Wasserkanal, einige Minuten später geht der Weg bei ersten Häusern in eine Asphaltstraße über. Dieser folgen wir immer geradeaus hinab (nach 5 Min., 50 m nach einer Kanalbrücke, zweigt rechts →Tour 5 ab) und erreichen so nach 10 Minuten die Hauptstraße Breña Alta – Mazo (nicht durch die Unterführung). Diese bringt uns links in 5 Minuten zur Plaza von **San Pedro de Breña Alta**. Von hier könnte man noch zum Mirador de la Concepción und nach Santa Cruz weiterwandern (→Variante).

Endstation der Wanderung: die Plaza von San Pedro de Breña Alta.

38 Von El Paso über die Cumbre Nueva

4.45 Std.

Aussichtsreiche Rundwanderung auf Königswegen und Pisten

Der Aufstieg auf dem Camino real (Königsweg) zum Reventón wäre fast schon eine Tour für sich, der Lorbeerwald und die Ausblicke auf das Aridane-Tal sowie – oben angekommen – auf die Ostküste bieten dem Wanderer ausreichend Kurzweil für eine gemütliche Halbtagestour. Trotz zeitweise etwas monotoner Pisten- und Straßenabschnitte empfiehlt sich aber ein Rückweg über El Pilar, der uns mit seinen Lavaströmen und Ascheefeldern einen Einblick in die jüngere vulkanische Geschichte der Insel gibt.

Talort: El Paso, 664 m.
Ausgangspunkt: Ermita de la Virgen del Pino, 900 m. Wer mit dem Bus anfährt, beginnt die Tour beim Centro de Visitantes de El Paso (Haltestelle der Buslinie 1).
Höhenunterschied: Etwa 800 m.

Anforderungen: Überwiegend gemütliche, aber lange Rundwanderung.
Einkehr: Bar-Restaurant Las Piedras gegenüber dem Centro de Visitantes.
Kombinationsmöglichkeit mit den Touren 4, 37, 39, 40, 45, 57.

Von der **Ermita Virgen del Pino** folgen wir →Tour 37 zum **Reventón-Pass**, 1416 m. Hier wenden wir uns rechts der Pistenstraße zu (*GR 131, weiß-rot*). Sie führt über die Kammhöhe der Cumbre Nueva bis zum Refugio del Pilar und ist zum Glück kaum befahren. Nur selten gibt das Gestrüpp aus Lorbeerbäumen, Zistrosen und Farnen die Sicht frei auf das Aridane-Tal im Westen und Santa Cruz im Osten – ganz zu schweigen von den Passatwolken, die den Kamm häufig einhüllen. Nach 30 Minuten kommen wir am **Reventón** (Cumbrera), 1435 m, mit seinen Funkmasten vorbei. Kurz darauf, am kleinen Parkplatz mit der Felsaufschrift ›Fuente a 200 m‹, bietet

Auf der Cumbre Nueva – Blick zur Cumbre Vieja.

sich links auf einem steilen, mitunter glitschigen Pfad ein Abstecher zu einer gefassten Quelle im Lorbeerwald an (15 Min. einfach). Gut eine halbe Stunde später kreuzt ein Fahrweg unsere Piste, die wir aber nicht verlassen. Die etwas monotone, aber rundum bequeme Kammwanderung hat nun bald ein Ende. Vor uns baut sich der mächtige, ebenmäßige Vulkankegel des Pico Birigoyo auf, dann ist auch schon die Straße San Isidro – El Paso erreicht (direkt vor der Kreuzung zweigt übrigens links ein schöner Camino real zum Picknickplatz Pared Vieja ab; →Tour 4). Die Straße bringt uns rechts in wenigen Minuten zum Rast- und Zeltplatz **Refugio del Pilar**, 1440 m.
Wir folgen nun →Tour 4 zum **Centro de Visitantes de El Paso**. Hier biegen wir links ab auf die Straße in Richtung Cumbrecita, von der nach knapp 15 Minuten rechts die Zufahrtsstraße zur **Ermita Virgen del Pino** abzweigt.

147

39 Von Tacande zum Llano del Jable

3.00 Std.

Gemütliche Rundwanderung mit Option auf einen Gipfelabstecher

Die kurzweilige Halbtagestour zu den weiten, fast pechschwarzen Lavasandflächen des Llano del Jable kann durch verschiedene Abstecher zu einer ordentlichen Tagestour ausgebaut werden.

Ausgangspunkt: Km 4,9 der Straße LP-212 El Paso – San Nicolás in Tacande de Arriba, 680 m (keine Busverbindung; nächste Haltestelle der Buslinie 1 in El Paso, 1 km).
Höhenunterschied: 550 m.
Anforderungen: Leichte Rundwanderung auf Caminos und Fahrwegen.
Einkehr: Nur in El Paso.
Variante: Rundtour vom Llano del Jable zum Volcán Bernardino (2¼ Std., Trittsicherheit erforderlich): Im Llano del Jable mit *PR LP 14* rechts wenige Minuten bergan zur Einmündung in eine Sandpiste – auf dieser scharf rechts mit *SL EP 103* (*weiß-grün*) sanft bergab durch die weite, teilweise kiefernbestandene Lavasandfläche. Nach etwa 40 Min. zweigt links ein ansteigender Fahrweg ab, dem man immer geradeaus folgt. Er steigt nach 20 Min. spürbar an. 5 Min. später, am höchsten Punkt, folgt *SL EP 103* links ab auf einen Pfad (geradeaus nach gut 10 Min. der Wanderweg *PR LP 14.1* und gleich darauf das Lavafeld des Volcán San Juan, →Tour 41). Er passiert nach wenigen Minuten den Krater des Volcán Bernardino und führt steil am Grat des Vulkans bergan, um nach insgesamt 15 Min. am Vulkanschlot vorbeizuführen (im kleinen Kraterkessel befindet sich ein etwa 10 m tiefes Erdloch, lohnend ein Abstecher zum höchsten Punkt). Anschließend über den Bergrücken hinauf zu einer Forstpiste (10 Min.), die links nach 20 Min. in die Straße LP-301 (El Paso – Refugio del Pilar) mündet. Auf dieser links weiter und nach 10 Min. scharf links mit *PR LP 14* zurück zum Beginn der Variante (10 Min.).
Kombinationsmöglichkeit mit den Touren 4, 38 und 41.

Am Kilometerschild ›Km 5‹, am Ortsbeginn von **Tacande de Arriba**, zweigen wir von der Landstraße auf die schmale, ansteigende Straße ab und biegen nach 5 Minuten links ab in die Calle Cuesta de la Juliana, die zwischen Weideflächen bergan führt. Nach 1,5 km (20 Min.) endet der Asphalt. Rechts geht der Fahrweg sogleich in einen von Steinmäuerchen eingefassten Camino real über (*SL EP 101*, *weiß-grün*), der recht steil durch den Kiefernwald ansteigt. Nach einer knappen Stunde mündet von links ein Forstweg ein. 50 m danach gabelt sich der Weg – hier geradeaus weiter bergan (links kann man einen Abstecher zur **Montaña Enrique**, 1255 m, unternehmen: an der Gabelung nach 15 m links, 40 m danach geradeaus und 5 Min.

später rechts, bald darauf am Fahrwegende fast weglos weiter zum Gipfel, verwachsen; 15 Min. einfach, *SL EP 102*, *weiß-grün*). An der Wegkreuzung nach 5 Minuten halten wir uns links aufwärts auf dem schmalen steilen Camino. Kurz darauf erreichen wir den **Llano del Jable**. Wir wandern nun geradeaus über die weite, pechschwarze Sandhochfläche auf die Montaña Quemada zu und treffen nach knapp 10 Minuten auf einen quer führenden Fahrweg mit dem Wanderweg *PR LP 14* (*weiß-gelb*). Auf diesem könnte man rechts zur Straße LP-301 (gut 5 Min.) und weiter zum Refugio del Pilar ansteigen (gut ½ Std.). Wir aber folgen dem Fahrweg links bergab. Er tritt bald in Kiefernwald ein, passiert nach einigen Minuten eine kleine Wiesenfläche mit einer Steinhütte und mündet wenige Minuten später in eine Forststraße. Vor der Einmündung wenden wir uns rechts dem Camino zu, der zwischen Steinmauern hinabführt. Er trifft kurz darauf wieder auf die Forststraße, die wir 100 m danach abermals rechts auf dem Camino entlang der Steinmauer verlassen. Wir kreuzen nochmals die Straße, gut 5 Minuten später ist es vorbei mit der »Camino-Herrlichkeit«: Wir wandern nun auf der Straße hinab, vorbei an Villen. Nach 10 Minuten gabelt sich die Straße (→Tour 39) – hier biegen wir links ab auf einen Fahrweg (*SL EP 100*, *weiß-grün*), der bequem durch den Hang verläuft. Nach knapp 10 Minuten halten wir uns an der Gabelung links, 2 Minuten später rechts. Das Sträßchen senkt sich nun sanft hinab und bietet einen schönen Blick über Mandelhaine nach El Paso. Nach 10 Minuten wendet sich die Straße rechts ab – hier geradeaus weiter auf dem Fahrweg. Er mündet 5 Minuten später in unser Aufstiegssträßchen von **Tacande** ein; auf diesem rechts zurück zum Ausgangspunkt (gut 20 Min.).

Pico Birigoyo, 1807 m, und Pico Nambroque, 1924 m

Feine Aussichtsgipfel für Genusswanderer

Wohl dem, der den Birigoyo an einem wolkenlosen Tag erlebt: Über die schwarzen Lavaflächen des Llano del Jable und das Aridane-Tal hinweg blickt man auf die greifbar nahen Caldera-Gipfel, fantastisch auch der Blick auf die Küsten beiderseits sowie über die Vulkane bis zur Deseada. Mit dieser Aussicht können sich nur wenige Gipfel La Palmas messen. Wer die Wanderung ausbauen will, dem sei die Fortsetzung der Tour direkt über den Kamm der Cumbre Vieja bis zum eindrucksvollen, steil zur Ostküste hin abbrechenden Nambroque empfohlen (mit Rückkehr über den Llano de las Moscas oder über die Vulkanroute) – eine großartige, abwechslungsreiche Tagestour!

Talort: El Paso, 664 m (Haltestelle der Buslinie 1).
Ausgangspunkt: Picknickplatz Refugio del Pilar, 1440 m (keine Busverbindung).
Höhenunterschied: 400 m (Birigoyo) bzw. 900 m (komplette Birigoyo-Nambroque-Rundtour).
Anforderungen: Überwiegend leichte, bis auf ein paar steilere Anstiege wenig anstrengende Bergwanderung, die jedoch Trittsicherheit voraussetzt. Begehung der Gipfelgrate bei Sturm gefährlich (dann besser auf dem *GR 131* bleiben!).
Kombinationsmöglichkeit mit den Touren 4, 38 und 45.

Der Wanderweg ist zu Beginn identisch mit der Ruta de los Volcanes: 50 m nach dem Besucherzentrum auf dem **Picknickplatz Refugio del Pilar** gabelt sich der Weg – wir folgen halb rechts dem *GR 131* (weiß-rot) in Richtung Los Canarios. Wir verbleiben stets am Hauptweg, der den Birigoyo nach Westen umgeht, halten uns also an der Gabelung nach 10 Minuten rechts. 5 Minuten später passieren wir eine kleine Aussichtsplattform mit großartigem Blick auf El Paso und die Caldera-Umrahmung (Mirador del Birigoyo). Der Kiefernwald lichtet sich nun zunehmend und der Weg quert die Lavagrus-Flanke des Biri-

Der formvollendete Vulkankegel des Pico Birigoyo – hier von der Straße nahe dem Refugio del Pilar aus gesehen.

goyo. Nach insgesamt 30 Minuten ignorieren wir einen links zum Birigoyo abzweigenden Weg, 10 Minuten später mündet der Wanderweg in eine Forststraße. Wir folgen dieser 5 Minuten nach links, bis links bergauf ein deutlicher, mit Steinmännchen markierter Pfad abzweigt (wer auf den Birigoyo verzichten und auf kürzestem Weg zum Nambroque will, geht hier mit der Vulkanroute geradeaus weiter, →Tour 45). Der Pfad erreicht gut 5 Minuten später eine kleine Mulde, vor der wir uns links halten, zum Rand des Birigoyo-Kraters hinauf. Wir wandern nun rechts am Kraterrand entlang weiter zur Vermessungssäule auf dem **Pico Birigoyo**.

Wer nicht weiter zum Nambroque will steigt am besten über den Rücken ab, der nach Nordosten in Richtung des Ausgangspunktes hinabzieht. Der Pfad führt vom Vermessungspunkt über Geröll hinab bis an den Fuß der baumbestandenen Mulde unterhalb des Gipfels. Es folgt eine kurze Hangquerung nach rechts in den Kiefernwald, anschließend führt der Weg steiler, in Serpentinen, über eine breite Feuerschneise hinab. Unmittelbar nach einem Wasserreservoir kreuzt ein *weiß-gelb* markierter Wanderweg die Schneise. Dieser leitet links durch den Kiefernwald in 5 Minuten zurück zum

Refugio del Pilar (man kann auch über die Schneise weiter zur Straße San Isidro – El Pilar absteigen und auf dieser links zum Picknickplatz zurückkehren).

Blick vom Birigoyo-Gipfel zur Caldera.

Vom Birigoyo zum Nambroque: Wir gehen vom Vermessungspunkt etwa 3 Minuten auf dem Kraterrandweg zurück, bis neben einem großen Steinhaufen links ein mit Steinmännchen markierter Pfad abzweigt. Er führt durch einen Sattel zum nächsten Gipfel im Kammverlauf, die **Montaña la Barquita**, 1809 m (gut 10 Min., großer Steinmann am höchsten Punkt). Der Weg verbleibt noch etwa 3 Minuten auf dem Kraterrand und führt dann bei einem großen Steinhaufen und Steinmauern links im Zickzack über eine Feuerschneise hinab zu einem Forstweg im nächsten Sattel (10 Min.). Diesem folgen wir nach rechts und biegen nach wenigen Minuten scharf links auf den *GR 131* (*weiß-rot*) ab. Etwa 5 Minuten später, am Ende einer kleinen breiten Lichtung, zweigt links zwischen zwei Steinhaufen ein deutlicher, mit Steinmännchen markierter Pfad ab (wer auf den Abstecher zur Montaña de los Charcos verzichten will, verbleibt geradeaus auf dem *GR 131*). Er steigt steil an einer kleinen Erosionsrinne entlang an und gabelt sich nach 5 Minuten: Der Hauptweg (rechts) umgeht den Gipfel der **Montaña de los Charcos** und verläuft durch deren Lavagrushänge (teilweise schmal und abschüssig), schöner aber ist es, wenn man geradeaus weiter ansteigt, auch wenn sich der unangenehm steile Weg bald verliert. Nach knapp 10 Minuten erreichen wir den Nordgipfel (linker Hand

Beschaulicher Auftakt: Durchblick zum oberen Aridane-Tal.

Gipfel-Parade – Rückblick von der Montaña de los Charcos zur Montaña la Barquita (mit dem Zickzack-Abstieg links), dahinter spitzt der Pico Birigoyo hervor.

großer Steinmann, 1815 m), von dem wir rechts über den Grat in einen flachen Sattel hinabgehen, von dem wir links über den steilen Grat zum höheren Südgipfel, 1852 m, hinaufsteigen (knapp 10 Min., Grenzstein am höchsten Punkt, schöner Blick zum Nambroque). Wenige Minuten später wenden wir uns mit den Grenzsteinen halb links vom Grat ab. Unser Pfad führt gemütlich über den Kamm hinab, vereint sich mit dem Hangweg (hier links) und steigt nach einem flachen Sattel sanft an, um nach insgesamt 10 Minuten in den *GR 131* (*weiß-rot*) einzumünden, auf dem wir nun weiter ansteigen. Nach 30 m ignorieren wir den links abzweigenden Weg zum Llano de las Moscas (unser späterer Rückweg), knapp 10 Minuten später erreichen wir den höchsten Punkt im Kammverlauf, 1904 m. Anschließend wandern wir hinab an den Rand des tief eingeschnittenen, stark erodierenden **Cráter del Hoyo Negro**. Der Weg umgeht in der Folge die nächste Erhebung im Kammverlauf nach links. Hier zweigt an einer GR 131-Tafel (gut 5 Min. ab P. 1904 m) links ein *weiß-grün* markierter Pfad ab. Er führt am rechten Rand einer kleinen Kratermulde entlang und senkt sich auf deren Rückseite hinab zum Sattel vor dem Nambroque (kurz davor oberhalb der Weggabelung ein abgrundtiefes Erdloch!). Nun steigen wir auf den deutlichen, markierten Pfad, uns an der Gabelung vor dem großen Felsspalt rechts haltend (gleich danach geradeaus) hinauf zum Gipfel des **Pico Nambroque**, der einen kleinen Krater und mehrere Diques auf der Nordostseite aufweist (knapp ¼ Std. ab *GR 131*, Vermessungssäule). Bei entsprechendem Wetter sollte man hier eine ausgiebige Rast einlegen und den großartigen Blick auf die Ostküste und zu den Nachbarinseln Teneriffa und La Gomera genießen (El

Hierro spitzt links der Deseada hervor). – Und noch ein Tipp für entdeckungslustige Wanderer: Geht man vom Nambroque-Sattel in südöstlicher Richtung den schwach ausgeprägten Taleinschnitt hinab, so erreicht man nach 2 Minuten eine sandige Hochfläche – rechts, leicht bergan, gelangt man vorbei an zwei markanten felsigen Vulkanschloten zu einem teils sandigen, teils wild aufgeborstenen Lavafeld, das zu Streifzügen einlädt (u.a. kann man Erdlöcher und eine große Höhle mit einer Tropfwasserquelle entdecken; nur bei guter Sicht, sonst evtl. Orientierungsprobleme!). Geht man über die sandige Hochfläche weiter hinab (Steinmännchen), so erreicht man nach einigen Minuten den grob blockigen Steilabbruch nach Osten. Wir gehen nun wieder auf dem *GR 131* zurück und biegen nach einer Viertelstunde rechts ab auf den Wanderweg zum Llano de las Moscas (*SL VM 125, weiß-grün*). Er führt etwa höhehaltend durch den Lavagrushang auf den Nambroque zu, kreuzt nach 5 Minuten eine Rinne und erreicht bald darauf einen riesigen, talwärts ziehenden Lavawall. Hier senkt sich der Weg hinab, sogleich den Lavawall überschreitend. Nach gut 5 Minuten geht der herrliche Weg am Fuß von zwei Roques in einen verwilderten Fahrweg über, der sich 10 Minuten später gabelt – hier rechts weiter, vorbei an der Montaña de la Morcilla, mit schönem Rückblick auf die felsige, von zahlreichen Vulkanschloten geprägte Steilwand des Nambroque. In der Folge verbleiben wir immer auf dem markierten Hauptweg, der uns in einer guten halben Stunde zum **Llano de las Moscas** bringt. Auf der Hochfläche passieren wir ein großes Gebäude, 1515 m (Schutzhaus mit Picknickplatz, verschlossen) und zwei Kreuze.

Der Pico Nambroque ist einer der eindrucksvollsten Vulkangipfel La Palmas.

Dique am Gipfel des Pico Nambroque.

50 m danach wendet sich der Fahrweg nach links, nach weiteren 150 m mündet von rechts eine Forststraße mit dem Wanderweg *PR LP 16* (*weiß-gelb*) ein. Mit diesem wandern wir geradeaus zurück nach El Pilar. Die Forststraße (Pista Llano la Mosca) verläuft gemütlich, in leichtem Auf und Ab durch lichten Kiefernwald und führt nach 20 Minuten an einer Vulkankuppe (Montaña el Caldero) vorüber, 5 Minuten danach quert sie einen farbenprächtigen Erosionsgraben. Eine Viertelstunde später ignorieren wir einen halb links abzweigenden Fahrweg, gut 5 Minuten danach mündet die Forstpiste in die Straße San Isidro – El Pilar (LP-301). 5 m vor der Einmündung zweigt links ein Waldweg ab (Tafel ›Birigoyo‹), der kurz darauf unterhalb eines Wasserreservoirs eine breite Feuerschneise kreuzt, die vom Birigoyo herabzieht, und nach weiteren 5 Minuten den Picknickplatz **Refugio del Pilar** erreicht.

Der Llano de las Moscas mit dem Schutzhaus.

Von San Nicolás zum Volcán San Juan

Schöne kurzweilige Rundtour an den Hängen der Cumbre Vieja

Ziel dieser Halbtageswanderung ist der San Juan, der 1949 einen mächtigen Lavastrom zur Westküste entsandte und weite Teile der Gegend um San Nicolás und Las Manchas unter sich begrub. Ähnlich interessant ist die gewaltige, abgrundtiefe Vulkanspalte Hoyo de la Sima, die der landschaftlich reizvolle Wanderweg ebenfalls berührt.

Ausgangspunkt: Bar San Nicolás in San Nicolás, 610 m (Haltestelle der Buslinie 3).
Höhenunterschied: 750 m.
Anforderungen: Bis zu den Coladas de San Juan überwiegend bequeme Wanderwege, Rückweg etwas mühsam (teilweise schlechter Weg).
Einkehr: Bar in San Nicolás, Bodegón Tamanca an der Straße San Nicolás – Jedey.
Tipp: Nach der Wanderung bietet sich ein Ausflug zum **Tubo de Todoque** an, eine der längsten und eindrucksvollsten Vulkanröhren La Palmas, der unter Naturschutz steht: An der Hauptstraßen-Gabelung in San Nicolás in Richtung Los Llanos, nach 100 m links ab nach Todoque (LP-211). Nach 2,5 km (500 m nach dem Linksabzweig einer Straße zur sehenswerten Plaza de la Glorieta in Las Manchas) durchschneidet die Hauptstraße den Lavastrom des Volcán San Juan. Der Einstieg in den auf 550 m Länge begehbaren Lavatunnel, der überwiegend bequem zu durchqueren ist und bis zu 8 m hohe Gewölbe aufweist, befindet sich einige Gehminuten oberhalb: Man folgt dem breiten Fahrweg nahe am rechten

Rand des breiten Lavastromes hinauf. Er passiert nach 3 Min. eine Kettensperre und führt anschließend links quer durch den Lavastrom. 2 Min. nach der Kettensperre zweigt nach rechts oben ein deutlicher Lavapfad ab (Steinmännchen), der direkt über dem Tubo verläuft und nach 1 Min. eine erste Deckenöffnung passiert (Vorsicht!) und 35 m danach eine weitere. 30 m danach erreicht man den »Haupteingang«, eine 25 m lange, dreistufige Öffnung: man klettert links über die 3 m hohe Felswand hinab (Trittstufen, siehe Foto) und steigt dann am Ende hinab in den Tubo (keinesfalls über die dünne untere Decke gehen, sie ist stark einsturzgefährdet!). Für die Begehung des Lavatunnels sind leuchtstarke Taschenlampen unabdingbar. Vorsicht: beim Anmarsch nicht auf der Decke der Vulkanröhre gehen (teilweise einsturzgefährdet, Öffnungen in der Decke)!
Kombinationsmöglichkeit mit den Touren 39 und 43.

Llano de Tamanca – auf der Hochfläche wird Weinbau betrieben.

In **San Nicolás** gehen wir rechts der Bar und der Kirche die Dorfstraße Calle Tamanca hinauf (*SL EP 107, weiß-grün*, Tafel ›Llano de Tamanca‹) und folgen dieser immer geradeaus bergan (nach 5 Min. links kurzer Abstecher zum Santuario de Fatima am Rand des San Juan-Lavastroms). Nach knapp 10 Minuten geht die Straße bei einem großen Wasserreservoir in einen Fahrweg und gleich darauf in einen Pflasterweg über. Der breite, von Steinmauern eingefasste Camino mündet nach einer Viertelstunde in ein Asphaltsträßchen, dem wir geradeaus über die Hochfläche des **Llano de Tamanca** mit Weinfeldern und einer schmucken Finca folgen.

Nach etwa 200 m verlassen wir die Straße halb links mit der *weiß-grünen Markierung*, kreuzen den weiß-gelb markierten *PR LP 14.1* und wandern rechts auf dem Fahrweg in Richtung Hoyo de la Sima weiter bergan. Er führt sogleich an einer Finca (El Palenque) vorüber und geht danach in einen

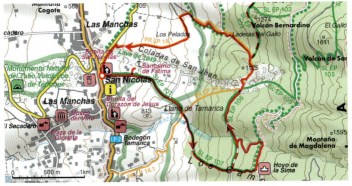

Am Beginn des Lavastromes des Volcán San Juan.

Weg über. Der wunderschöne Camino zieht zunächst stets leicht rechts haltend durch den lichten Kiefernwald empor, mit herrlichem Ausblick auf die Dörfer San Nicolás, Las Manchas und Jedey, vor uns erblicken wir die Diques des Volcán Tajuya. Nach 10 Minuten führt der Camino in engen Serpentinen am Rand eines kleinen Barrancos bergan, um sich nach weiteren 10 Minuten zu gabeln – hier links weiter bergan. 10 Minuten später kreuzt unser Wanderweg eine Forststraße (wer auf den Aufstieg zum Hoyo de la Sima verzichten will, folgt der Forststraße mit *SL EP 106* 4 Minuten nach links und biegt 30 m vor dem Barranco de Tamanca halb links ab, siehe unten). Eine gute Viertelstunde später mündet unser Waldweg direkt am **Hoyo de la Sima**, 1240 m, in die Forststraße El Pilar – Los Canarios. Über ein paar Stufen geht es hinab, dann blicken wir in das gigantische, unergründlich tiefe Erdloch.

Wir folgen nun der Forststraße nach links und biegen nach 5 Minuten im Barranco de Tamanca scharf links auf die Forststraße nach Jedey ab. Nach gut 10 Minuten Abstieg kehrt die Forststraße wieder zum Barranco zurück. 30 m danach zweigen wir scharf rechts auf eine Forststraße ab (*SL EP 106, weiß-grün*), die den Barranco quert und anschließend durch ein Privatgrundstück mit Kastanien- und Feigenbäumen sowie einem Häuschen führt (die Markierungen sind evtl. blau übermalt; bitte auf der Forststraße bleiben, diese ist öffentlich, trotz der »privado«-Aufschriften). Nach insgesamt 10 Minuten mündet von links der Wanderweg *PR LP 14.1* (*weiß-gelb*) ein, mit dem wir geradeaus, weiterhin etwa höhehaltend, weiterwandern. Er

zweigt nach 2 Minuten links ab auf einen Pfad, der sogleich in den Lavastrom des San Juan (**Coladas de San Juan**, der Volcán San Juan befindet sich gut 20 Min. oberhalb) hineinführt und sich nach wenigen Minuten gabelt.
Wir verbleiben auf dem geraden Wanderweg (rechts Aufstiegsmöglichkeit mit *SL EP 105* zur Forststraße El Pilar – Los Canarios). Er quert leicht absteigend die etwa 5 m breite Lavarinne (links in der Rinne ein eindrucksvoller Lavatunnel) und führt anschließend leicht rechts haltend durch den benachbarten Lavastrom bergan. Nach 10 Minuten verlassen wir das Lavafeld nach links. Anschließend wendet sich der Wanderweg nach rechts, um 1 Minute später an der Gabelung links durch die steile Barrancorinne hinabzuführen (geradeaus kann man in gut 10 Min. zum Wanderweg *SL EP 103* hinüberqueren, →Variante Tour 39). Nach 5 Minuten kreuzt unser Wanderweg eine Forststraße, 10 Minuten später kreuzt er neben Weinfeldern abermals eine Forststraße, um auf dieser weiter durch das rechts von schwarzen Lavawällen begrenzte Tal hinabzuführen. Nach gut 10 Minuten verlassen wir die teilweise betonierte Forststraße auf einem scharf links abzweigenden Fahrweg, der sich nach knapp 5 Minuten im Talgrund vor Weinfeldern gabelt – hier rechts und nach 30 m vor der Kettensperre halb rechts weiter auf dem von Steinmauern eingefassten Camino. Nach einer guten Viertelstunde kreuzt der felsige Camino einen Fahrweg. 10 Minuten später geht er in ein Sträßchen über (durch Kettensperre), das durch den Lavastrom des Volcán San Juan zur nahen Hauptstraße LP-212 hinabführt. Diese bringt uns links in gut 5 Minuten zurück zum Ortszentrum von **San Nicolás**.

Der Lavastrom des San Juan, gesehen von San Nicolás.

42 Von Jedey nach El Remo

4.45 Std.

Gemütlicher Abstieg durch Lavafelder zur Küste

Der Wanderweg von Las Manchas folgt im ersten Abschnitt dem »Küstenweg« (GR 130) und durchquert mehrere Lavaströme, in denen man Stricklava und Vulkanröhren entdecken kann. Auf dem anschließenden Abstiegsweg zur Küste – »La Esperilla« genannt – kann man mit etwas Glück hautnah Gleitschirmflieger beobachten, die an der Kante der Steilwand zwischen Puerto Naos und El Remo entlangfliegen. In El Remo erwartet uns ein Bad im Meer (nur bei ruhiger See!) und eine Einkehr in einem der einladenden Strandrestaurants.

Ausgangspunkt: Jedey, 620 m (Haltestelle der Buslinie 3).
Höhenunterschied: Knapp 800 m.
Anforderungen: Leichte, etwas anstrengende Wanderung, kein Schatten.
Einkehr: Bar-Restaurants in Jedey und in El Remo.
Wichtiger Hinweis: Das Eisentor am Ende der Wanderung bei Km 14 der LP-213 Puerto Naos – El Remo (2,1 km vom Charco Verde) kann evtl. verschlossen sein (Wochenende, abends). Das Tor und die Plantagenmauern sind sehr hoch und können nur sehr mühsam umgangen werden: auf dem Fahrweg nach dem Strommast nach rechts und am Ende über die Steinmauer hinüber zu einem Betonweg, der zur Hauptstraße hinabführt.
Kombinationsmöglichkeit mit Tour 43.

Von der Bar in **Jedey** folgen wir der Hauptstraße in südlicher Richtung und biegen nach 3 Minuten neben der Montaña Jedey mit dem *GR 130* (*weißrot*) rechts ab auf einen Fahrweg, der parallel zur Hauptstraße verläuft. Nach 5 Minuten erreichen wir eine große Fahrwegkreuzung, an der wir mit dem »Küstenweg« rechts hinabwandern. 2 Minuten später biegt der markierte Wanderweg halb links auf einen schönen, breiten Camino ab. Er verläuft in leichtem Auf und Ab durch den Hang – mit herrlichem Blick zur Cumbre Vieja und nach El Hierro – und quert in der Folge mehrere Lavaströme, in denen sich einzelne Kiefern und Sukkulenten angesiedelt haben. Nach einer Viertelstunde kreuzen wir einen Lavastrom mit einer mächtigen Lavarinne,

einige Minuten später einen weiteren mit einer Vulkanröhre zur Rechten. Nach weiteren 10 Minuten – der Wanderweg verläuft nun auf einem Fahrweg – passieren wir ein paar verfallene Häuser und bald

Blick vom Mirador an der Abbruchkante nach El Remo.

darauf einen Ziegenstall. Knapp 5 Minuten nach dem Ziegenstall und etwa 30 m vor einem Markierungsstein am Wegrand zweigt vom *GR 130* rechts ein Camino ab. Er ist unangenehm geröllig und führt nach 10 Minuten an einem Häuschen vorbei. Gut 5 Minuten später erreichen wir einen kleinen **Mirador** mit Tisch und Bank an der Abbruchkante zur Küste, 420 m. Hier oder 3 Minuten weiter unten in der schattigen **Höhle** 10 m rechts des Caminos sollten Sie eine Pause einlegen und den Blick auf El Remo genießen, bevor Sie den mühsamen Abstieg angehen.

In unzähligen Serpentinen geht es nun durch den steilen Geröllhang hinab. Nach einer guten halben Stunde passieren wir einen Strommast und treffen auf einen Fahrweg – diesem folgen wir nach links zu einer Plantage und gehen an ihrem Rand den Zementfahrweg hinab zur Straße Puerto Naos – El Remo (Km 14 der LP-213; das Eisentor kann evtl. verschlossen sein, →Wichtiger Hinweis). Rechts sind es 2,1 km zum Charco Verde, wir aber folgen der Straße nach links (nach 400 m rechts) und erreichen so nach 10 Minuten die ersten Häuser von **El Remo** beim Bar-Restaurant »7 Islas« (Haltestelle der Buslinie 4), wenige Minuten später ist das Ortszentrum beim Dorftümpel und dem Kiesstrand mit weiteren Bar-Restaurants erreicht.

43 Von Jedey zum Volcán Tajuya, 1078 m

3.00 Std.

Kurzweilige Halbtageswanderung zu einem großartigen Aussichtsplatz

Ziel dieser schönen, abwechslungsreichen Rundtour sind die Campanarios (»Glockentürme«) – die auffälligen Vulkanschlote oberhalb von Jedey sind Aussichtslogen allerersten Ranges und legen uns die Westküste zu Füßen.

Talort: Jedey, 620 m (Haltestelle der Buslinie 3).
Ausgangspunkt: 50 m südlich der Bar

Jedey zweigt von der Hauptstraße LP-2 die Calle Campanario ab, auf dieser erreicht man nach 1 km (bzw. 20 Min. zu Fuß) links einen kleinen Parkplatz, 730 m.
Höhenunterschied: Gut 500 m.
Anforderungen: Kurze, aber teilweise steile Bergwanderung, die besonders bei Nebel etwas Orientierungssinn erfordert.
Einkehr: Bar-Restaurants in Jedey, Bodegón Tamanca an der Straße Jedey – San Nicolás.

1 km ab der Hauptstraße in **Jedey** erreichen wir einen kleinen, nicht als solchen gekennzeichneten **Parkplatz** in einer Linkskurve. 40 m nach dem Parkplatz knickt die Straße rechts ab (*SL EP 108, weiß-grün*; auf der geraden Piste kehren wir später zurück). Die Straße führt gemütlich durch lichten Kiefernwald bergan, mit schönem Blick auf die Campanarios, und passiert nach 3 Minuten eine Finca (bald danach endet der Asphalt). 10 Minuten später zweigt in einer scharfen Rechtskurve links der markierte Wanderweg ab. Der Pfad steigt steil über Lavagrus an und gabelt sich nach gut 5 Minuten. Hier auf dem markierten Pfad links durch den immer steiler werdenden Lavagrushang hinauf zu einem schwach ausgeprägten Rücken. Der Pfad steigt in der Folge parallel zu einem Taleinschnitt an (Lavarinne). Nach einigen Minuten knickt der markierte Wanderweg nach rechts ab, um wieder über einen steilen Lavagrushang anzusteigen – hier lohnt sich geradeaus links entlang der Rinne ein Weiteraufstieg zum **Volcán Tajuya**: Nach gut 5 Minuten erreichen wir die Kammhöhe vor einem felsigen Krater. Rechts am Krater entlang gelangen wir auf ein weites Geröllplateau, von dessen unterem Rand man direkt auf die Campanarios hinabblickt sowie auf Jedey – ein großartiger Aussichtsplatz! Wer etwas kraxeln will, kann rechts den 1078 m hohen Gipfel besteigen (links Felswand mit Kletterrouten).

Blick vom Volcán Tajuya über die Campanarios auf Jedey und zur Küste.

Nach dem Abstecher steigen wir mit dem markierten Wanderweg auf dem steilen Lavagruspfad weiter an – zur Rechten eine Lavasteilrinne, an deren Rand der Pfad nach gut 5 Minuten heranführt, um links durch den Hang (rechts des Bergrückens) weiter anzusteigen. Nach 15 Minuten verflacht sich der steile Pfad kurzzeitig und kommt wieder nahe an die Kammhöhe des Bergrückens heran – hier zweigt links, rechts vorbei an einer kleinen Gipfelkuppe, 1199 m, und links einer Mulde unser Rückweg ab (Steinmännchen am Abzweig). (Wer will kann mit dem Wanderweg noch zur Forststraße El Pilar – Los Canarios ansteigen, gut ¼ Std.: nach 20 m an Gabelung halb links und nach 5 Min. links am Rand des Doppelkraters entlang; bei Nebel gut auf den Weg achten!) Der nicht markierte, aber deutliche Weg verläuft zunächst fast eben, dann leicht absteigend durch den Hang. Nach 5 Minuten erreichen wir einen Talgrund, den wir geradeaus, die Richtung beibehaltend, durchqueren (Steinmännchen beachten, nicht links hinab, Wegführung nicht ganz eindeutig). Anschließend verläuft der nun wieder deutliche Weg leicht absteigend am rechten Rand eines weiten Lavafeldes, um sich nach wenigen Minuten zu gabeln – hier gehen wir halb rechts hinab zum tief eingeschürften Barranco de la Palma, an dessen Rand wir wenige Minuten ansteigen (nicht zu nahe an die abbruchgefährdete Kante herantreten!), bis sich links an einem Katarakt im Barrancogrund eine Durchstiegsmöglichkeit bietet. Nun am anderen Barrancorand auf butterweichem Nadelfilzpfad hinab. Er quert nach wenigen Minuten eine Rinne und entfernt sich anschließend rechts durch den Hang vom Barranco, um höhehaltend zu einer Forststraße hinüberzuführen. Diese bringt uns links in einer Stunde zurück zum Ausgangspunkt, allmählich mit Blick auf die Campanarios (immer der abwärts führenden Hauptpiste folgen).

Von Jedey auf die Deseada, 1945 m

Langer, einsamer Aufstieg zur Cumbre Vieja

Die Wanderung von Jedey auf die Deseada ist eine recht langatmige Unternehmung, vor allem weil sie häufig auf Forststraßen verläuft. Höhepunkt der Tour ist zweifellos der landschaftlich eindrucksvolle Schlussanstieg, auf dem uns mit der Montaña de los Lajiones ein wunderschöner Aussichtsgipfel abseits der viel begangenen Ruta de los Volcanes geschenkt wird.

Ausgangspunkt: Jedey, 620 m (Haltestelle der Buslinie 3).
Höhenunterschied: 1400 m.
Anforderungen: Lange, anstrengende, aber einfache Wanderung, häufig auf Forststraßen.
Einkehr: Bar-Restaurants in Jedey, Bodegón Tamanca an der Straße Jedey – San Nicolás.
Variante: Wer nicht auf demselben Weg nach Jedey zurückkehren will, kann mit der Vulkanroute z.B. nach Los Canarios absteigen (3¼ Std., →Tour 45; Rückfahrt mit Bus oder Taxi) oder in Gegenrichtung beim Pico Birigoyo mit *SL EP 105* und *SL EP 106*, anschließend auf der Forstpiste nach Jedey absteigen (4½ Std.).
Kombinationsmöglichkeit mit den Touren 43 und 45.

Unterwegs passiert der Wanderweg eine landwirtschaftlich genutzte Hochfläche mit einzelnen Häusern.

Von der Bar in **Jedey** folgen wir der Hauptstraße in Richtung Los Canarios und biegen nach 50 m halb links in die Calle Campanario ein (*PR LP 15, weiß-gelb*). Nach 100 m, in der Rechtskurve nach der Schule, zweigt die Wanderroute links auf einen Camino ab, der bald wieder die Straße kreuzt. Er führt leicht rechts haltend durch lichten Kiefernwald bergan und mündet nach einer Viertelstunde in einen Fahrweg. Wir folgen diesem nach links und biegen kurz darauf vor dem Haus rechts ab auf den Wanderweg, der durch lichten Kiefernwald weiter ansteigt. Nach 10 Minuten gelangen wir auf einen an dieser Stelle schwach ausgeprägten Bergrücken – hier weiter durch den Hang (Steinreihen). 10 Minuten später quert der Weg eine kleine Lavarinne. Nach dem Lavafeld steigt der Weg etwas beherzter an, um nach einer guten Viertelstunde in einem Weinfeld einen Fahrweg zu kreuzen.

Höhepunkt: der Deseada-Hauptgipfel.

2 Minuten später durchschreiten wir rechts einen kleinen Barranco und steigen an seinem Rand weiter an, nach 10 Minuten eine weitere Barrancorinne querend. 2 Minuten später treffen wir auf eine Forststraße, der wir nach rechts folgen. An der Gabelung nach wenigen Minuten halten wir uns links und kommen oberhalb einer Hochfläche mit mehreren Häusern, Weinfeldern und Obstbäumen vorbei. Nach einer Viertelstunde gabelt sich die Forststraße – hier halb rechts auf der Hauptpiste weiter, die wir nach 100 m links auf einem breiten Pflasterweg verlassen. Er führt leicht rechts haltend am Rand des Lavafeldes bergan und geht bald in einen Fahrweg über, der in Serpentinen ansteigt. Etwas unterhalb sehen wir eine Müllverbrennungsanlage (PIRS), zu der nach einer Viertelstunde ein Fahrweg abzweigt. 20 Minuten später mündet unser Fahrweg in die **Forststraße** El Pilar – Los Canarios (1260 m).

Kraterblick vom Gipfel der Montaña de los Lajiones (Montaña Negra).

Schlussanstieg von der Montaña de los Lajiones zur Deseada (links).

Wir folgen der Forststraße nach rechts und biegen an der Gabelung nach gut 5 Minuten mit der markierten Wanderroute auf die links abzweigende Piste ab. Sie führt sehr gemütlich, in weiten Kehren durch Kiefernwald bergan – erst weiter oben öffnet sich allmählich ein wenig der Blick zur Küste bei Puerto Naos und zur Caldera de Taburiente. Nach 1¼ Stunden, 10 m nach der vierten Linkskehre, zweigt rechts ein Camino ab. Er führt in direkter Linie – zunächst sehr steil, mit zunehmender Höhe dann flacher – durch den Hang zwischen der nun sichtbaren Deseada (links) und den schwarzen Kuppen der Montaña de los Lajiones (rechts) bergan. Nach einer knappen halben Stunde knickt der Weg nach rechts und steigt zum Sattel zwischen den beiden schwarzen Kuppen an. Hier knickt der markierte Wanderweg scharf nach links – zuvor aber lohnt rechts ein 5-minütiger Abstecher zur Vermessungssäule auf der **Montaña de los Lajiones**, 1784 m, von der man einen herrlichen Blick auf die fantastische Vulkanlandschaft mit den beiden Deseaden sowie zur Westküste und nach Hierro genießt.

Anschließend wandern wir auf dem markierten Weg weiter. Er leitet nach einigen Minuten unterhalb einer Felswand durch eine Mulde, gleich danach erreichen wir die Kammhöhe der Cumbre Vieja (**Collado de las Deseadas**, 1828 m). Hier treffen wir auf die Ruta de los Volcanes (*GR 131, weiß-rot*; rechts Wasserstelle). Auf dieser sind es links nur mehr etwa 20 Minuten zum Gipfel der **Deseada II**.

45 Ruta de los Volcanes

5.45 Std.

Die Vulkanroute – Paradetour der Insel

Die Überschreitung der Cumbre Vieja ist eine der großartigsten und atemberaubendsten Touren der Insel – nicht nur wegen des ständigen Landschaftswechsels und der Einblicke in die vulkanische Vergangenheit der »Isla Bonita«, sondern auch wegen der grandiosen Blicke zur West- und Ostküste. Dennoch sollte, wer die Vulkanroute in Angriff nehmen will, nicht übersehen, dass es sich um eine anstrengende Tageswanderung handelt. Auf der Kammhöhe kann es zudem zu raschen, kaum vorhersehbaren Schlechtwettereinbrüchen mit Wolken, Nebel und heftigem, bis zu orkanartigem Sturm kommen.

Ausgangspunkt: Refugio del Pilar, 1440 m (keine Busverbindung, →S. 141).
Endpunkt: Los Canarios (Fuencaliente), 722 m (Haltestelle der Buslinien 3, 31). Rückfahrt zum Refugio del Pilar per Taxi.
Höhenunterschied: Aufstieg zur Deseada 700 m, Abstieg nach Los Canarios 1400 m.
Anforderungen: Anstrengende, gute Kondition und Trittsicherheit erfordernde Bergwanderung. Auf der Kammhöhe wird man häufig mit Wolkennebel und mit einem äußerst stürmischen Wind konfrontiert, der zur Umkehr zwingen kann.

Einkehr: In Los Canarios mehrere Bar-Restaurants und Bodegas.
Varianten: Man kann die Vulkanroute auf zwei Touren aufteilen: El Pilar – Deseada, Los Canarios – Deseada. Konditionsstarke Wanderer können vom Sattel zwischen Volcán Martín und Los Faros mit *SL FU 111*, rechts vorbei an der Montaña Pelada, zu einer Forststraße absteigen (gut ½ Std.) und über diese rechts in etwa 4 Std. zum Refugio del Pilar zurückkehren (Gesamtzeit 8–9 Std.).
Kombinationsmöglichkeit mit den Touren 40, 44 und 47.

Aufstieg zur Kammhöhe der Cumbre Vieja.

Von der Straße gehen wir durch das Picknickgelände zum **Refugio del Pilar** und halten uns 50 m nach dem Besucherzentrum (interessante Ausstellung zur Cumbre Vieja) an der Gabelung rechts in Richtung ›Los Canarios‹ (*GR 131, weiß-rot*). Nach 10 Minuten halten wir uns an der Gabelung abermals rechts. Der Wanderweg verläuft zunächst durch herrlichen Kiefernwald, später öffnet sich der Blick auf die Bergumrahmung der Caldera de Taburiente und auf das Aridane-Tal. Wir queren nun die Lavagrus-Flanke des Pico Birigoyo – nur Farne, Ginsterbüsche und Kiefern lockern das vom schwarzen Sand geprägte Landschaftsbild. Nach insgesamt 40 Minuten mündet der Wanderweg in eine Forststraße, der wir links bergan folgen. 15 Minuten später – wir befinden uns wieder in einem lockeren Kiefernwald – zweigt der *GR 131* rechts auf einen Weg ab, der durch eine wunderschöne, von der Natur beinahe schon parkähnlich modellierte Landschaft führt: Ginsterbüsche ducken sich in den ockerfarbenen Lavagrus, hellgrün leuch-

Von der Deseada überblickt man weite Teile der Vulkanroute (hinten die Caldera).

tende Kiefern kontrastieren zum dunklen Lavageröll und überziehen den Weg mit einem samtweichen Nadelteppich. Tief unter uns erblicken wir die Westküste mit ihren Plantagen und den Treibhausdächern. Eine Brücke wird überquert (20 Min.), dann steigen wir entlang eines farbenprächtigen Erosionsgrabens hinauf zum Kamm und über diesen zum höchsten Punkt im Kammverlauf, 1904 m (20 Min.; auf halber Strecke ignorieren wir den links abzweigenden Wanderweg *SL VM 125*, →Tour 40) – im Rückblick sehen wir auf Santa Cruz und Los Llanos.

Anschließend wandern wir hinab an den Rand des tief eingeschnittenen, stark erodierenden Kessels des **Cráter del Hoyo Negro**. Der Weg hält sich nun links und umgeht die nächste Erhebung im Kammverlauf nach links. Hier lohnt links ein Abstecher zum steil nach Osten hin abbrechenden **Nambroque**, 1924 m (¼ Std., →Tour 40).

Weiter auf der Vulkanroute taucht schon der nächste Vulkankessel mit dem pechschwarzen Lavafeld La Malforada vor uns auf. Der Weg führt rechts am Krater entlang und gabelt sich am tiefsten Punkt des Kraterrandes am Fuß der Montaña del Fraile (¼ Std.). Geradeaus zweigt ein Pfad zum Deseada-Hauptgipfel, 1945 m, ab (der Pfad berührt unterwegs den Cráter del Duraznero, zuletzt links) – wir verbleiben aber rechts auf dem markierten Hauptweg. Er führt zunächst leicht absteigend in einem weiten Bogen um den Duraznero herum und leitet durch ein Tal, zunehmend steiler, hinauf zum Gipfel der **Deseada II**, 1932 m (½ Std.). Wir werden mit einem herrlichen Panorama belohnt, das neben der

Das Lavafeld La Malforada mit der Montaña del Fraile.

Caldera-Umrahmung und weiten Teilen der Vulkanroute auch einen grandiosen Tiefblick auf die Westküste, vom Hauptgipfel (10 Min.) auch auf die Ostküste einschließt. In der Ferne grüßen Gomera, Teneriffa und Hierro.
Auf der Kammhöhe wandern wir weiter in Richtung Süden, direkt auf die sanften Kuppen der Montaña los Bermejales und der Montaña de los Lajiones zu, in die sich auch eine kleine, finstere Felswand hineingestohlen hat. Nach knapp 20 Minuten kreuzt der Wanderweg *PR LP 15* unseren Weg (→Tour 44; rechts Wasserstelle). Der *GR 131* führt nun ein wenig bergauf und weiter durch eine flache Senke östlich der Montaña de los Lajiones. Es folgt ein lang gezogenes Tälchen, das zwischen mehreren Erhebungen hinabführt. Allmählich gesellen sich wieder vermehrt Kiefern an den Wegrand. Ein idyllisches Fleckchen, ganz besonders wenn die Codesobüsche blühen. Die Kiefern werden bald wieder rarer: Der Weg umgeht leicht ansteigend einen dunklen Vulkankegel (Caldera del Búcaro) nach links und führt hinaus zu einem flachen, nur schwach ausgeprägten Sattel (Mirador de Montaña Cabrito, 1638 m; 40 Min.). Vor uns sehen wir nun bereits den Volcán Martín. Entlang der Kammhöhe wandern wir hinab bis zur Weggabelung kurz vor dem Rand des rötlich gefärbten Martín-Kraters (1552 m; 10 Min.). Geradeaus könnte man einen Abstecher zum Gipfel des **Volcán Martín**, 1597 m, bzw. zur Fuente del Fuego im Martín-Krater unternehmen

(jeweils 10 Min.; →Tour 47). Wir aber verbleiben rechts auf dem Hauptweg, der durch die Geröllflanke zu einem Sattel zwischen dem Vulkan und dem Faros-Gipfel hinüberführt. Über Lavagrushänge wandern wir nun immer direkt auf den bräunlichen Doppelgipfel der **Montaña Pelada** zu (an Gabelungen stets links halten, nach 5 Min. zweigt rechts SL FU 111 ab), den die Vulkanroute nach links umgeht, mit schönem Blick auf die dem Martín südlich vorgelagerten Sekundärkrater. 25 Minuten ab dem Sattel verflacht sich der Weg in einem Kiefernwald, gleich darauf gabelt sich der Weg. Die Vulkanroute knickt hier links ab und leitet steil hinab zum Lavastrom des Martín, an dessen rechtem Rand sie weiter talwärts führt. Schon bald nimmt uns ein breiter, ebener Weg auf, den wir aber bereits nach wenigen Minuten wieder nach links verlassen. 2 Minuten später kreuzen wir den Wanderweg SL FU 110 (→Tour 47) und gehen geradeaus weiter in Richtung Fuente de los Roques. Der Wanderweg führt nun leicht ansteigend durch eine wellige, kiefernbestandene Sandlandschaft zum Fuß des **Fuego** (Montaña la Semilla, 1248 m), der links umgangen wird. Nach 10 Minuten zweigt links ein steiler Weg zum nahen, bereits sichtbaren Rastplatz Fuente de los Roques ab, den wir nicht beachten. Wenige Minuten später gabelt sich der Weg auf der Südseite des Fuego abermals – hier links hinab auf dem deutlichen, von Steinen eingefassten Weg. Links vor uns sehen wir nun bereits das nächste Etappenziel, die **Montaña del Pino**, 1039 m (Funkmasten). Nach einer Viertelstunde kreuzen wir an ihrem Nordfuß eine Forstpiste und umgehen

Ab der Deseada geht es nur noch abwärts.

den Berg nach rechts, sogleich eine weitere Piste kreuzend. Der Weg senkt sich jetzt steiler hinab. Erst nach gut 10 Minuten – wir kreuzen eine Pistenstraße – verflacht er sich wieder etwas. Der Camino ist nun von Steinmauern eingefasst und passiert erste Weinfelder. Nach einigen Minuten, immer dem geraden Weg folgend, kreuzen wir abermals eine Piste (mit dem *GR 130*), gleich darauf eine weitere. Unser Weg umgeht nun einen weiteren Berg nach rechts und mündet nach einigen Minuten in eine Pistenstraße. Dieser folgen wir nach links, um sie nach 5 Minuten wieder auf einem halb links abzweigenden Fahrweg zu verlassen. Unter uns taucht jetzt Los Canarios auf. Nach wenigen Minuten kreuzen wir nochmals links haltend die Straße, dann ist auch schon die Kirche und 100 m danach die Hauptstraße von **Los Canarios** (Fuencaliente) erreicht.

In Los Canarios kann man die Wanderung gemütlich ausklingen lassen.

46 Von Los Canarios zum Volcán Teneguía und zum Faro

5.00 Std.

Sandiges Vergnügen und heiße Erde – großartige Rundtour durch zauberhafte Vulkanlandschaften

Die Wanderung am Krater des Volcán San Antonio sowie auf den Volcán Teneguía gibt uns einen Einblick in die jüngste vulkanische Geschichte der Insel: Während der Kraterkessel des mustergültigen Vulkankegels des San Antonio schon wieder von Kiefern besiedelt ist, liegt am 1971 ausgebrochenen Teneguía noch heute ein leichter Schwefelgeruch in der Luft – außerdem finden sich dort mehrere heiße Stellen an der Erdoberfläche.

Talort: Los Canarios (Fuencaliente), 722 m (Haltestelle der Buslinien 3, 31).
Ausgangspunkt: Gebührenpflichtiger Parkplatz beim Centro de Visitantes Volcán San Antonio, 630 m. Vom Zentrum in Los Canarios auf der Straße Richtung Las Indias, nach den letzten Häusern Linksabzweig einer ausgeschilderten Piste zum nahen Parkplatz am oberen Fuß des Volcán San Antonio (zu Fuß etwa 15 Min.).
Höhenunterschied: Volcán Teneguía 300 m, zum Leuchtturm zusätzlich 450 m.
Anforderungen: Überwiegend leichte, auf den windausgesetzten Graten des San Antonio und des Teneguía aber mitunter gefährliche Wanderung (häufig orkanartiger Sturm); der Aufstieg zum Volcán Teneguía erfordert Trittsicherheit. Badesachen nicht vergessen.
Einkehr: In Los Canarios mehrere Bars, Restaurants, Bodegas.
Tipps: Man kann die Wanderung auch beim Parkplatz am Fuß des Volcán Teneguía oder am Faro beginnen. Vom Faro Bus 31 nach Los Canarios (täglich 9.45, 11.45, 15.45, 17.45, 19.45 Uhr).
Hinweise: Das Centro de Visitantes Volcán San Antonio ist täglich 8.30–18.30 Uhr (Winter) bzw. 8.30–19.30 Uhr (Sommer) geöffnet. – Bei der kleinen Rundtour Centro de Visitantes – Volcán Teneguía – Centro de Visitantes reduziert sich die Gehzeit auf 3 Std.

Blick vom Teneguía-Gipfel zum Volcán San Antonio.

Vom Parkplatz am **Volcán San Antonio** wenden wir uns zunächst dem Kraterweg zu, der uns sogleich an den Kraterrand des lange schon erloschenen Vulkans bringt. Der Blick schweift über weite Teile des Inselsüdens; nach 10 Minuten ist der Umkehrpunkt an einer Vermessungssäule, 657 m, erreicht (Weiterweg aus Naturschutzgründen gesperrt).

Wieder zurück am Parkplatz biegen wir links auf den ausgeschilderten Wanderweg zum Faro de Fuencaliente ab (*GR 131, weiß-rot*). Er führt in steilen Kehren bergab und mündet nach gut 10 Minuten Steilabstieg in eine Piste, der wir nach links folgen. Sie führt gemütlich durch den Hang und bietet herrliche Ausblicke über Weinberge hinweg zur Westküste. Schon bald sehen wir rechter Hand den **Roque Teneguía**, zu dem nach gut 10 Minuten scharf rechts ein breiter, von Steinreihen marklerter Weg abzweigt. Er zieht in weiten Schleifen hinab zu dem Vulkanschlot (gut 5 Min., unterwegs nicht rechts abzweigen) – auf den Felsen an der flachen Südseite kann man zahlreiche Petroglyphen (überwiegend Spiralen) entdecken. Unser Weg hält links am Roque Teneguía vorbei, passiert einen zweiten Vulkanschlot und senkt sich anschließend durch eine sandige Rinne hinab zu einem Wasserkanal, dem wir nach links folgen. Er führt direkt auf den Volcán Teneguía zu und passiert nach 10 Minuten ein großes Wasserreservoir.

Der Roque Teneguía.

Hier verlassen wir den Wasserkanal und wenden uns dem unterhalb verlaufenden Fahrweg zu, der wenige Minuten später am Fuß des Teneguía in eine hier endende Pistenstraße (Parkplatz) einmündet. Der Aufstieg auf den von zahlreichen Ausbruchkratern zerrissenen, in den unterschiedlichsten Rot- und Gelbtönen schimmernden Vulkangipfel erfolgt rechts auf dem deutlichen Pfad. Er windet sich über den schmalen Kamm am Kraterrand hinauf (am Wegrand zahlreiche heiße Stellen) und führt schließlich über einen scharfen Grat zum höchsten Punkt des **Volcán Teneguía**, 438 m – bei Sturm ein gefährliches Abenteuer, das man dann besser lassen sollte! Vom Gipfel sehen wir bereits die Südspitze mit dem Leuchtturm, in der Ferne grüßen Teneriffa, La Gomera und El Hierro.

Zurück am Parkplatz, muss man sich entscheiden: Wer nicht weiter zum Leuchtturm absteigen will, geht die Zufahrtspiste hinauf bis zur großen Pistengabelung (10 Min.). Hier rechts weiter auf der Piste. An der Gabelung nach 5 Minuten auf einem Bergsattel halten wir uns halb links. Etwa 200 m danach erreichen wir eine Pistenkreuzung (von rechts mündet der unten beschriebene Aufstiegweg vom Leuchtturm ein), an der wir uns links dem mit rot-weißen Säulen markierten Fahrweg zuwenden. Er führt immer geradeaus, allmählich steiler, zwischen Weinbergen hinauf. Nach einer halben Stunde gelangen wir in ein Tal, das rechts von einem verwitterten Vulkanschlot begrenzt ist. Bald darauf erreichen wir eine Kreuzung, an der wir uns links halten. Die Piste steigt gemütlich durch den Hang an und legt uns noch einmal die Südspitze und den Teneguía zu Füßen. Oben auf der Anhöhe verbleiben wir auf der Piste, die schon bald links hinüberschwenkt zum Parkplatz am **Volcán San Antonio** (geradeaus setzt sich ein Weg nach Los Canarios fort).

Abstieg vom Volcán Teneguía zum Faro de Fuencaliente: Etwa 50 m vor dem Parkplatz zweigt vom Teneguía-Gipfelweg rechts (östlich) ein deutlicher Wanderweg ab (*GR 131, weiß-rot*). Sogleich zweigt links ein Pfad zu

einem Miniaturkrater ab, wir wandern rechts weiter auf dem durch Steinreihen markierten Hauptweg. Er quert ein Lavafeld, verläuft anschließend an dessen Rand und gabelt sich nach einer knappen Viertelstunde in Laufrichtung. Wir gehen hier halb rechts auf dem schmäleren Wanderweg durch das

Die Salinen und der Leuchtturm an der Punta de Fuencaliente.

Lavafeld weiter. Nach einigen Minuten – wir haben das Lavafeld hinter uns gelassen – senkt sich der von Steinen eingefasste Weg steiler hinab in Richtung zum bereits sichtbaren Leuchtturm. Nach einer halben Stunde treffen wir auf eine Straße. Wir folgen dieser 50 m nach rechts, bis sich halb links der Wanderweg fortsetzt. Er kreuzt 5 Minuten später wieder die Straße und senkt sich nun in ziemlich direkter Richtung zum Leuchtturm hinab, nach 10 Minuten abermals eine Straße kreuzend. 5 Minuten später ist der **Faro de Fuencaliente** erreicht (Haltestelle der Buslinie 31). Hinter dem 1984 errichteten Leuchtturm (daneben ein restaurierter Leuchtturm mit Besucherzentrum zum Meeresreservat) breiten sich blendend-weiße Salinen aus, rechts unterhalb befindet sich die kleine Playa del Faro (das Strandlokal wurde leider Ende 2007 abgerissen).

Wer nicht mit dem Bus nach Los Canarios zurückkehren will, folgt der Zufahrtsstraße und biegt nach 5 Minuten in der Linkskurve rechts auf die Pistenstraße nach Las Cabras ab. Sie führt auf einen Windpark zu und gabelt sich nach 8 Minuten auf Höhe der Windräder. Hier links weiter, oberhalb eines Kieswerks vorbei. Gleich darauf tauchen am Pistenrand rot-weiß-rote Säulen auf, die uns fortan den Weg weisen. Also kurz darauf an der Pistengabelung abermals links und 100 m danach mit den Säulen links durch den Lavagrushang hinauf. Nach 20 Minuten beschwerlichem Aufstieg kreuzt der Wanderweg eine Straße. 10 Minuten später stoßen wir rechts auf einen Fahrweg, der weiter emporleitet. Nach 25 Minuten erreichen wir eine vom Weinanbau dominierte Hochfläche, auf der wir eine Piste mit *SL FU 112* kreuzen. 100 m danach kreuzen wir abermals eine Piste. Hier vereint sich unser Wanderweg mit dem links vom Teneguía kommenden Rückweg zum Parkplatz am Volcán San Antonio (geradeaus weiter, siehe oben).

47 Volcán Martín, 1597 m

Genusstour durch großartige Lavalandschaften und zu einer Kraterhöhle

Einzigartige Lava- und Sandlandschaften und ein phänomenaler Blick zur Südspitze – das sind die Highlights dieser wunderschönen Tour auf den Vulkan Martín. Wir starten die Wanderung am Picknickplatz Fuente de los Roques, der ein idealer Ausgangspunkt für ausgiebige Streifzüge durch die herrlichen Kiefernwälder und Vulkanlandschaften am Südende der Cumbre Vieja ist. Wanderer, die mit dem Bus anfahren, beginnen die Tour in Monte de Luna.

Ausgangspunkt: Bushäuschen bzw. Bar Casa Augusto in Monte de Luna, 740 m (Haltestelle der Buslinie 3), bei Km 20 der Hauptstraße LP-2 Mazo – Los Canarios. Oder Picknickplatz Fuente de los Roques, 1120 m, erreichbar über eine passabel befahrbare und gut ausgeschilderte, 5 km lange Forstpiste, die bei Km 23,3 von der LP-2 abzweigt.
Höhenunterschied: 600 m (ab Fuente de los Roques) bzw. 1000 m (ab Monte de Luna).
Anforderungen: Leichte, im Aufstieg jedoch mühsame Wanderung. Bei Sturm sollte man auf den letzten Gipfelanstieg zum Volcán Martín verzichten.
Einkehr: Bars in Monte de Luna, Bar Restaurants in Los Canarios.
Kombinationsmöglichkeit mit Tour 45.

Von Monte de Luna zum Picknickplatz Fuente de los Roques (2 Std.):

Links neben der Bar Casa Augusto an der Hauptstraße führt ein steiles Sträßchen (Camino de Tira) hinauf, das nach gut 5 Minuten in eine breite Straße mündet. Auf dieser halten wir uns links (die Straße verschmälert sich sogleich) und biegen nach etwa 100 m auf den halb rechts ansteigenden Camino ab (*GR 130*, weiß-rot), dem wir fortan immer geradeaus durch den Hang folgen, vorbei an einem weißen Kreuz. Er kreuzt nach gut 10 Minuten eine Forststraße (unser späterer Rückweg) und gabelt sich wenige Minuten später – hier halb rechts weiter leicht bergan. Der Camino quert in der Folge, zwischen einer Steinsäule und einem Kreuz hindurch, die mächtigen Lavaströme des Volcán Martín und geht anschließend, nach insgesamt 45 Minuten, in einen Forstweg über. Dieser mündet nach 200 m in eine Forstpiste, die von der Hauptstraße heraufkommt und den Weiterweg zum Rastplatz Fuente de los Roques vorgibt. Wir verlassen also den *GR 130* und folgen der Piste rechts bergan durch den schönen, hochstämmigen Kiefernwald. An der Gabelung nach einer halben Stunde halten wir uns scharf rechts (links zweigt ein Forstweg in Richtung Fuencaliente ab), 5 Minuten später verbleiben wir auf der geradeaus weiterführenden Forststraße Richtung Fuente de los Roques (Tafel). Sie passiert zwei schöne Vulkanschlote und stößt nach 25 Minuten auf eine große Pistengabelung vor dem Lavastrom des Volcán Martín. Hier links auf der Forststraße weiter zum Picknickplatz **Fuente de los Roques**, 1120 m (10 Min.). Der wunderschön am Fuß einer Felsengruppe gelegene Picknickplatz verfügt über einen Spielplatz, Grillplätze, Toiletten und eine Quelle (rechts hinten am Felsfuß).

Gleich nach dem Eingang in das Rastgelände zweigt rechts ein Wanderweg zum Fuego ab (Tafel), der steil zu einem kleinen Sattel oberhalb der Felsengruppe ansteigt und dort in die Ruta de los Volcanes mündet (*GR 131*,

Am Wanderweg zum Volcán Martín.

weiß-rot). Geradeaus könnte man nach Los Canarios wandern (→Tour 45), wir aber halten uns rechts in Richtung Refugio del Pilar und erreichen nach 5 Minuten Anstieg eine weitere Gabelung mit Blick zur Montaña Pelada und zum formschönen Volcán Martín. Hier bietet sich links ein Abstecher auf einem schmalen Pfad an, der in wenigen Minuten zur Vermessungssäule am Kraterrand des **Fuego** (Montaña la Semilla) hinaufführt, wo sich nun auch der Blick nach Los Canarios und zum Volcán San Antonio öffnet.

Wieder zurück an der letzten Gabelung, folgen wir weiter dem *GR 131*, der durch eine schwarzsandige, kiefernbestandene Hochfläche direkt auf den Volcán Martín zuhält. Nach 10 Minuten erreichen wir eine Wegkreuzung, an der wir geradeaus auf dem *GR 131* verbleiben (rechts unser späterer Rückweg). Der schöne Weg verläuft zunächst gemütlich am Fuß der Montaña Pelada und steigt nach einigen Minuten links steil durch den Lavagrushang an. Nach 10 Minuten erreichen wir eine Anhöhe, auf der wir uns an der Gabelung mit dem *GR 131* rechts halten. Etwa 5 Minuten später verlässt der Wanderweg den Kiefernwald (rechts ignorieren wir einen Pfad zum Martín-Lavastrom), 10 Minuten danach erreichen wir den Sattel zwischen Montaña Pelada und Volcán Martín. Abermals geht es steil durch Lavagrus bergan, doch nach 10 Minuten verflacht sich der Weg spürbar. Er führt nun links um den Gipfel des Volcán Martín herum (man könnte auch rechts auf breiter, sehr steiler Wegspur zum Gipfel ansteigen). Nach einigen Minuten verbleiben wir auf dem *GR 131* (links zweigt *SL FU 111* ab, unser späterer Rückweg), knapp 10 Minuten später erreichen wir den Sattel zwischen Volcán Martín und Hoya de Manteca. Der Weg führt nun durch eine Senke hinüber zu einem Sattel, 1552 m, am Nordgrat des Volcán Martín (5 Min.). Hier empfiehlt sich ein Abstecher in den Martín-Krater mit der Fuente del Fuego: Zunächst scharf rechts weiter Richtung Gipfel, nach 10 m links auf Pfad zum tiefsten Punkt am Kraterrand und rechts über Geröll hinab in den Krater, 1486 m – in der gegenüberliegenden Wand befindet sich die Tropfwasserhöhle (10 Min.). Wieder zurück am Sattel sind es nur mehr 10 Minuten über den schmalen Kraterrand zum Gipfel des **Volcán Martín**.

Anschließend wandern wir wieder auf dem *GR 131* zurück und biegen nach gut 15 Minuten (ab Gipfel) rechts auf den Wanderweg *SL FU 111 (weiß-grün)* ab. Er überschreitet nach gut 5 Minuten eine schwach ausgeprägte Kuppe und senkt sich danach durch einen weiten, sandigen Taleinschnitt rechts der doppelgipfeligen Montaña Pelada hinab – ein wunderschöner, bequemer Lavagrusabstieg zwischen jungen Kiefern hindurch. Nach einer Viertelstunde treffen wir auf einen Fahrweg mit dem Wanderweg *SL FU 110 (weiß-grün)*. Auf diesem kann man rechts einen Abstecher zur nahen **Fuente del Tión**, ca. 1300 m, unternehmen (5 Min., Wasserhahn links des Weges) – wir aber folgen dem Wanderweg nach

Am Rückweg winkt eine Lavagrusabfahrt.

links. Er verläuft parallel zum Fahrweg (nach 100 m oberhalb des Fahrweges, gut auf Markierungen achten!), fast höhehaltend durch den Kiefernhang. Nach 10 Minuten kreuzt unser Wanderweg neben einer kleinen Vulkankuppe den Fahrweg (rechts vor uns sehen wir nun bereits den Fuego), 20 m danach verbleiben wir an der Gabelung auf dem rechten, leicht abwärts führenden Weg. Er führt immer höhehaltend durch den Hang und kreuzt nach gut 10 Minuten unseren Aufstiegsweg (*GR 131*). Wir verbleiben auf dem geraden *SL FU 110* (Vereda de las Cabras). Er führt sanft bergab und leitet schon bald links in das Lavafeld des Volcán Martín hinein – ein sehr reizvolles Wegstück! Nach 10 Minuten, zuletzt durch die Lavarinne, gelangen wir an das andere »Ufer« des Lavastroms, wo sich der Weg gabelt. Wir halten uns 10 m geradeaus und folgen rechts weiter dem markierten Wanderweg, der links haltend, etwas abseits des Lavastroms, in knapp 10 Minuten hinabführt zur Forststraße Los Canarios – El Pilar. Auf dieser kann man rechts (nach gut 10 Min. an Pistengabelung rechts) in 20 Minuten zum Picknickplatz **Fuente de los Roques** zurückkehren. Wer weiter nach Monte de Luna absteigen will, folgt der Forststraße nach links und biegt nach wenigen Minuten rechts auf eine kleine Forststraße (Schranke) ab. Sie führt in vielen Windungen durch Kiefernwald hinab – ein gemütlicher Abstieg auf weichem Nadelfilz. Nach einer Dreiviertelstunde trifft man auf den quer führenden, bereits vom Aufstieg her bekannten Camino (*GR 130*), der links in einer Viertelstunde nach **Monte de Luna** zurückführt.

Die Caldera de Taburiente

Berauschende Aussichtsberge und ein wilder Kraterkessel

Die Caldera de Taburiente ist einer der größten, spektakulärsten Erosionskrater der Welt und bildet gewissermaßen das Herzstück der Insel. Sie wurde 1954 zum Nationalpark erklärt und ist geprägt durch wilde Bäche, Wasserfälle und eine immergrüne, von Barrancos zerrissene Urlandschaft – außerdem beherbergt die von den anderen Inselteilen völlig isolierte Caldera das wohl bedeutendste Guanchen-Heiligtum der Insel, den Roque Idafe.

Der eigentliche, rund 10 km durchmessende und von bis zu 1500 m hohen Felswänden eingefasste Kraterkessel ist nur schwer zugänglich – lediglich im Barranco de las Angustias haben sich die Bäche, die sich noch im Inneren der Caldera zum Río Taburiente vereinigen, einen Durchbruch zum Meer geschaffen. Diese tief eingeschnittene Schlucht vermittelt dem Besucher denn auch die besten und kürzesten Zugangsmöglichkeiten zur Playa de Taburiente, dem Zentrum der Caldera – allerdings nur auf Wanderwegen, denn die von Los Llanos ausgehende Straße endet noch vor dem Caldera-Kessel am Aussichtspunkt Los Brecitos. Ein weiterer Zugang in die Caldera bietet sich vom grandiosen Aussichtspunkt der Cumbrecita – dieser Weg ist aber dem bergerfahrenen, trittsicheren und schwindelfreien Wanderer vorbehalten.

Die Caldera ist umgeben von einem über 2000 m hohen, hufeisenförmigen Gebirgskamm – der bedeutendste Abschnitt ist die Cumbre de los Andenes,

Die Playa de Taburiente mit ihrer Bergumrahmung. Rechts: Bad im Hoyo Verde.

Ausgangspunkte für Wanderungen

Los Brecitos, 1030 m

Bester Ausgangspunkt für Touren in die Caldera (leichtester und vor allem kürzester Zugang zum Zeltplatz an der Playa de Taburiente). Keine Busverbindung, vormittags wird vom Parkplatz am Barranco de las Angustias ein Taxi-Transfer nach Los Brecitos angeboten (2007: 7,30 Euro). Die Anfahrt von Los Llanos (über Calle Dr. Fleming und LP-214) zum Parkplatz kurz vor dem Bachbett des Barranco de las Angustias ist ausgeschildert ›Caldera de Taburiente‹ (5 km, auf halber Strecke Info-Häuschen des Nationalparks). Hier starten Wanderer, die durch den Barranco de las Angustias in Richtung Playa de Taburiente gehen wollen. Wer nach Los Brecitos will, fährt durch das Bachbett weiter bis ans Straßenende (16 km ab Los Llanos, zu Fuß etwa 4 Std. ab Busbahnhof Los Llanos auf dem Wanderweg *PR LP 13*, →Variante Tour 49; Parkplatz, herrlicher Caldera-Blick).

La Cumbrecita, 1287 m

Parkplatz mit Info-Häuschen am Ende der Straße LP-302, die beim Centro de Visitantes de El Paso, etwa 3,5 km oberhalb von El Paso, von der Hauptstraße Santa Cruz – Los Llanos abzweigt (8 km, keine Busverbindung, im Sommer von 11–14 Uhr gesperrt ab El Riachuelo; zu Fuß 2 Std. ab Centro de Visitantes de El Paso, Haltestelle der Buslinie 1). Fantastische Caldera-Blicke von den nahen Aussichtsplätzen Mirador de las Chozas und Mirador de los Roques.

Caldera-Höhenstraße LP-4

Von Santa Cruz (über Mirca) wie von Hoya Grande (Garafía) führt eine schmale, äußerst kurvenreiche Straße hinauf zu den Observatorien sowie zum höchsten Punkt der Insel, dem Roque de los Muchachos, 2426 m (Parkplatz mit Info-Häuschen, keine Busverbindung, 42 km von Santa Cruz, 14 km von der LP-1 Puntagorda – Barlovento bei Hoya Grande).

die in der höchsten Erhebung der Insel, dem Roque de los Muchachos, 2426 m, gipfelt. Auf der Nordostseite wird dieses großartige Hochgebirge durch die Höhenstraße LP-4 erschlossen, die von Santa Cruz wie von Hoya Grande bis zum Roque de los Muchachos hinaufführt. Von der Straße bzw. von nahe gelegenen Aussichtspunkten wie dem Mirador de los Andenes ergeben sich fantastische Tiefblicke in die Caldera und zur Ostküste. Leider hat sie einige Anstiegswege von den Küstenregionen zunichte gemacht, die nur teilweise wieder in Stand gesetzt wurden. Dennoch bieten sich auf und rund um den Gebirgskamm der Caldera zahlreiche herrliche Wandermöglichkeiten – ob zum schönsten Aussichtsgipfel der Insel, dem Pico Bejenado, zum Refugio de la Punta de los Roques oder zu den höchsten Gipfeln La Palmas; nicht zu vergessen die abenteuerliche Große Calderarunde, die den ambitionierten Wanderer in zwei Tagen über nahezu alle Gipfelerhebungen der Caldera-Umrahmung führt.

48 Von Los Brecitos zur Cascada de La Fondada

4.45 Std.

Bequemer Einstieg in die Caldera

Der herrliche, hervorragend angelegte Abstiegsweg von Los Brecitos vermittelt den kürzesten und bequemsten Zugang in die Caldera. Von der Playa de Taburiente, an der sich ein Zeltplatz und ein Servicezentrum des Nationalparks befinden, eröffnen sich dann gleich mehrere Ausflugsmöglichkeiten. Besonders schön ist der Abstecher zur Cascada de La Fondada, dem höchsten Wasserfall der Insel. Konditionsstarke Wanderer sollten noch weiterwandern zu den Kaskaden im Barranco de Hoyo Verde.

Ausgangspunkt: Los Brecitos, 1030 m (→S. 183).
Höhenunterschied: Gut 600 m.
Anforderungen: Bis Playa de Taburiente leicht. Der Aufstieg zum Fondada-Wasserfall erfordert etwas Trittsicherheit.
Camping: Zeltmöglichkeit auf dem Zeltplatz an der Playa de Taburiente (Genehmigung beim Nationalpark einholen).
Varianten: Vom Mirador Cascada de La Fondada zum Hoyo Verde (schmaler, abschüssiger Pfad; 1 Std. einfach): Vom Mirador weiter auf dem steil ansteigenden Pfad. Nach knapp ¼ Std. geradeaus bergan (rechts eindrucksvoller Tiefblick auf die Schlucht – Vorsicht!). Bald darauf wendet sich der Pfad rechts dem Hang zu, um nach 5 Min. links bergan zu führen, nach wenigen Min. eine Rinne querend. Bald darauf gelangt man in eine weitere Barrancorinne, durch die der Pfad zum Pinar de Siete Fuentes ansteigt (Tafel, großartiger Blick). An der Gabelung 25 m oberhalb der Tafel geradeaus über den Rücken bergan, kurz darauf an der Gabelung abermals rechts. Etwas unterhalb der Felswände wendet sich der Pfad rechts dem Hang zu. Er verlässt nun den Kiefernwald und verläuft – anfangs etwas luftig – unmittelbar am Fuß der Felswand, mit herrlichem Blick über die Caldera. Nach 20 Min. biegt er um eine Kante und senkt sich hinab in den wildromantischen Taleinschnitt (1360 m) mit mehreren Kaskaden, der von himmelhohen Felswänden flankiert ist.
Barranco de los Cantos: Von der Playa de Taburiente auf der linken Talseite talaufwärts. Der Weg kreuzt nach ¼ Std. das Bachbett und trifft auf der anderen Talseite auf einen Querweg, der links zum Bachbett zurückführt. In diesem weiter bergan. Nach 100 m mündet von links der Barranco de Hoyo Verde ein (Aufstiegsmöglichkeit fast bis an den Fuß des Fondada-Wasserfalls, ¼ Std. einfach), in der Folge viele kleinere Kaskaden und Gumpen (nach ½ Std. unwegsamer).
Barranco Verduras de Alfonso: Vom Zeltplatz durch das breite Bachbett talaufwärts in Richtung Cumbrecita (an der Talgabelung nach ¼ Std. rechts), später verläuft der Weg auf der rechten Talseite des wasserreichsten Zuflusses des Río Taburiente (schöne Gumpen und Kaskaden nach knapp 1 Std., hier aber unwegsam).

Auf halber Strecke zur Playa de Taburiente passiert der Weg die Casas de Tenerra.

Schon von **Los Brecitos** genießen wir einen herrlichen Blick in die Caldera. Der breite, anfangs geländergesicherte Wanderweg in Richtung Caldera ist gut ausgeschildert (›Zona de Acampada‹; *PR LP 13, weiß-gelb*). Er führt sanft bergab, überquert schon bald mehrere Holzbrücken im Barranco del Ciempies und verläuft überwiegend im

Schatten mächtiger Kiefernbäume – wunderbar weich läuft es sich auf dem Nadelfilz. Bereits im Gebiet des Nationalparks, quert er den Barranco de las Cañeras und erreicht die kleine, farnüberwucherte Hochfläche des Lomo de Tenerra. Von hier geht es fast nur noch bergab. Wir passieren die wildromantischen Bachläufe des Barranco de las Traves und des Barranco de las Piedras Redondas, die allerdings nur selten Wasser führen, und befinden uns nach einer Dreiviertelstunde am **Mirador de Lomo del Tagasaste**, einem herrlichen Aussichtspunkt auf die Caldera mit dem Roque Idafe. Wenig später passieren wir bei einer Holzbrücke die Fuente de la Mula, es folgen der Barranco del Risco Liso und der Barranco de Bombas de Agua. Der Weg führt nun in einer weiten Linkskurve unterhalb der Casas de Taburiente vorbei und senkt sich hinab zur **Playa de Taburiente**, 750 m.

Kurz vor dem breiten Bachbett erreichen wir eine Wegverzweigung mit Wandertafeln: Rechts geht es mit den weiß-gelben Markierungen über den Taburiente-Bach zum Zeltplatz (Zona de Acampada) mit dem Centro de Servicios de Taburiente, links zur Cascada de la Fondada. Dieser Weg verzweigt sich kurz darauf wieder, abermals halten wir uns links (Tafel ›Hoyo Verde‹). Steil, in engen Serpentinen zieht der Weg am Fuß des Roque del Huso nach oben. Nach gut 20 Minuten dann ein schöner Aussichtspunkt mit Blick auf den von dieser Seite nicht ganz so imposanten, dafür aber greifbar nahen **Roque del Huso**, an dessen Felsspitze sich zwei Kiefern festklammern. Teilweise geländergesichert und mit fantastischem Tiefblick

Die Cascada de la Fondada, der höchste Wasserfall der Insel.
Rechts: Der Roque del Huso (oben) und der Hoyo Verde (unten).

auf die Playa de Taburiente geht es nun an der etwas luftigen Kammschneide und geradeaus weiter an einem Bachbett entlang, das wir zweimal queren. Dann hält der Pfad nach rechts zum nahen geländergesicherten **Mirador Cascada de La Fondada**, 1050 m. Direkt gegenüber stürzt der schnurgerade, knapp 100 m hohe Wasserfall in eine tiefe Felsschlucht. Konditionsstarke Wanderer können noch weiter aufsteigen zum Hoyo Verde, einem wunderschönen Talkessel (→Varianten). Wir aber kehren zurück zur **Playa de Taburiente**, wo wir uns in einem der Planschbecken eine Erfrischung gönnen können. Die schönsten Kaskaden und Badebecken übrigens befinden sich unterhalb der Playa am Taburiente-Bach. Man erreicht sie über einen Pfad, der am unteren Ende des Zeltplatzes (Geländer) links talabwärts zum Bach hinabführt – nach etwa 10 Minuten sind erste schöne Gumpen erreicht. Der kaum kenntliche, teils durch Steinmännchen markierte Pfad führt noch etwa eine Viertelstunde weiter talabwärts zur Cueva de las Palomas bzw. zum Hoyo de los Juncos (Kaskade).

49 Von Los Brecitos durch die Caldera de Taburiente

4.45 Std.

Ein Muss für jeden Wanderer!

Der Jeep-Transfer vom Parkplatz im Barranco de las Angustias nach Los Brecitos eröffnet uns eine der großartigsten Touren der Insel – die Wanderung zur heiteren Playa de Taburiente mit anschließendem Abstieg durch die »Schlucht der Todesängste« zum Parkplatz. Vor allem gestattet sie uns einen eindrucksvollen Einblick in die wilde Welt der Schluchten, Felsnadeln und Kiefernwälder im Inneren der Caldera – ein völlig isoliertes Naturparadies, das fast schon beklemmend wirkt, wäre da nicht dieser fröhliche, verästelte Taburiente-Bach inmitten des Erosionskraters. Planschbecken am Bach und die Wiese am Zeltplatz laden ein zur Rast.

Ausgangspunkt: Parkplatz am Bachbett des Barranco de las Angustias, 250 m (5 km ab Los Llanos). Von hier vormittags Taxi-Transfer (2007: 7,30 Euro) nach Los Brecitos, 1030 m (Mirador, Parkplatz, 11 km ab Parkplatz; →S. 183).
Höhenunterschied: 1000 m im Abstieg und gut 200 m im Aufstieg.
Anforderungen: Bis Playa de Taburiente leicht, der Abstieg durch den Barranco de las Angustias erfordert Trittsicherheit und eine gute Kondition.
Camping: Zeltmöglichkeit auf dem Zeltplatz an der Playa de Taburiente (Genehmigung beim Nationalpark einholen).
Variante: Vom Parkplatz am Barranco de las Angustias nach Los Brecitos (*PR LP 13, weiß-gelb;* 2¼ Std.): Man quert mit der Straße den Barranco und folgt dem markierten Wanderweg in Richtung Hacienda del Cura. Er ist etwas ungepflegt, mündet nach 10 Min. in die Straße und verlässt diese 10 Min. später wieder scharf rechts. Nach wenigen Minuten kreuzt der Pfad einen Fahrweg, bald darauf geht er in einen Fahrweg über, der sich sogleich gabelt: leider führt der Wanderweg rechts (sogleich links auf Pfad) durch Privatgrund, daher sollte man mit dem Fahrweg links zur Straße (10 Min.) und auf dieser weiter ansteigen. Nach gut ½ Std. durchschreitet man den Weiler La Caldera mit der Hacienda del Cura. 5 Min. später zweigt der Wanderweg halb links auf einen Fahrweg ab, der nach gut 10 Min. bei einer letzten Finca in einen Camino übergeht. 15 Min. danach passiert der Weg ein Häuschen (Villa Sanzol), gut 5 Min. später mündet er in die Straße ein. Auf dieser in 20 Min. zum Mirador de los Brecitos.
Wichtiger Hinweis: Erkundigen Sie sich am Nationalpark-Infohäuschen an der Straße nach den Weg- und Wetterverhältnissen!

Der Wanderweg zur Playa de Taburiente beim Mirador de Lomo del Tagasaste.

Von **Los Brecitos** wandern wir wie bei Tour 48 zur **Playa de Taburiente**, 750 m. Wir überqueren mit dem Wanderweg *PR LP 13* (*weiß-gelb*) den Taburiente-Bach und steigen am anderen Ufer hinauf zum Zeltplatz (Zona de Acampada) mit dem Centro de Servicios de Taburiente. Anschließend verläuft der hervorragend ausgeschilderte und markierte Weg in leichtem Auf und Ab durch den Hang über dem Taburiente-Bach und wendet sich nach etwa 5 Minuten in einem Sattel links dem benachbarten Barranco Almendro Amargo zu. Nach wenigen Minuten geht es nochmals ein paar Meter hinauf zur **Somada de El Palo** (Tafel), dann senkt sich der Weg endgültig durch den Hang oberhalb der Schlucht hinab, mit schönem Blick zum Roque Idafe. Nach einer guten halben Stunde kommt der Weg recht nahe an den Bach heran. Er steigt jetzt etwas an und gabelt sich. Wer nicht schwindelfrei ist, geht rechts weiter auf dem ausgeschilderten Normalweg (ansonsten kann man auch links, ›atajo‹, weitergehen, →Foto). Beide

Die schwierige Variante (›atajo‹).

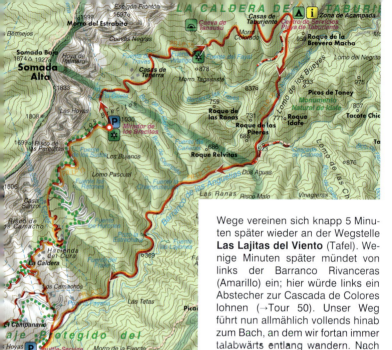

Wege vereinen sich knapp 5 Minuten später wieder an der Wegstelle **Las Lajitas del Viento** (Tafel). Wenige Minuten später mündet von links der Barranco Rivanceras (Amarillo) ein; hier würde links ein Abstecher zur Cascada de Colores lohnen (→Tour 50). Unser Weg führt nun allmählich vollends hinab zum Bach, an dem wir fortan immer talabwärts entlang wandern. Nach einigen Minuten, kurz nach dem Verlassen des Nationalpark-Gebietes, vereint sich der Río Almendro Amargo mit dem von rechts kommenden Río Taburiente (**Dos Aguas**, 425 m; insgesamt 1¼ Std.) – hier beginnt der Barranco de las Angustias. Wir überqueren den Taburiente-Bach (je nach Wasserstand muss man die Schuhe ausziehen und durchwaten) und folgen dem Wanderweg, der auf der rechten Talseite, etwas oberhalb des Bachbettes, verläuft. Er wendet sich nach einigen Minuten wieder dem Bachbett zu, in dem wir nun – immer wieder die Bachseite wechselnd – hinabwandern; am Wegrand laden Badegumpen ein zu einer Rast. Nach einer Viertelstunde kommen wir unter einer

Rohrleitungsbrücke hindurch. Etwa 40 m danach zweigt links ein Weg ab, auf dem man die folgenden Felspassagen im engen Bachbett umgehen kann (bei niedrigem Wasserstand kann man an dieser und an den folgenden Abzweigungen auch, wenn auch mühsam, im Bachbett weiterwandern). Er kehrt bald wieder zum Bachbett zurück, verlässt dieses nach gut 50 m jedoch wieder nach links. 5 Minuten später befinden wir uns wieder am Bach. Nach wenigen Minuten wendet sich der Wanderweg abermals der linken Talseite zu, um nach 5 Minuten den Bach zu kreuzen und auf die rechte Talseite überzuwechseln. Hier passieren wir nach knapp 10 Minuten oberhalb einer Kanalbrücke ein offenes Steinhaus (einfache Schutzhütte) am Morro de la Era. Bald darauf überquert der Weg einen Wasserkanal und kehrt zurück zum Bachbett, in dem wir

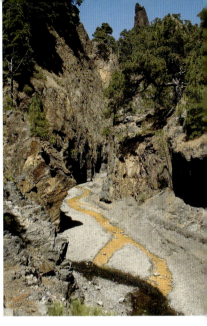

Kurz vor Dos Aguas erreichen wir den Barrancogrund – hinten der Roque Idafe.

sogleich unter einer weiteren Kanalbrücke hindurchkommen. Gut 5 Minuten danach, gleich nach der Engstelle, zweigt wieder links ein Weg ab (der Weiterweg durch das Bachbett kann nicht empfohlen werden, insbesondere nicht bei höherem Wasserstand, da weiter unten eine Felsstufe zu bewältigen ist). Er kreuzt nach 10 Minuten den Bach (50 m rechts ein schönes Felstor und eine Kaskade) und verläuft nun für weitere 10 Minuten auf der rechten Talseite. Anschließend wandern wir immer im Schotterbett der sich allmählich weitenden Schlucht, vorbei an herrlichen Badegumpen, hinab zur Straße Los Llanos – Los Brecitos (knapp ½ Std.), die uns links zum nahen **Parkplatz** am Barranco de las Angustias, 250 m, hinüberbringt.

50 Durch die Angustias-Schlucht in die Caldera de Taburiente

7.00 Std.

Abenteuerliche Wanderung durch die »Schlucht der Todesängste«

Der Wanderweg durch den Barranco de las Angustias in die Caldera de Taburiente ist ein Abenteuer für sich. Er verläuft durch die tief eingeschnittene, häufig von himmelhohen Felswänden flankierte Schlucht, in der sich ein Gumpen an den nächsten reiht – manche dieser Badebecken erlauben sogar ein paar Schwimmzüge. Ambitionierte Wanderer können von Dos Aguas noch vollends zur Playa de Taburiente ansteigen, die meisten aber begnügen sich mit einem Abstecher zur Cascada de Colores.

Talort: Los Llanos de Aridane, 344 m (Haltestelle der Buslinien 1–4, 21).
Ausgangspunkt: Parkplatz am Bachbett des Barranco de las Angustias, 250 m (→S. 183, 5 km von Los Llanos; zu Fuß gut 1 Std. auf dem Wanderweg *PR LP 13*, *weiß-gelb* – er verläuft parallel zur Straße und kreuzt diese mehrmals).
Höhenunterschied: Etwa 550 m.
Anforderungen: Überwiegend leichte, aber lange, anstrengende Tageswanderung, die Trittsicherheit erfordert, vor allem wegen der vielen Bachquerungen – früher Aufbruch dringend empfohlen.
Camping: Zeltmöglichkeit auf dem ausgewiesenen Gelände (Lugar de Acampada) an der Playa de Taburiente (vorher Genehmigung beim Centro de Visitantes de El Paso einholen).
Kombinationsmöglichkeit mit den Touren 49 und 56.
Hinweis: Erkundigen Sie sich am Nationalpark-Infohäuschen an der Straße nach den Weg- und Wetterverhältnissen!

50 m vor dem Schotterbett des **Barranco de las Angustias** zweigt rechts der ausgeschilderte Wanderweg zu den Casas de Taburiente ab (*PR LP 13*, *weiß-gelb*). Er mündet nach gut 5 Minuten in einen Fahrweg, dem wir weiter taleinwärts folgen, und verläuft bald darauf direkt durch das Bachbett. Nach einer Viertelstunde im Bachbett zweigt vor einer Engstelle links ein ausge-

Unterwegs laden zahlreiche Gumpen zu einem Badestopp ein.

schilderter Pfad ab, der etwas oberhalb des Barrancos verläuft – bei niedrigem Wasserstand kann man aber getrost im Bachbett weiterwandern und -hüpfen. Eine knappe Viertelstunde später kreuzt der Wanderweg das Bachbett (links bachaufwärts nach 50 m ein schönes Felstor mit einer Kaskade, die nur von versierten Kletterern überwunden werden kann), um 10 Minuten danach wieder ins Bachbett zurückzukehren. Wer bequeme Wege und Pfade dem manchmal ein wenig mühsamen Gang durch das Barrancobett vorzieht (hin und wieder auch leichte Kraxelei), der biegt nach 5 Minuten (50 m nach Kanalbrücke) wieder links auf den ausgeschilderten und weiß-gelb

Nach einer guten halben Stunde lockt eine kurze Entdeckungstour zu einem Felstor.

markierten Wanderweg ab – er umgeht die engen Schluchtpassagen und kreuzt in der Folge noch mehrmals das Bachbett. Wer es etwas abenteuerlicher will, der verbleibt im Bachbett und erreicht nach einigen Minuten eine kleine Staustufe. Kurz davor kraxelt man links hinauf und geht anschließend auf der Kanal-Brücke wieder hinüber auf die rechte Bachseite (wem dies zu luftig ist: gleich links oberhalb führt der Wanderweg vorbei). Anschließend geht es im Bachbett weiter. Nach insgesamt etwa 2 Stunden passieren wir eine Betonmauer (zur Rechten) – vor uns sehen wir eine Staumauer (das Wasser der aufgestauten Bäche wird hier in einen Ringkanal geleitet). Hier wenden wir uns mit dem Wanderweg links vom Bachbett ab. Kurz darauf ist die Vereinigung des von links kommenden Río Taburiente mit dem Río Almendro Amargo erreicht: **Dos Aguas**, 425 m.

Wir müssen geradeaus weiter, folglich muss der Taburiente-Bach überquert werden (je nach Wasserstand muss man die Schuhe ausziehen und durchwaten). 5 Minuten nach der Bachdurchquerung zweigt links der Aufstiegsweg zur Playa de Taburiente ab (Tafel ›Al Lugar de Acampada‹). – Wer vor dem Anstieg noch einen Abstecher zur **Cascada de Colores** unternehmen will, der geht einfach im Bachbett geradeaus weiter. Gleich zu Beginn sieht man links eine Kaskade des Río Almendro

Amargo, nach gut 10 Min. entlang dem eisenhaltigen, ockerfarbenen Bach erreicht man die künstliche Staustufe mit der »gefärbten Kaskade« – allerdings muss man zum Schluss eine schwierige Kletterstelle meistern (entweder die Felsrippe auf der linken Bachseite überklettern oder auf glitschigen Felsen am Bach entlang).

Zurück zum Aufstieg zur Playa de Taburiente: Der zunächst noch bequeme Wanderweg erreicht bald die Wegstelle **Las Lajitas del Viento**, an der er sich für kurze Zeit verzweigt in eine einfachere (Camino normal) und eine schwierigere Variante (atajo, nur für Schwindelfreie). Er schraubt sich nun steiler nach oben. Die Felsnadel des Roque Idafe rückt immer näher, unter uns rauscht der Río Almendro Amargo – und allmählich öffnet sich der Blick auf die gewaltige Caldera. 1¼ Stunden ab Dos Aguas hat der schweißtreibende Aufstieg durch den lichten Kiefernwald ein Ende, zuvor haben wir die Wegstelle **Cuesta del Reventón** sowie den herrlichen Aussichtspunkt **Somada de El Palo** passiert. Vom Sattel sind es nurmehr 15 Minuten bis zur Playa, die Vegetation wird schlagartig üppiger: Farne, Laubbäume und Kiefern begleiten uns. Von den schattigen Wiesenplätzen auf der ausgewiesenen Campingzone mit dem Centro de Servicios de Taburiente führt ein Pfad hinab zum breiten Bachbett der **Playa de Taburiente**, 750 m.

Ein lohnender Abstecher führt vorbei an einer Kaskade des Río Almendro Amargo (oben) zur Cascada de Colores (unten) – das Wasser ist stark eisenhaltig.

51 Pico Bejenado, 1854 m

3.45 Std.

Bergwanderung auf La Palmas einzigen »richtigen« Gipfel

Der Bejenado ist einer der schönsten und beliebtesten Aussichtsberge der Insel. Er darf als der einzige ausgeprägte Gipfel La Palmas bezeichnet werden und eröffnet uns nicht nur einen einzigartigen Blick auf die Caldera und deren Umrahmung, sondern auch auf die Cumbres im Süden sowie große Teile der Westküste.

Einkehr: Unterwegs keine; Restaurant Las Piedras beim Centro de Visitantes.
Tipp: Lohnender Abstecher zu den Petroglyphen von Tamarahoya: Vom Bejenado-Wegabzweig (s.u.) gut 10 Min. weiter auf der Pista Ferrer bis zu einer scharfen Rechtskurve mit vielen Felsblöcken auf der linken Seite – zwei Meter unterhalb und am Pfad, der den Bergrücken weiter hinabführt, kann man mehrere Felsblöcke mit Petroglyphen (Spiralen) entdecken.
Kombinationsmöglichkeit mit Tour 52.

Talort: El Paso, 664 m (Haltestelle der Buslinie 1).
Ausgangspunkt: Parkplatz fast am Ende der Asphaltstraße Nationalpark-Besucherzentrum – Valencia – El Barrial, 1150 m: Von der Hauptstraße El Paso – Santa Cruz beim Centro de Visitantes (Bushaltestelle) links ab Richtung Cumbrecita, nach 1 km geradeaus weiter, kurz darauf beim Rechtsabzweig zur Cumbrecita links weiter Richtung Valencia (Tafel ›Sendero del Bejenado 7 km‹) – nach wenigen Kilometern geht die Asphaltstraße in eine ruppige Piste über; gleich nachdem die Piste wieder asphaltiert ist, ist der Parkplatz (Wandertafel, Tafel ›Bejenado‹) erreicht; 8 km vom Besucherzentrum (2 Std. zu Fuß).
Höhenunterschied: Gut 800 m.
Anforderungen: Leichte Bergwanderung auf gut in Stand gehaltenem Weg – hin und wieder leicht abschüssige Passagen.

Caldera-Blick vom Gipfel des Pico Bejenado.

Wir folgen dem Forstweg, der vom **Parkplatz** aus bergauf führt (*PR LP 13.3, weiß-gelb*). Nach 10 Minuten kommen wir an einer Nationalparktafel vorbei, hier führt der Wanderweg ganz links auf der sanft ansteigenden Forststraße (Pista Ferrer) weiter. Nach weiteren 20 Minuten zweigt rechts ein Karrenweg zum Bejenado ab (Tafel; geradeaus könnte man einen Abstecher zu den Petroglyphen von Tamarahoya unternehmen), der sogleich in einen schönen, bestens gepflegten Wanderweg übergeht. Nach 10 Minuten gabelt sich der Weg (eine Tafel weist rechts hinüber zu einer 120 m entfernten, umzäunten Petroglyphen-Fundstätte). Unser Wanderweg setzt sich an dieser Gabelung links bergauf fort. Eine gute halbe Stunde später ist die Kammhöhe erreicht (**El Rodeo**, 1585 m). Der Tiefblick in die Caldera ist fantastisch. Nun verläuft der Pfad in der Südflanke und führt in weiten Serpentinen bequem hinauf zum Gipfel des **Pico Bejenado** (Gipfelkreuz).

Der Rückweg erfolgt zunächst auf demselben Weg. Gleich nach **El Rodeo** zweigen wir dann links ab auf den Kammweg in Richtung ›Pista de Valencia‹ (Tafel). Nach einer guten Viertelstunde ignorieren wir einen links zur Cumbrecita abzweigenden Weg (→Tour 52). Gut 5 Minuten später passieren wir den **Roque de los Cuervos, 1603** m (Blick auf die Cumbrecita) – hier an der Gabelung rechts durch den Hang, dann auf dem rechts abknickenden Höhenzug hinab, teilweise recht steil und schlüpfrig. Der Pfad geht nach einigen Minuten in einen Karrenweg über, dem man nun immer hinabfolgt bis zur Pista Ferrer, die man nach Passieren der Nationalparktafel erreicht. Auf der geraden Piste in knapp 10 Minuten zurück zum **Parkplatz**.

52 Von der Cumbrecita auf den Pico Bejenado, 1854 m

3.30 Std.

Lohnende Alternative für erfahrene Bergwanderer

Der Wanderweg von der Cumbrecita auf den Bejenado wurde zwar erst im Jahr 2006/7 eingerichtet, erweist sich aber jetzt schon als Klassiker: Er ist aussichtsreicher als der Bejenado-Normalweg von El Barrial (Tour 51) und verwöhnt uns während des steilen Aufstiegs mit herrlichen Caldera-Blicken. Allerdings ist er auch wesentlich anspruchsvoller – weniger erfahrene Wanderer sollten also dem Normalweg den Vorzug geben!

Ausgangspunkt: Parkplatz an der Cumbrecita, 1312 m (→S. 183).
Höhenunterschied: 720 m.
Anforderungen: Der Pfad ist bis zum Caldera-Kamm teilweise unangenehm steil, schmal und abschüssig – eine gute Profilsohle und Wanderstöcke werden für dieses Wegstück dringend empfohlen. Der Weiterweg zum Gipfel ist unschwierig.
Kombinationsmöglichkeit mit den Touren 51, 53 und 55.

Am linken Ende des **Parkplatzes**, am Beginn der Piste zum Mirador de las Chozas, zweigt links der schmale, etwas abschüssige Aufstiegsweg zum Pico Bejenado ab (Tafel). Er windet sich durch lichten Kiefernwald hinauf, mit herrlichem Blick auf die Caldera und zurück zur Cumbrecita. Nach einer Viertelstunde überschreiten wir über eine Treppe einen Felssporn, anschließend ist der Weg einige Meter kettengesichert. Nach einer weiteren Viertelstunde wendet sich der Pfad der rechten Kammseite zu, um in stetem Auf und Ab durch den Steil-

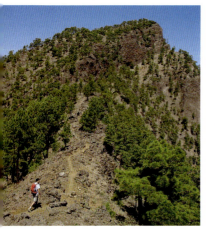

Bejenado-Blick vom Kammweg.

Der herrliche Schlussaufstieg zum Pico Bejenado.

hang zu führen. Später geht es wieder steil in Serpentinen bergan, bis der Weg auf dem Caldera-Kamm, 1562 m, in einen Querweg einmündet. Wir wandern nun rechts in gemütlichem Auf und Ab über den Kamm auf den Bejenado zu. Nach 20 Minuten treffen wir auf den Bejenado-Normalweg, der rechts, sogleich vorbei am Wegpunkt **El Rodeo**, 1585 m, in weiten Schleifen zum Gipfel des **Pico Bejenado** hinaufführt (Gipfelkreuz). Der schönste Aussichtspunkt befindet sich ein kleines Stück hinter dem Gipfel bei der Vermessungssäule: Von hier öffnet sich der Blick nicht nur auf die Caldera, sondern auch auf den Barranco de las Angustias.

Der Rückweg erfolgt auf demselben Weg. Wer will, kann auch auf dem Bejenado-Normalweg nach El Paso absteigen (→Tour 51).

53 Von der Ermita Virgen del Pino zur Cumbrecita

2.45 Std.

Mühsame, streckenweise großartige Tal- und Waldwanderung

Früher war man auf die Fahrstraße angewiesen, wenn man zur Cumbrecita wollte. Im Jahr 2007 wurde nun ein Wanderweg eingerichtet, der durch das schöne Riachuelo-Tal zu dem berühmten Caldera-Aussichtsplatz hinaufführt. Er verläuft stets am Fuß der Felswände der Cumbre Nueva, passiert mehrere Wasserstollen (Galerías) und überwindet auch ein paar Felsbarrieren – entsprechend kurzweilig, aber auch mühsam ist der Weg.

Ausgangspunkt: Ermita de la Virgen del Pino, 900 m (→S. 141; keine Busverbindung).
Endpunkt: Parkplatz an der Cumbrecita, 1312 m (→S. 183; keine Busverbindung). Rückkehr per Autostopp, per Taxi oder zu Fuß auf dem Hinweg (2½ Std.).
Höhenunterschied: Knapp 800 m im Aufstieg und gut 300 m im Abstieg.
Anforderungen: Anstrengende Talwanderung, die Trittsicherheit und auch etwas Schwindelfreiheit erfordert.
Kombinationsmöglichkeit mit den Touren 52, 54, 55 und 56.

Gleich hinter der schön gelegenen **Ermita Virgen del Pino** führt ein breiter Forstweg durch den Kiefernwald hinauf (*PR LP 1, weiß-gelb*). Nach einer guten Viertelstunde verschmälert sich der Rücken. Hier zweigt links leicht bergab ein breiter Weg ab, der sich nach 50 m gabelt

Rückblick vom Wanderweg auf das herrliche Riachuelo-Tal und die Cumbre Nueva.

– wir verbleiben auf dem geraden, von Steinreihen eingefassten Weg. Er führt stetig bergab und quert nach einigen Minuten eine Rinne nach rechts. Der Pfad steigt kurz an, um dann über einen Rücken hinabzuführen und sich zu gabeln – hier rechts durch den Hang in leichtem Auf und Ab weiter, eine Felsbarriere übersteigend. Gut 10 Minuten später überschreiten wir einen Felssattel neben einem Felsmassiv. Der Pfad verläuft nun am Fuß der Felswand entlang und mündet in einen breiten Forstweg. Gleich darauf geht er wieder in einen Camino über, der nach wenigen Minuten an der **Galería Única** vorbeiführt (Stolleneingang rechts).

Durch einen Felsenkessel, dann links durch den Hang geht es weiter bergan, vorbei an zwei weiteren Wasserstollen. Bald darauf führt der Pfad in Serpentinen hinauf zu einem aussichtsreichen Bergrücken, anschließend verläuft er im Auf und Ab entlang der Felswand, später auch kurz durch eine Felswand – ein besonders spektakulärer Wegabschnitt! Gut 10 Minuten später geht es wieder in Serpentinen bergab, vorbei an der **Galería Tabercorade**.

Am Fuß von gewaltigen Felswänden geht es weiter bergan, nach 20 Minuten einen Wasserfall-Barranco kreuzend. Der Pfad steigt nun steil an zu einem Felssporn (zuletzt Stufen) fast auf Augenhöhe zur Cumbrecita – ein großartiger Aussichtsplatz! Gut 10 Minuten später passieren wir einen weiteren Felssporn direkt oberhalb der Fahrstraße zur **Cumbrecita**, die wir nach weiteren 10 Minuten erreichen.

54 Von der Cumbrecita nach Los Llanos — 5.30 Std.

Spektakuläre Höhenwanderung durch die Steilhänge des Bejenado

Der alte Steig von Los Llanos durch die Bejenado-Steilhänge ist beinahe schon in Vergessenheit geraten – er war zuletzt kaum noch erkennbar, geschweige denn gangbar, und wurde nur noch von Jägern genutzt. Dem Nationalpark ist es zu verdanken, dass dieser großartige Weg im Jahr 2007 restauriert und ausgeschildert wurde. Aufgrund seiner Länge und der anspruchsvollen Wegführung kommt er zwar nur für konditionsstarke, absolut trittsichere Bergwanderer in Frage, aber diese werden ihre Freude haben an der Traverse durch die steilen, von lichten Kiefernwäldern überzogenen Hänge hoch über der Caldera.

Ausgangspunkt: Parkplatz an der Cumbrecita, 1312 m (→S. 183).
Endpunkt: Busbahnhof von Los Llanos de Aridane, 344 m (Haltestelle der Buslinien 1–4, 21).
Höhenunterschied: 400 m im Aufstieg und knapp 1400 m im Abstieg.
Anforderungen: Durchgehend schmaler, häufig abschüssiger und exponierter Pfad durch Steilhänge und -wände, der stete Konzentration, eine gute Kondition und absolute Trittsicherheit und Schwindelfreiheit erfordert. Eine gute Profilsohle und Wanderstöcke werden dringend empfohlen. Neben dem Escuchadero-Weg (Tour 56) die schwierigste Tour dieses Wanderführers!
Einkehr: Unterwegs keine, erst in Los Llanos kurz vor dem Ziel ein Kiosko.
Wichtiger Hinweis: Zahlreiche Passagen des Wanderweges sind abrutsch- und steinschlaggefährdet, deshalb sollte man sich vor der Wanderung beim Info-Häuschen an der Cumbrecita unbedingt nach dem Wegzustand und nach den Wetterverhältnissen erkundigen – nach starken Regenfällen sollte man in jedem Fall auf diese Tour verzichten.
Kombinationsmöglichkeit mit den Touren 53 und 55.

Am linken Ende des Parkplatzes an der **Cumbrecita** setzt sich eine breite Piste zum Mirador de las Chozas fort. Wir verlassen die Piste nach knapp 10 Minuten auf dem links abzweigenden Wanderweg zum Mirador de La Cancelita (Tafel). Er führt mit Blick auf den Pico Bejenado in Serpentinen durch lichten Kiefernwald hinab und quert nach einigen Minuten einen Tal-

einschnitt. Der Pfad verläuft nun leicht absteigend durch den Hang und kreuzt den Barranco de Madera García und 5 Minuten später den Barranco de Huanauao, der selbst im Sommer noch meist Wasser führt. Anschließend geht es äußerst steil bergan. Nach einer guten Viertelstunde verflacht sich der Weg – wir befinden uns nun etwa auf Augenhöhe des gegenüber liegenden Mirador de las Chozas. In der Folge kommen wir knapp unterhalb dem markanten **Roque de La Zarza** vorbei, queren eine mitunter etwas heikle Geröllrinne und passieren kurz nacheinander die ganzjährig Wasser führende **Fuente de La Zarza** und die Fuente de Las Brujas unmittelbar am Fuß der senkrechten Bejenado-Wand. Etwa 20 Minuten später überschreiten wir einen scharfen Gratrücken mit großartigem Blick auf die Playa de Taburiente. Gut 10 Minuten später erwartet uns ein unangenehmer Abstieg entlang dem Wandfuß des mächtigen **Morro de Los Gatos**.

Vom nächsten Rücken kann man dann bereits – allerdings noch weit vor uns – den Mirador de La Cancelita ausmachen. Immer wieder müssen unangenehm abschüssige Passagen bewältigt werden, manchmal können wir Blicke auf den Barranco de las Angustias erhaschen. Eine Dreiviertelstunde ab dem Morro de Los Gatos verlassen wir am **Lomo de Las Casas** den Nationalpark. Bald darauf führt der Weg durch ein steiles Felskar mit einer Quelle hinab, um dann wieder steil und kettengesichert aus diesem herauszuführen. Wir lassen nun allmählich die wilden Wände und Kare hinter uns, nur beim **Barranco del Paso Malo** erwartet uns noch einmal ein heikles Felskar. Eine knappe Dreiviertelstunde danach lösen Mandelbäume und Feigenkakteen kurzzeitig den Kiefernwald ab, später verbleiben wir an einer Gabelung rechts auf dem weiter hangquerenden Hauptweg. Vorbei an ei-

Während der Wanderung ergeben sich großartige Ausblicke auf die Caldera de Taburiente (oben) und den Barranco de las Angustias (unten).

nem Wasserverteilerhäuschen erreichen wir schließlich den **Mirador de La Cancelita**, 583 m, der uns den Barranco de las Angustias zu Füßen legt. Beim Aussichtsplatz nimmt uns ein Fahrweg auf, der gemütlich in Richtung Los Llanos hinabführt und nach 10 Minuten bei ersten Häusern in ein Sträßchen übergeht (Calle Cancelita), das gut 5 Minuten später in die Calle Lomo de los Caballos einmündet (*PR LP 13*, weiß-gelb). Auf dieser in einer guten Viertelstunde hinab zu einer ersten Straßenkreuzung in der Aridane-Metropole (nach einigen Minuten zur Linken eine Plaza mit einem Kiosk). Wer zum Bus will, biegt rechts ab auf die Calle Roman Pol und erreicht nach 100 m den Busbahnhof. Wer ins Zentrum von **Los Llanos** will, geht geradeaus, dann rechts und wieder links weiter zur Avenida Doctor Fleming – bei der Touristinfo befindet sich ein Taxistand.

1.15 Std.

Von der Cumbrecita zum Mirador de las Chozas 55

Spazierrunde zu zwei berühmten Aussichtspunkten

Bei dieser kleinen Runde von einer Wanderung zu sprechen, wäre übertrieben. Aber dennoch empfiehlt sich dieser gemütliche Spaziergang allen Wanderfreunden, die sich zunächst einmal einen Überblick und einen Eindruck von den gewaltigen Dimensionen der Caldera verschaffen wollen – und dafür gibt es kaum einen geeigneteren und leichter erreichbaren Aussichtspunkt als den Mirador de las Chozas.

Ausgangspunkt: Parkplatz an der Cumbrecita, 1312 m (→S. 183)
Höhenunterschied: Nur gut 100 m Ab- und Anstieg.
Anforderungen: Leichte Wanderung auf meist ausreichend breiten Wegen bzw. auf Forststraße – bei Nässe kann der Rückweg etwas unangenehm sein.
Kombinationsmöglichkeit mit den Touren 52, 53, 54 und 56.

Am linken Ende des Parkplatzes an der **Cumbrecita** setzt sich durch eine Kettensperre eine breite Piste fort. Der fast ebene Fahrweg bringt uns in etwa 20 Minuten zu den beiden geländergesicherten Aussichtspunkten des **Mirador de las Chozas** am hinteren Ende der Umkehrschleife. Anschließend gehen wir die wenigen Meter bis zur Pistengabelung zurück. Hier zweigt links ein Pfad ab, der in zumeist bequemer Hangquerung zum **Mirador de Los Roques** hinüberführt (manche Passagen sind ein wenig schmal und abschüssig). Kurz vor dem Mirador steigt der Weg über Stufen an und gabelt sich (25 Min.) – hier geradeaus weiter zum Aussichtsplatz, der dem Mirador de las Chozas kaum nachsteht. Wir gehen nun wieder zurück zur Weggabelung, an dieser bergauf und an der nächsten Gabelung rechts hinauf zur **Cumbrecita** (knapp ¼ Std.).

56 Von der Cumbrecita zum Escuchadero

6.45 Std.

Eindrucksvolle Höhenwanderung an den Calderahängen

Der Wanderweg von der Cumbrecita zum Zeltplatz in der Caldera de Taburiente ist eine der abenteuerlichsten und großartigsten, vor allem aber eine der anspruchsvollsten und gefährlichsten Touren La Palmas: Jedes Jahr ereignen sich hier zahlreiche, teilweise auch tödliche Unfälle, vor allem auf dem Wegstück Eschuchadero – Galería de Las Verduras de Alfonso. Die meisten Wanderer kehren daher spätestens am Escuchadero um. Aber auch das Wegstück bis dorthin darf man keinesfalls unterschätzen. Die schwierigsten Passagen sind zwar weitgehend mit Stahlketten versichert, aber dennoch sind Vorsicht, absolute Trittsicherheit und mitunter auch Schwindelfreiheit für die teilweise extrem schmalen und abschüssigen Passagen erforderlich. Wer vorhat, zur Playa de Taburiente abzusteigen, sollte möglichst nicht alleine und möglichst früh am Morgen losgehen – außerdem sollte er vorsorglich eine Übernachtung auf dem Zeltplatz einplanen und entsprechend Proviant und wenigstens einen Schlaf-/Biwaksack mitnehmen.

Ausgangspunkt: Parkplatz an der Cumbrecita, 1312 m (→S. 183).
Höhenunterschied: Bis Escuchadero 350 m (hin und zurück), bis Playa de Taburiente etwa 500 m im Aufstieg und 1050 m im Abstieg (Weiterabstieg zum Parkplatz Barranco de las Angustias zusätzlich 550 m im Abstieg).
Anforderungen: Die schwierigste Tour des Wanderführers! Für den häufig sehr schmalen, abschüssigen, teilweise auch ausgesetzten Weg werden absolute Trittsicherheit und Schwindelfreiheit vorausgesetzt. Gehen Sie keinesfalls vom Weg ab und kehren Sie wieder um, wenn der Weg abgerutscht oder nicht eindeutig ist!
Kombinationsmöglichkeit mit Tour 55.
Wichtiger Hinweis: Zahlreiche Passagen des Wanderweges sind abrutsch- und steinschlaggefährdet, deshalb sollte man sich vor der Wanderung beim Info-Häuschen an der Cumbrecita unbedingt nach dem Wegzustand und nach den Wetterverhältnissen erkundigen – nach starken Regenfällen sollte man in jedem Fall auf diese Tour verzichten.

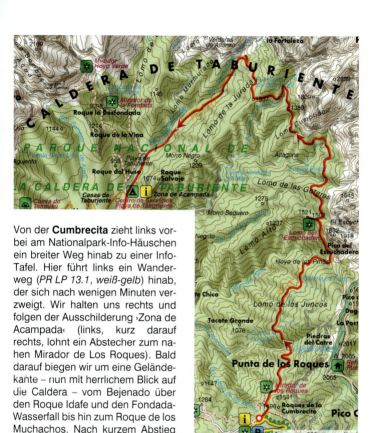

Von der **Cumbrecita** zieht links vorbei am Nationalpark-Info-Häuschen ein breiter Weg hinab zu einer Info-Tafel. Hier führt links ein Wanderweg (*PR LP 13.1, weiß-gelb*) hinab, der sich nach wenigen Minuten verzweigt. Wir halten uns rechts und folgen der Ausschilderung ›Zona de Acampada‹ (links, kurz darauf rechts, lohnt ein Abstecher zum nahen Mirador de Los Roques). Bald darauf biegen wir um eine Geländekante – nun mit herrlichem Blick auf die Caldera – vom Bejenado über den Roque Idafe und den Fondada-Wasserfall bis hin zum Roque de los Muchachos. Nach kurzem Abstieg unter einer seltsamen Plattenwand vorbei gabelt sich der Weg abermals. Wir halten uns wieder rechts. Der Weg zieht nun eben durch den Hang, begleitet von einem abgedeckten Wasserkanal, und quert nach und nach mehrere Barrancos. Zwischenzeitlich klebt der Weg regelrecht an den Felsen, dann ist die **Galería Aridane** erreicht. Einige Minuten später passieren wir eine Steinhütte der Kanalarbeiter und die Galería Tacote. Das nächste Etappenziel ist die **Galería La Faya** (Steinhütte, Stollen), der letzte Wegabschnitt hierher ist wiederum sehr schmal und ausgesetzt. – Der Weiterweg zum **Hoyo de los Pinos** sollte nur von absolut trittsicheren und schwindelfreien Wanderern angegangen werden: Es erwartet uns eine sehr unangeh-

Der schmale Weg verläuft in den abschüssigen Fels- und Geröllflanken der Caldera.

me Querung eines steilen Schutthanges, der Pfad ist zudem äußerst schmal und abschüssig (Kettensicherungen). Aber die Mühe lohnt sich: Ein kleiner Wasserfall – wenigstens in den regenreicheren Monaten – erwartet uns in dem oberhalb der Kaskade muldenartig vertieften Taleinschnitt. Der Weg steigt nun steil durch die Schlucht an (gut auf Steinmännchen und Tafeln achten) und wendet sich nach einer Viertelstunde links dem Hang zu. Bis auf ein paar kurze Quergänge steigt der häufig sehr schmale, abschüssige Weg weiterhin steil bergan, zuletzt erfordert er sogar ein wenig Kraxelei. Dann ist der **Lomo del Escuchadero**, 1502 m, erreicht, ein mächtiger, felsiger Bergrücken, der weit in die Caldera hinabreicht. Gleich nach der Tafel zweigt links ein Pfad ab, der über den Kamm in 5 Minuten zu einer kleinen Graterhebung (1521 m) hinüberführt – ein fantastischer Aussichtsplatz.

Spätestens hier werden die meisten Wanderer wieder zur Cumbrecita zurückkehren. Der Weiterweg zur Playa de Taburiente ist ausschließlich dem erfahrenen Wanderer vorbehalten und setzt absolute Trittsicherheit und Schwindelfreiheit voraus – die hangquerenden Passagen werden noch heikler und unberechenbarer als bisher, der Wegverlauf ist nicht immer ganz eindeutig. Der Weg führt zunächst in wenigen Minuten hinab zum ganzjährig Wasser führenden Barranco del Limonero und verläuft anschließend in leichtem Auf und Ab durch den Hang, unterhalb formschöner Felszähne (abzweigende Wege ignorieren!). Nach 10 Minuten gelangen wir auf die Kammhöhe eines Bergrückens, über den der Weg in einer Schleife hinabzieht (nicht geradeaus), um sich nach wenigen Minuten auf dem Lomo del Mato (Tafel) wieder dem Hang zuzuwenden. Der Weg senkt sich nun, teilweise etwas abschüssig (Kettensicherungen), hinab in den Barranco de la Piedra Majorera mit einem etwa 25 m hohen Wasserfall (10 Min.). Anschließend geht es steil bergan auf den Lomo de Las Goteras und wieder hinab zur **Fuente Prieto** (20 Min., teilweise sehr abschüssig, Kettensicherungen!). In stetem Auf und Ab geht es weiter in den gewaltigen Barranco de Altaguna (20 Min., Tafeln beachten und nicht zur Hütte absteigen). Wenige Minuten später gabelt sich der Weg. Halb links kann man einen Abstecher zur Galería de Altaguna machen, bei der sich eine Schutzhütte (offen) befindet. Wir aber verbleiben rechts auf dem Wanderweg zur Zona de Acampada, der nun wieder steiler durch den Hang, nach gut 5 Minuten dann in Serpentinen ansteigt. Nach einer guten Viertelstunde erreichen wir den Fuß einer mächtigen Felswand, an der unser Weg entlangführt (teilweise sehr abschüssig), um nach 5 Minuten den Lomo Cumplido zu überschreiten. Auch in der Folge verläuft der Weg in leichtem Auf und Ab am Fuß von Felswänden (teilweise unangenehm abschüssig durch Geröll). Nach einer guten halben Stunde quert der weiterhin sehr anspruchsvolle, abschüssige Weg den Barranco de Los Guanches – ein eindrucksvoller Felsenkessel. Eine Viertelstunde später sehen wir auf der gegenüber liegenden Talseite eine Wellblechhütte und Kaskaden (Galería de Los Guanches) – der Bach hat sich hier tief in den Fels gefressen. Gut 5 Minuten danach erreichen wir den Lomo Lajuraga (Tafel, geradeaus weiter). In der Folge müssen abermals einige unangenehme Geröllabsätze gemeistert werden. Allmählich taucht jetzt, noch weit entfernt, die Playa de Taburiente unter uns auf. Nach 20 Minuten gabelt sich der Weg – hier lohnt rechts ein Abstecher zur **Galería de Las Verduras de Alfonso**, einen der wasserreichsten Stollen der Caldera (wenige Minuten, am Haus vorbei; vom Stollen setzt sich links ein Pfad fort, der den Blick auf ein paar kleine Wasserfälle am Fuß von eindrucksvollen Felswänden öffnet). Nach dem Abstecher gehen wir weiter auf dem Wanderweg zur Zona de Acampada. Er führt nun bequem (Nadelfilz!), in Serpentinen, über den Bergrücken hinab und quert nach 10 Minuten einen Bach, um in einer schönen Höhenwanderung über dem munteren Bach zur **Playa de Taburiente** hinabzuführen. Eine halbe Stunde später passieren wir eine Info-Tafel – der Weg senkt sich nun vollends hinab zum Taburiente-Bach und führt am linken Rand des immer breiter werdenden Schotterbettes talabwärts. Nach etwa 25 Minuten, vor dem breiten Buschgürtel, zweigt halb links aufwärts ein breiter Weg ab, der in knapp 5 Minuten durch den Zeltplatz zum **Centro de Servicios**, 750 m, führt. – Eine Rückkehr zur Cumbrecita wäre zu zeitaufwändig und zu anstrengend, daher empfiehlt sich ein Weiterabstieg mit →Tour 49 durch den Barranco de las Angustias zum Parkplatz an der Straße Los Llanos – Los Brecitos (3¼ Std.). Hier kann man mit etwas Glück eine Mitfahrgelegenheit nach Los Llanos finden – ansonsten muss man auch dieses Stück entlang der Straße noch zu Fuß zurücklegen (gut 1 Std., teilweise Abkürzungsmöglichkeit auf *PR LP 13*, *weiß-gelb*).

57 Vom Reventón zum Refugio de la Punta de los Roques, 2040 m

5.45 Std.

Wanderweg der Extraklasse

Der Wanderweg vom Reventón-Pass zum Refugio de la Punta de los Roques gehört zu den landschaftlich eindrucksvollsten La Palmas: Er verläuft bequem über den Insel-Hauptkamm, mit großartiger Aussicht zur Cumbrecita und auf die Caldera sowie zur Ostküste. Wenn dann noch der Wolkenwasserfall über die Cumbre Nueva schwappt, dann ist die Stimmung perfekt!

Talort: El Paso, 664 m (Haltestelle der Buslinie 1).
Ausgangspunkt: Reventón-Pass, 1416 m, an der Kreuzung der Wanderwege *GR 131* und *PR LP 1* (nördlich vom Reventón, 1435 m). Von der LP-301 nahe dem Refugio del Pilar erreichbar auf ruppiger, 6,5 km langer Pistenstraße; oder von der Ermita Virgen del Pino zu Fuß mit *PR LP 1* (1 Std., →Tour 37, 38).
Höhenunterschied: Gut 600 m.
Anforderungen: Überwiegend leichte und bequeme Wanderung, nur zuletzt etwas abschüssig.

Vom **Reventón-Pass** folgen wir links dem ansteigenden Fahrweg (*GR 131*, *weiß-rot*; Tafel ›Pico de la Nieve‹), der nach etwa 20 Minuten in einen schönen Wanderweg übergeht. Er folgt meist der Kammlinie und bietet so herrliche Ausblicke nach allen Seiten, insbesondere zur Ostküste und auf das Aridane-Tal. Die Kiefern sind Weihnachtsbäumen gleich von Hängemoosen geschmückt, Zistrosen und Baumheide beherrschen den Unterwuchs. Nach einer halben Stunde passieren wir die Tafel ›Roques de la Perra‹ (die Felsen befinden sich links unterhalb des Weges), eine Viertelstunde später den nur schwach ausgeprägten **Pico**

Von der Hütte genießt man einen fantastischen Blick zur Cumbre Nueva.

Ovejas, 1854 m (Tafel). Hier öffnet sich erstmals der Blick über die Cumbrecita zur Caldera. Fast eben geht es nun dahin bis zum nächsten Aufschwung (nach 15 Min. mündet von rechts der Wanderweg *PR LP 2* ein, →Tour 2), dann ist auch der **Pico Corralejo**, 2044 m, erreicht. Hier lohnt ein Abstecher rechts hinauf zum höchsten Punkt (Vermessungssäule, 2 Min.), von dem man fast den gesamten Calderakamm überblicken kann. Vor uns sehen wir bereits die Punta de los Roques mit der gleichnamigen Schutzhütte. Der Weg verläuft nun etwa höhehaltend links der Kammhöhe, mit grandiosem Blick auf die Cumbrecita, um dann nochmals schärfer zum **Refugio de la Punta de los Roques** anzusteigen. Die kleine Hütte wird an Wochenenden gerne von Palmeros aufgesucht – sie ist wie geschaffen für ein ausgiebiges Picknick. In jedem Fall lohnend ist der Kurzaufstieg zur nahen **Punta de los Roques**, 2085 m, die uns einen einzigartigen Blick auf die Cumbrecita sowie auf die Caldera und deren Umrahmung vermittelt – allerdings sollten sich nur versierte Bergwanderer an diesen weglosen Gipfel heranwagen.

58 Pico de la Nieve, 2239 m

2.40 Std.

Pflichtbesuch auf einem der klassischen Aussichtsgipfel der Insel – mit Abstecher zum Tagoror der Ureinwohner

Der Pico de la Nieve (»Schneeberg«) ist die meistbesuchte Erhebung der gesamten Kraterrunde – wenn man einmal vom Roque de los Muchachos absieht. Nicht ohne Grund: Das zur Caldera hin steil abstürzende Gipfelplateau gewährt einen herrlichen Blick in den riesigen Erosionskrater und auf die Ostküste. Schnee allerdings, wie ihn der Name verspricht, wird man hier vergebens suchen – der hält selbst im »tiefsten« Winter nur an wenigen Tagen der kanarischen Sonne stand.

Ausgangspunkt: Beschilderter Abzweig der Pista Pico de la Nieve von der Straße LP-4 Santa Cruz – Roque de los Muchachos (bei Km 24,9), 1880 m. Keine Busverbindung.
Höhenunterschied: 360 m.
Anforderungen: Leichte Bergwanderung, die am Rückweg jedoch etwas Trittsicherheit erfordert.
Varianten: Beginn der Wanderung am Fuente de Olén, 1680 m (2 Std. bis Abzweig Pista Pico de la Nieve; Rückweg ¾ Std. →Variante »Abstieg nach Santa Cruz«): Vom ehemaligen Picknickplatz bei Km 22,2 der LP-4 gut 5 Min. die Straße hinab, bis der Wanderweg *PR LP 3* kreuzt. Er biegt links auf einen Waldweg ab. 35 m danach zweigt *PR LP 3* links ab – hier geradeaus auf Waldweg weiter (*PR LP 3.2, weiß-gelb*). Er steigt gemütlich durch lichten Kiefernwald an und verschmälert sich nach 25 Min. zu einem Fußweg. Dieser führt nach 5 Min. in den Barranco Seco hinab und trifft gut 10 Min. später auf dem nächsten Bergrücken auf eine breite Forstpiste mit *PR LP 4* (*weiß-gelb*). Folgt man diesem nach rechts

(nach 20 m nicht links), so erreicht man nach wenigen Minuten das Refugio de Puntallana, 1735 m (1 Std. ab Fuente de Olén; schöner Blick zur Cumbre mit dem Pico de la Nieve). Anschließend mit *PR LP 4* entlang der Forstpiste weiter bergan (nach gut 10 Min. links auf Wanderweg) bis zur Einmündung in die Straße LP-4 (¾ Std. ab Refugio), der man links bis zum Abzweig der Pista Pico de la Nieve folgt (10 Min.).

Abstieg nach Santa Cruz (*PR LP 3, weiß-gelb*, 4½ Std. ab LP-4): Vom Abzweig der Pista Pico de la Nieve auf dem Wanderweg *PR LP 3* parallel zur Hauptstraße LP-4 über den Bergrücken hinab, nach 15 Min. eine kleine Erhebung (1822 m) überschreitend. 20 Min. später kreuzt der Weg die LP-4 (rechts auf der Straße gut 5 Min. zum Fuente de Olén). 10 Min. danach kreuzt der Weg abermals die LP-4. Er folgt nun einem Fahrweg, der nach gut 15 Min. links abknickt – hier geradeaus weiter auf Camino, der recht steil und schlüpfrig durch den Nebelwald hinabführt. Er trifft nach gut 5 Min. wieder auf einen Fahrweg. Von diesem zweigt nach 20 m links ein Fahrweg ab, von dem wiederum nach 30 m rechts der Camino abzweigt. Er trifft kurz darauf abermals auf den Fahrweg, der sogleich rechts in die LP-4 einmündet. Nun auf der Straße links und in der folgenden Kurve links auf steilem Camino hinab. Er geht nach 10 Min. in einen Forstweg über, der gut 5 Min. später bei der Montaña de Tagoja die LP-4 erreicht (bis hier insg. gut 2 Std.). Nach 30 m gabelt sich der Fahrweg – hier rechts mit *PR LP 3* weiter (geradeaus auf Montaña de Tagoja, 1089 m, gut 5 Min.; links zweigt *PR LP 3.1* ab, der parallel zur LP-4 nach Mirca hinabführt). Nach 5 Min. zweigt halb rechts ein Camino ab, der überwiegend steil, teilweise in Serpentinen, am Rand des Barranco del Dorador abwärts führt. Nach knapp ½ Std. passiert der Weg einen Hochspannungsmast. Nun immer über den Rücken hinab zur Straße Mirca – Las Nieves (knapp 1 Std.) und auf dieser links zum Colegio El Dorador (5 Min.). Hier rechts auf Fahrweg hinab in den Barranco del Dorador und über den nächsten Rücken vollends hinab nach Santa Cruz (¾ Std.).

Vom Pico de la Nieve zum Pico de la Cruz (1¾ Std.): Auf dem *GR 131* weiter in nördlicher Richtung. Der herrliche, gemütliche Kammweg umgeht den Pico del Cedro, 2247 m, nach rechts, schwingt sanft hinab in einen Sattel und steigt wieder etwas an. Rechts unterhalb sieht man nun die Höhenstraße. Abermals ein schwach ausgeprägter Sattel, dann geht es hinauf zum Pico de Piedrallana, 2321 m (kurzer Gipfelabstecher, 1 Std. ab Pico de la Nieve). Immer wieder ergeben sich prachtvolle Ausblicke auf die Caldera, auch auf den Weiterweg zum Pico de la Cruz, dessen winzige Gipfel-Hütte schon von weitem auszumachen ist; rechts unterhalb ein seltsames Metallkreuz. Nach 25 Min. überschreitet der Weg einen kleinen Gipfel, dann ist es nicht mehr weit zum Gipfel des Pico de la Cruz, 2351 m (25 Min.). Er ist einer der schönsten Aussichtsgipfel der gesamten Calderarunde, erhebt er sich doch genau gegenüber der tiefen Kerbe des Barranco de las Angustias – so kann man durch die Angustias-Schlucht bis nach Puerto de Tazacorte blicken. Rückkehr am besten auf dem Anstiegsweg, man kann aber auch gleich hinter dem Gipfel zur Hauptstraße absteigen (knapp 10 Min.) und auf dieser rechts zum Ausgangspunkt zurückkehren (etwa 6 km!).

Kombinationsmöglichkeit mit den Touren 59 und 63.

Refugio de Puntallana (→Variante).

Wir verzichten auf die Weiterfahrt auf der ruppigen Piste und parken gleich am Abzweig von der Hauptstraße **LP-4**. Nun entweder 10 m rechts des Pistenabzweigs mit dem ausgeschilderten Wanderweg *PR LP 3* (*weiß-gelb*; er verläuft zunächst rechts durch den Hang, dann links über den Rücken) oder mit der Piste (knapp 2 km) hinauf zum **Parkplatz** am Ende der Piste. Eine Tafel weist uns den Weg, der auf den ersten Metern von einem Geländer begleitet wird. Er quert zunächst den Hang in südlicher Richtung und steigt dann behäbig an. Knapp eine Viertelstunde ab dem Parkplatz erreichen wir eine Wegverzweigung. Hier folgen wir dem rechten Anstiegsweg zum Pico de la Nieve (Tafel). Die Kiefern werden nun spärlicher, stattdessen machen sich die für diese Höhenlage typischen Codesobüsche breit. Auf der Kammhöhe mündet unser Weg in den Caldera-Höhenweg (*GR 131, weiß-rot*; schöner Aussichtsplatz), dem wir nach rechts folgen. Schon nach wenigen Minuten zweigt links ein ausgeschilderter Weg zum Gipfelplateau ab.

Im Vordergrund der von Felsblöcken eingefasste Versammlungsplatz »La Erita«, im Hintergrund rechts der Pico de la Nieve.

Am Gipfel des Pico de la Nieve – in der Ferne der Teide.

Vom **Pico de la Nieve** gehen wir wieder auf dem *GR 131* zurück und wandern am Abzweig unseres Aufstiegsweges geradeaus am Kamm entlang weiter in Richtung Refugio del Pilar. Gut 5 Minuten später eine weitere Verzweigung – auch hier verbleiben wir auf dem Kammweg (links unser späterer Rückweg). Er wechselt nach 10 Minuten, kurz vor dem Gipfel des **Pico de la Sabina**, auf die der Caldera zugewandten Kammseite, nachdem kurz zuvor die Degollada del Barranco de la Madera passiert wurde. Statt dem Weg auf die andere Kammseite zu folgen, gehen wir geradeaus auf der Kammhöhe weiter (Tafel ›Petroglifo Tagoror‹) zu den bereits sichtbaren, von Metallzäunen umgebenen Felsmauern des Guanchen-Versammlungsplatzes **La Erita**. Der Tagoror ist beiderseits von Felsmauern eingefasst und hat einen Durchmesser von etwa 20 m. An beiden Felswänden, vor allem an der hinteren, sind noch zahlreiche Petroglyphen erhalten, trotz der starken Verwitterung am wind- und wetterausgesetzten Grat und trotz des Vandalismus.

Nach dem Abstecher gehen wir wieder auf dem *GR 131* zurück und verlassen diesen nach 10 Minuten auf dem halb rechts abzweigenden Weg zur Pista Pico de la Nieve (*PR LP 3, weiß-gelb*). Auf diesem in einer teils unangenehmen, abschüssigen Hangquerung, nach einer Viertelstunde dann auf dem Aufstiegsweg, zurück zum Ausgangspunkt.

59 Vom Pico de la Nieve zur Ermita Virgen del Pino

5.40 Std.

Langer Abstieg auf einer der Paraderouten der Insel

Der Abstieg über den Calderakamm zur Ermita de la Virgen del Pino führt uns durch mehrere Vegetationszonen: In den Hochlagen dominiert Codesogestrüpp die ansonsten kargen Kammhöhen, eine Stufe tiefer dann lichte Kiefernwälder und an den Hängen der Cumbre Nueva der Lorbeerwald. Die Ausblicke auf dieser Route sind zudem einmalig schön: Die Caldera, die Ostküste und schließlich auch das Aridane-Tal liegen uns zu Füßen.

Ausgangspunkt: Beschilderter Linksabzweig der ›Pista Pico de la Nieve‹ von der LP-4 Santa Cruz – Roque de los Muchachos (bei Km 24,9), 1880 m, bzw. Ende der Piste (dann 25 Min. kürzer). Keine Busverbindung, Anfahrt mit dem Taxi.
Endpunkt: Ermita de la Virgen del Pino, 900 m, bzw. Centro de Visitantes, 840 m, an der Hauptstraße El Paso – Santa Cruz (Haltestelle der Buslinie 1).
Höhenunterschied: Gut 1500 m im Abstieg, 500 m im Anstieg.
Anforderungen: Überwiegend leichte, jedoch lange Kammwanderung, die eine gute Kondition voraussetzt – nur hin und wieder etwas abschüssige, aber kaum ausgesetzte Geröllpassagen.
Einkehr: Erst am Ende der Wanderung im Bar-Restaurant Las Piedras gegenüber dem Centro de Visitantes.
Kombinationsmöglichkeit mit Tour 58.

Wir starten die Wanderung am Beginn der Piste zum Pico de la Nieve. Nach knapp 2 km ist der **Parkplatz** am Ende der Forststraße erreicht. Der Wanderweg *PR LP 3* (*weiß-gelb*) hält sich nach links und quert gemütlich ansteigend die Berghänge. Knapp eine Viertelstunde nach dem Parkplatz erreichen wir eine Wegverzweigung. Rechts geht es hinauf zum Pico de la Nieve (lohnender Abstecher) – wir verbleiben aber auf dem geraden Weg, der über teilweise etwas unangenehm abschüssige Hangfalten weiterführt zur Kammhöhe. Kurz vor der Kammhöhe treffen wir auf den Wanderweg *GR 131* (*weiß-rot*), dem wir nach links folgen. 10 Minuten nach dem Abzweig schwenkt der Hauptweg auf die rechte Kammseite. Hier empfiehlt es

sich, auf dem alten Weg geradeaus weiterzugehen. Nach wenigen Minuten passieren wir den umzäunten Guanchen-Versammlungsplatz **La Erita** (Petroglyphen) am **Pico de la Sabina**, 2137 m. Kurz darauf befinden wir uns wieder auf dem *GR 131*, der vorbei am Pico de la Veta de la Arena allmählich hinabführt in die Scharte an der **Degollada del Río** (Tafel; schöner Blick barrancoabwärts nach Las Nieves). Es folgt ein kurzer, jedoch mühsamer Anstieg über ein steiles Geröllfeld und ein leicht ansteigender Quergang, zuletzt am Fuß der Punta de los Roques, 2085 m, dann ist auch schon das **Refugio de la Punta de los Roques**, 2040 m, erreicht. Von der Schutzhütte zieht der Weg hinüber zum benachbarten **Pico Corralejo**, 2044 m, und weiter auf der Kammhöhe, stets in südlicher Richtung, hinab zum **Reventón-Pass**, 1410 m. Dieser aussichtsreiche, durch lichten Kiefernwald verlaufende Wegabschnitt zählt zweifellos zu den schönsten Wanderrouten, die La Palma zu bieten hat. 15 Min. vor dem Pass geht der Wanderweg in einen Fahrweg über, der auf der Passhöhe selbst wiederum in eine breite Piste mündet (Wasserstelle). Sogleich zweigt rechts der Camino real zur **Ermita Virgen del Pino** ab (*PR LP 1*, *weißgelb*), der durch Lorbeer- und Buschwald zu der Kirche hinunterführt. Knapp eine halbe Stunde ist es von dort zur Bushaltestelle beim **Besucherzentrum** an der Hauptstraße (die Asphaltstraße weiter hinab, an Kreuzung links).

60 Roque de los Muchachos, 2426 m

3.00 Std.

Spektakuläre Tiefblicke am Weg zum höchsten Gipfel La Palmas

Seitdem der höchste Gipfel La Palmas durch eine Straße erschlossen ist, übt er nur mehr einen begrenzten Reiz auf die Wanderer und Bergsteiger aus. Dennoch gibt es einige Wege, die unser Interesse verdienen – ganz besonders den hier vorgestellten Wanderweg entlang dem Kraterrand, der uns ständig mit eindrucksvollen Tiefblicken in die Caldera de Taburiente verwöhnt.

Ausgangspunkt: Der geländergesicherte Mirador an der Degollada de Franceses, 2297 m (Fotografier-Straßenschild) – bei Km 32,6 der Höhenstraße LP-4 Santa Cruz – Roque de los Muchachos. Großartiger Caldera-Blick. Keine Busverbindung.

Höhenunterschied: Insgesamt gut 500 m.

Anforderungen: Leichte, gemütliche Wanderung – jedoch Trittsicherheit und etwas Schwindelfreiheit notwendig.

Kombinationsmöglichkeit mit den Touren 16, 20, 58 und 61.

Rechts vom Geländer an der **Degollada de Franceses** zweigt ein deutlicher Wanderweg (*GR 131, weiß-rot*) auf die der Caldera zugewandten Kammseite ab, mit Blick in den von unzähligen Schluchten zerrissenen Kessel mit der Playa de Taburiente. Nach gut 5 Minuten passieren wir das Tor in der **Pared de Roberto** (Robertmauer) – die Tiefblicke werden nun immer spektakulärer. Fast aus der Vogelperspektive schauen wir hinab auf das weite Geröllband an der Playa de Taburiente, deutlich treten die Felstürme von Huso und Idafe hervor. Jenseits schließt der Pico Bejenado das weite Rund. Dahinter, fast schon als Insel für sich, die Cumbre Vieja mit ihren Vulkankegeln. Nach insgesamt 20 Minuten verläuft der Weg kurz auf dem Kamm über der Höhenstraße, wendet sich aber dann wieder links dem Hang zu, um knapp 10 Minuten später endgültig auf den Kamm zurückzukehren (rechts schöner Abstecher zum 100 m entfernten **Mirador de los Andenes** möglich). Der *GR 131* folgt nun weitgehend

Unterwegs ergeben sich immer wieder fantastische Ausblicke auf die Caldera de Taburiente, den Pico Bejenado und die Cumbre Vieja.

dem Kammverlauf, die **Observatorien** lassen wir rechts liegen. Wenige Minuten nur, dann ist auch schon der enge, geländergesicherte Aussichtsplatz auf dem Gipfel der **Fuente Nueva**, 2366 m, erreicht. In der Ferne können wir die Nachbarinseln Teneriffa, La Gomera und El Hierro ausmachen.

Eine gute halbe Stunde trennt uns nurmehr von der höchsten Erhebung der Insel. Kurzzeitig begleitet uns rechts eine Straße, dann geht es durch einen letzten Sattel hinauf zum Gipfel des **Roque de los Muchachos**, 2426 m, den wir unmittelbar neben dem Info-Häuschen der Nationalparkverwaltung am Gipfelparkplatz erreichen (Wasserstelle).

Von hier führt links, vorbei an den »steinernen Burschen« auf dem höchsten Punkt, ein schöner Wanderweg über den **Espigón del Roque** hinab (nicht rechts auf dem *GR 131* weiter) – der Rücken schiebt sich weit in die Caldera hinein und eröffnet großartige Ausblicke. Nach gut 5 Minuten passieren wir einen ersten Bergsporn, knapp 10 Minuten später endet der Weg an einem zweiten Bergsporn.

61 Vom Roque de los Muchachos zur Somada Alta, 1926 m

 5.00 Std.

Über öde Schotterhänge zum wild-romantischen Aussichtsgipfel

Die Somada Alta zählt zu den aussichtsreichsten und einsamsten Erhebungen im Calderakamm. Ein romantisches Plätzchen: Kiefern und Felsblöcke schmücken hier den Grat, zudem schauen wir von hier oben direkt hinab auf den Beginn des Barranco de las Angustias. Nur der Anmarsch ist ein wenig trist: er bewegt sich durch öde, kaum bewachsene Schotterhänge.

Ausgangspunkt: Parkplatz am Gipfel des Roque de los Muchachos, 2426 m (keine Busverbindung).
Höhenunterschied: Insg. etwa 650 m.
Anforderungen: Leichte Bergwanderung.

Varianten: Weiterabstieg über Hoya Grande und Torre del Time zum Mirador El Time, nach La Punta oder nach El Jesús möglich (→Touren 63 und 35).
Kombinationsmöglichkeit mit den Touren 30 und 60.

Beim Info-Häuschen auf dem **Roque de los Muchachos** wenden wir uns dem *GR 131* in Richtung Torre del Time zu (Tafel, *weiß-rot*), der nach 20 m rechts, in westlicher Richtung, zur Straße hinabführt. Dieser folgen wir gut 5 Minuten links abwärts bis zur ersten scharfen Rechtskurve. Hier zweigt der *GR 131* links auf eine Schotterstraße ab (Tafel ›Torre del Time‹; rechts Abzweig des *PR LP 11*, →Tour 62), die er nach 10 m nach rechts verlässt. Der Wanderweg passiert noch ein paar astronomische Einrichtungen und quert in stetem Auf und Ab die Schotterhänge auf der von der Caldera abgewandten Kammseite. Unter uns breitet sich ein weites, von Ginster überwuchertes Hochplateau aus, das kaum Ausblicke zu den Küsten hin erlaubt. Lediglich von den Einsenkungen zwischen den von Felsbrocken

Kurz vor der Somada Alta – der eindrucksvollste Abschnitt der Wanderung.

überzogenen Erhebungen ergeben sich Tiefblicke in die Caldera – diese aber sind gigantisch: Immer wieder blicken wir hinab auf wilde Barrancos, tief eingeschürfte Felsschluchten und Schuttbänder, die manchmal fast senkrecht zur Caldera hin abfallen. Die erste dieser Einsenkungen erreichen wir schon bald nach Pfadbeginn (Degollada de Hoyo Verde), anschließend umgeht der Weg den Roque Chico. Kurz darauf ergibt sich ein Blick hinab in den Barranco de Marangaño. Vorbei an der Degollada de las Palomas geht es weiter zum **Roque Palmero**, 2306 m, der nach rechts umgangen wird (nach 5 Min. Aufstiegsmöglichkeit zum Gipfel, 10 Min., →Tour 30). Noch eine Einsenkung (Barranco de Tajodeque), dann ist der **Morro Pinos Gachos**, 2179 m, erreicht (unterwegs Tiefblick auf Tijarafe sowie auf den Barranco de las Angustias und das Aridane-Tal). Jetzt geht es steiler hinab in einen Sattel (Hoya del Estrabito, 25 Min.), ein schönes Aussichtsplätzchen am Beginn des nunmehr von Kiefern belebten Grates, der bis zur Gipfelerhebung der Somada Alta hinüberzieht. 10 Minuten später – wir befinden uns rechts abseits des Kammes – biegt der Weg links um eine Ecke. 10 m vor dem Knick steigen wir hinauf zum höchsten Punkt der **Somada Alta**, 1926 m (gut 5 Min., Tafel und großer Steinmann am Gipfel).

62 Vom Roque de los Muchachos nach Tijarafe

4.25 Std.

Langer, aber bequemer Abstieg vom höchsten Punkt der Insel

Diese wenig spektakuläre Abstiegswanderweg verläuft meist gemütlich durch den Hang, zunächst durch die Ginsterzone, dann durch Kiefernwälder und schließlich durch landwirtschaftlich genutzte Regionen.

Ausgangspunkt: Parkplatz am Gipfel des Roque de los Muchachos, 2426 m, oder Helipuertos (Hubschrauberlandeplätze), 2180 m, an der Straße zum Roque de los Muchachos (beide keine Busverbindung).
Endpunkt: Ortszentrum von Tijarafe, 663 m (Haltestelle der Buslinie 2).
Höhenunterschied: 1800 m.

Anforderungen: Lange, aber unschwierige Abstiegswanderung, die eine entsprechende Kondition voraussetzt.
Einkehr: Bar-Restaurants in Tijarafe.
Varianten: Unterwegs Abstiegsmöglichkeit über PR LP 11 (Camino de la Rosa) nach Puntagorda, 3 Std., oder über PR LP 12.1 (Tour 30) nach Tinizara, 2 Std.

Beim Info-Häuschen auf dem **Roque de los Muchachos** wenden wir uns dem *GR 131* in Richtung Torre del Time zu (Tafel, *weiß-rot*), der nach 20 m rechts, in westlicher Richtung, zur Straße hinabführt. Dieser folgen wir links abwärts. Nach 500 m (gut 5 Min.) zweigt der *GR 131* in der ersten scharfen Rechtskurve links auf eine Schotterstraße ab – wir aber verbleiben mit dem Wanderweg *PR LP 11/12* (*weiß-gelb*) auf der Straße. Nach weiteren 2,4 km (½ Std.) zweigt der Wanderweg auf Höhe der Hubschrauberlandeplätze (**Helipuertos**, 2180 m) und des Weltraumteleskops Magic links ab. Der breite Weg verläuft immer diagonal, meist leicht absteigend, über die sanft geneigte Hochfläche. Nach einer knappen halben Stunde wendet er sich links von der Hochfläche ab und führt steil, in Serpentinen hinab in den Barranco de Izcagua. In stetem Auf und Ab geht es weiter durch den Hang, bis der Weg nach einer Stunde (ab Helipuertos) auf dem **Llano de las Ánimas** in eine Forstpiste einmündet, der wir nach rechts folgen.

Nach 50 m teilt sich der Wanderweg: PR LP 11 (Camino de la Rosa) führt über die Forstpiste bzw. parallel dazu hinab nach Puntagorda, wir aber biegen mit PR LP 12 links ab und wandern auf dem schönen Wanderweg weiter diagonal durch den Hang hinab. Zwischenzeitlich geht es steiler hinab in den Barranco de Garome, dann ignorieren wir den rechts nach Tinizara abzweigenden Wanderweg PR LP 12.1 (20 Min.). Auf dem folgenden Bergrücken kreuzen wir einen Fahrweg (10 Min.). 10 Minuten später mündet unser Wanderweg abermals in den Fahrweg, verlässt ihn aber nach 50 m scharf nach links, um einen Taleinschnitt querend weiter durch den Hang hinabzuführen. Nach einer guten Viertelstunde erreichen wir eine Wegkreuzung mit einem großen Steinmann (links zweigt SL TJ 70 in Richtung El Pinar ab, wir bleiben auf dem geraden Weg), kurz darauf kommen wir links von einer kleinen Erhebung vorbei – die **Montaña Bermeja**, 1583 m. Anschließend windet sich der Weg über einen steilen Rücken hinab, um nach etwa 40 Minuten eine Forststraße mit dem Wanderweg PR LP 10 zu kreuzen (1120 m).

Der Camino lässt nun den Kiefernwald hinter sich. Er führt weiter über den Rücken hinab und geht in einen Fahrweg über, der bald darauf links in eine Zementstraße einmündet. Diese führt rechts teilweise unangenehm steil bergab und passiert nach einer guten Viertelstunde ein erstes Haus. 2 Minuten danach zweigt links (rechts von einem Fahrweg) ein Camino ab, der nach 5 Minuten wieder in die Straße einmündet, der wir nun immer geradeaus, vorbei an der großen Zisterne (**Fuente de la Candelaria**), und nach der Pfarrkirche links, zur Hauptstraße im Ortszentrum von **Tijarafe** hinabbringt (¼ Std.).

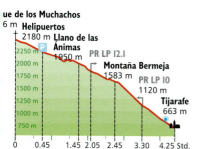

63 Ruta de la Crestería: Ermita Virgen del Pino – Puerto de Tazacorte

15.30 Std.

Zwei-Tages-Tour über die höchste Gipfelkette der Insel

Ausgangspunkt: Centro de Visitantes, 840 m, an der Hauptstraße El Paso – Santa Cruz (Haltestelle der Buslinie 1).
Endpunkt: Mirador del Time, 510 m, an der Hauptstraße Los Llanos – Puntagorda (Haltestelle der Buslinie 2), oder Puerto de Tazacorte (Haltestelle der Buslinien 2, 21).
Höhenunterschied: Insg. 2350 m Aufstieg / 3200 m Abstieg (1. Tag ↑1900 m/↓400 m, 2. Tag ↑450 m/↓2800 m).
Anforderungen: Die Zweitages-Rundtour setzt eine außerordentlich gute Kondition (gewaltige Höhenunterschiede, im Aufstieg wie im Abstieg!) sowie Trittsicherheit und etwas Schwindelfreiheit voraus, ist insgesamt aber nur als mittelschwer einzustufen. Der Wanderweg (GR 131) ist durchgehend markiert und zudem meist gut ausgeschildert.
Einkehr und Übernachtung: Es bestehen keine Einkehrmöglichkeiten, man muss also die komplette Verpflegung für 2 Tage mitnehmen, inkl. mindestens 3 Liter Wasser (unterwegs keine Quellen, nur evtl. Zisterne beim Refugio de la Punta de los Roques und beim Info-Häuschen am Gipfel des Roque de los Muchachos)! Es gibt nur eine Schutzhütte am Weg, das Refugio de la Punta de los Roques, das jedoch zu nahe am Ausgangspunkt liegt und nur für eine Übernachtung in Frage kommt, wenn man die Tour auf drei Tage verteilt. Am günstigsten ist eine Nächtigung am Pico de la Cruz (die Hütte hier ist verschlossen und dient als Messstation!).
Notabstiege: Zwischen Pico de la Nieve und Roque de los Muchachos kann praktisch jederzeit in weniger als einer Stunde zur (allerdings nur wenig, nachts gar nicht befahrenen) Straße Santa Cruz – Muchachos – Hoya Grande abgestiegen werden (keine Busverbindung!).
Varianten: Kombination der Großen Calderarunde mit der Vulkanroute (Tour 45), eine großzügige Dreitagestour (zweite Übernachtung am besten beim Refugio del Pilar oder beim Refugio de la Punta de los Roques). – Vom Pico de la Cruz Abstiegsmöglichkeit nach Los Sauces (Tour 16), von der Degollada de Franceses nach Roque Faro (Tour 20).
Wichtige Hinweise: Die Rundwanderung sollte nur bei sicherem Wetter in den

224